Thomas Härry

Echt und stark

Kraftvoll glauben, Tiefgang finden

scm R.Brockhaus

Die Edition AUFATMEN
erscheint in Zusammenarbeit
zwischen dem R. Brockhaus Verlag Wuppertal
und dem Bundes-Verlag Witten.
Herausgeber: Ulrich Eggers

3. Auflage 2008

Umschlaggestaltung: Dietmar Reichert, Dormagen
Satz: Satz & Medien Wieser, Stolberg
Druck: CPI – Ebner & Spiegel, Ulm
ISBN 978-3-417-26706-8
Bestell-Nr. 226.706

Inhalt

Vorwort

Darf man das Vorwort zu einem Buch mit einer Sympathieerklärung für den Autor beginnen? Keine Ahnung, ich werde es einfach tun. Denn ich mag Thomas Härry – auch wenn ich ihn erst wenige Jahre kenne. Ich sehe in ihm jemanden, der gut zur Zeitschrift und zur Buchedition AUFATMEN passt. Ein aufrichtiger Sucher, interessiert und hungrig, der immer auch nach Antworten für sein eigenes Leben, nach Anwendung in seinem persönlichen Alltag fragt. Ein Denker und Grübler, der sich nicht schnell zufriedengibt und an glatten Fassaden nachhaltig kratzt und bohrt. Zugleich einer, der mit sich selbst ehrlich ist und etwas von der Gebrochenheit menschlichen Lebens weiß. Von Wünschen, Idealen, Hoffnungen, Zielen – und von der manchmal so widersprüchlichen Wirklichkeit, die uns oft ganz anders aussehen lässt, als wir eigentlich gerne wollten und würden und wären. Dass Thomas Härry in alldem dennoch deutlich nach vorne gehen will, eine Vision für sein Leben hat, Ziele aktiv ansteuert und das alles in einer intensiven Beziehung zu Christus tut, weckt meine Freundschaft und Freude an diesem Mann.

So lebt dieses Buch denn auch von diesen ganz persönlichen Merkmalen. Und vom Lebensumfeld, in das Thomas Härry verwoben ist: engagierte missionarische Gemeindearbeit in seiner »Evangelischen Minoritätsgemeinde« in Aarau. Lehre im Theologisch-Diakonischen Seminar. Und das große Charakter-Test-Labor Ehe und Familie. In dem allen ist es Thomas' höchstes Ziel, aus der persönlichen Beziehung zu Christus zu leben und diese Beziehung lebendig, ernährend und aufrichtig zu gestalten. An dieser persönlichen, geistlichen Reise gibt er in diesem Buch Anteil. Möchte andere mitnehmen in eine kraftvolle Glaubensbeziehung, die echt und stark ist.

Echt, weil sie mit ehrlichem Blick hinschaut, wie es in unserem Leben wirklich aussieht. *Hinter* der frommen Maske oder der erfolgreichen Fassade. Dort, wo wir alle so ähnlich sind. »Wie lächerlich und weltfremd ist der, der sich über irgendetwas wundert, was im Leben vorkommt!«, hat sich der römische Kaiser und Philosoph Marc Aurel mal entrüstet. Ein Satz, der sich im ersten Teil dieses Buches spiegelt. Denn wir sind unsere Geschichte. Mit Wunden und Wirren, mit Schwächen und Stärken, Siegen und Niederlagen. Mut zu sich selbst zu haben, darum geht es. Mein Gewordensein zu erkennen, es zu akzeptieren und sich damit in emotional gesunder Weise zu versöhnen.

Aber dabei bleibt dieses Buch nicht stehen. Denn wir sind nicht begrenzt auf unser Gewordensein, sondern wir können wachsen – und zugleich echt bleiben. Brauchen die Um- und Irrwege unserer Geschichte nicht zu leugnen. Können in und mit ihnen stark werden – denn unser Glaube kann eine enorme Kraft entfalten. Zumindest dann, wenn er Tiefgang bekommt, wenn wir fest verwurzelt sind in unserer Beziehung zum dreieinigen Gott. Hier teilt der Autor persönliche Erfahrungen, die erprobt und alltagsnah sind und dennoch von einer großen Vision und einem Ziel her leben. Echt und stark werden – sodass wir irgendwann als sturmzerzauste, knorrige, kräftige Bäume dastehen, die gute Früchte bringen. Das ist es, was Thomas Härry will. Ich erfreue mich an diesem Buch und wünsche ihm viele Leser!

Ulrich Eggers
Herausgeber edition AUFATMEN

Einleitung: So was passiert mir doch nicht!

Februar 1994. Unser Wagen fährt mit hohem Tempo über die Autobahn. Zusammen mit einem Missionar und zwei Pastoren fahre ich zu einer Tagung nach Deutschland. Zwei meiner Mitreisenden kenne ich erst seit drei Stunden. Sie haben wie ich eine Mitfahrgelegenheit gesucht und so haben wir uns zu dieser Fahrt zusammengefunden.

Wir nutzen die Zeit, um einander zu erzählen, wer wir sind, woher wir kommen und was wir arbeiten. Max, einer der Pastoren, erzählt, dass er sich gerade in einer Phase der Neuorientierung befindet. Er überlegt, wieder in seinen alten Beruf als Ingenieur zu wechseln. Ich werde neugierig und frage ihn: »Was bewegt dich dazu?« Max, von dem ich noch nicht viel mehr als den Namen kenne, zögert einen Moment. »Das ist eine längere Geschichte«, sagt er schließlich, »ich weiß gar nicht, wo ich da am besten beginne.« Max überlegt eine Weile. Dann erzählt er seine Geschichte. Während Max erzählt, ist es mucksmäuschenstill im Wagen. Man hört nur seine Stimme erzählen, zuerst stockend, dann immer fließender. Und im Hintergrund das Dröhnen des alten Opels, der mit 140 Stundenkilometern durch Deutschland braust.

Max erzählt von Schlafstörungen, die ihn seit mehreren Monaten quälen. Von Tagen, an denen er wie gelähmt ist und kaum arbeiten kann. Dann ist er schon nach zwei Stunden Arbeit völlig erschöpft und hat auch für einfache Aufgaben kaum mehr Energie. Vor einigen Wochen begannen die Rückenschmerzen. Als er kaum noch sitzen kann, sucht er den Arzt auf. Es gibt mehrere Untersuchungen, weil der Arzt zunächst nicht herausfindet, welches die Ursachen von Max' gesundheitlichen Problemen sind. Schließlich diagnostiziert sein Arzt unter anderem massive Störungen im vegetativen Nervensystem. Er bekommt entsprechende Medikamente und ein Aufbautraining für seinen Rücken. Als sich der Zustand von Max trotz medikamentöser Behandlung nicht verbessert, raten ihm sein Arzt und Freunde zu einer beruflichen Neuorientierung. Das ist für Max ein sehr schwieriger Gedanke. Seit 15 Jahren ist er Pastor. Es ist der Beruf seiner Träume. Er kann sich nicht vorstellen, wieder als Ingenieur zu arbeiten, unter anderem auch deshalb nicht, weil er nicht weiß, wie er die massive technologische Entwicklung innerhalb seiner Branche aufholen soll. Nun kommt zu seinen gesundheitlichen Problemen noch die existentielle Sorge um seinen Beruf und den Lebensunterhalt seiner Familie hinzu.

Ich höre zu, wie Max erzählt, und versuche, ihn zu verstehen. Es gelingt mir nicht. Ich selber bin noch jung, keine dreißig Jahre alt. Gerade habe ich eine neue Tätigkeit im Seminardienst einer christlichen Organisation begonnen. Ich sprühe vor Energie und bin wieder neu motiviert, mich für Gott und seine Sache zu engagieren. Für das, was Max von sich erzählt, existiert in meinem Denken und in meiner Erfahrung noch kein Zuordnungsraster. Ich kann darum nicht nachvollziehen, wie es dazu kommen kann, dass Christen sich so sehr in ihrem Dienst verausgaben, dass sie dabei ihre Gesundheit verlieren. Und dann fehlt mir vor allem das Einfühlungsvermögen, um verstehen zu können, wie es zu einer Situation wie dieser kommen kann. In mir ist viel Überheblichkeit und Stolz. Natürlich ist mir das in diesem Moment nicht bewusst. Im Stillen aber wundere ich mich verständnislos über so viel falsch verstandenes christliches Dienstverständnis, das einen solchen Kollaps, wie Max ihn gerade erlebt, provoziert hat. Ein beinahe ruinierter Körper, psychische Probleme – das alles ist für mich zum damaligen Zeitpunkt Ausdruck eines grundlegenden Versagens. Irgendwo muss es im Leben von Max doch ein Leck geben. Ein unstabiler Glaube vielleicht? Oder ungelöste persönliche Probleme? Vielleicht auch eine fehlende Sensibilität im Umgang mit sich selbst. Oder doch psychische Schwierigkeiten?

Wie gesagt, ich bin nicht fähig, die Situation von Max zu erfassen und einzuordnen. In meinen Gedanken macht sich eine selbstgerechte Verständnislosigkeit breit. Es kann doch unmöglich Gottes Wille sein, dass eines seiner Kinder dermaßen an die Grenzen kommt. Weshalb geben Menschen wie Max der übernatürlichen Kraft Gottes in ihrem Leben nicht mehr Raum? Weshalb rechnen sie nicht mit seiner heilenden, wiederherstellenden Kraft? Es kann doch nicht sein, dass von Gott bevollmächtigte Mitarbeiter auf einmal ihren Dienst quittieren müssen, weil solche unnötigen Hindernisse sie schachmatt setzen!

So wie ich damals über die Situation von Max rätselte, so rätsle ich heute über mich selbst und über die Art, wie ich damals dachte. Ich war sehr kurzsichtig und sehr unbarmherzig. Und vor allem sehr unerfahren. Ich meinte, solche Situationen mit meinem geistlichen Scharfblick beurteilen zu können, und merkte nicht, wie richtend, unbarmherzig und unreif ich darin war.

Nur wenige Jahre später korrigierte Gott mein Denken und Urteilen auf unerwartete und sehr schmerzliche Weise. Diesmal war ich selbst an der Reihe. Auf einmal war ich in der Situation von Max. Innerhalb weniger Wochen zerbrach meine unreife, fixe Vorstellung vom unerschütterlichen Diener Gottes, der ich sein wollte. Noch lange wollte ich es nicht wahrhaben, dass es nun mich selbst erwischt hatte. Mit allen Kräften versuchte ich, mich dagegen zu wehren und die Katastrophe zu verhindern. Ohne Erfolg.

Was war geschehen? Ich war inzwischen vier Jahre in der Seminararbeit eines bekannten christlichen Werkes tätig. Ich schulte Mitarbeiter verschiedener Gemeinden und führte Seminare und Beratungen durch. Daneben unterrichtete ich teilzeitlich biblische Fächer an einer theologischen Ausbildungsstätte.

Seit etwa zwei Jahren war ich in meiner Arbeit so richtig ausgelastet. Ich genoss es, Einblick in verschiedene Gemeinden zu haben und sie mit meinen Seminaren ein Stück begleiten zu können. Nebenberuflich nahm ich ein weiterführendes theologisches Aufbaustudium in Angriff, um mich in meiner Lehrtätigkeit weiterentwickeln zu können.

Auch unser Familienleben war in Bewegung. Ich war sehr glücklich mit Karin, einer temperamentvollen Ostfriesin, verheiratet. Gerade war Fabienne, unsere zweite Tochter, geboren. Wir wohnten zusammen mit zwei Singles und einem Ehepaar als Lebensgemeinschaft in einem Mehrfamilienhaus. Im Nachbarort befand sich ein Frauengefängnis. Unsere Lebensgemeinschaft war mit der Absicht gegründet worden, Frauen in und nach dem Strafvollzug zu begleiten. Neben der Betreuung inhaftierter Frauen nahmen wir strafentlassene Frauen so lange bei uns auf, bis sie wieder selbstständig leben und arbeiten konnten.

Inmitten dieser intensiven Lebensphase kam ich langsam an meine Grenzen. Es begann mit Atemschwierigkeiten auf meinen regelmäßigen Joggingrunden. Als ich schon nach zehn Minuten meinen Lauf keuchend und nach Luft japsend abbrechen musste, ging ich zum Arzt. Dieser diagnostizierte eine leichte Form von Asthma. Er riet mir zu einer medikamentösen Kur. Ich lehnte die Einnahme von Medikamenten ab. Es war ja nur leichtes Asthma. Der Gedanke, aufgrund einer Krankheit regelmäßig auf Medikamente angewiesen zu sein, gefiel mir überhaupt nicht. Er passte nicht in mein Bild des vitalen, energiegeladenen Mitarbeiters Gottes. Also verdrängte ich die nun auftauchende Irritation erfolgreich.

Langsam, zunächst fast unmerklich, kamen weitere Symptome dazu. Ich konnte nicht mehr so gut schlafen wie früher. Tagsüber war ich sehr aufgedreht und explodierte fast vor Energie. Am Feierabend hatte ich immer noch das Bedürfnis, zu arbeiten. Ich schrieb Berichte, bereitete Seminare vor oder las bis tief in die Nacht berufsbezogene Bücher und Zeitschriften. Wenn die Kinder zu Bett gegangen waren, feilte ich noch stundenlang an einem Vortrag weiter oder erledigte Telefonate.

In dieser Zeit war ich auffallend oft erkältet. Manchmal dauerte es wochenlang, bis ich einen harmlosen Schnupfen wieder los war.

Eines Tages kamen stechende Schmerzen in der Herzgegend dazu. Zeitweise spürte ich dieses Stechen bis in die linke Hand herunter. Wenn ich mein Büro betrat, fing mein ganzer Körper seltsam zu kribbeln an. Dieses Kribbeln hörte nicht auf, wenn ich das Büro verließ. Es hielt an, wurde manchmal etwas schwächer und nahm dann wieder zu.

Und dann kamen diese grausamen Angstattacken. Entweder konnte ich nicht einschlafen oder erwachte mitten in der Nacht. Und dann war da plötzlich nackte Angst. Eine abgrundtiefe, dunkle Angst. Diffus, rational völlig unbegründet und nicht nachvollziehbar. Aber voll destruktiver Energie – ein unwiderstehlicher Sog in die Tiefe. Es war die Angst zu versagen. Einen Termin nicht einhalten zu können. Die Angst, meine Arbeit nicht bewältigen zu können. Die Angst, mich vor meinen Studenten zu blamieren. Seltsamerweise war diese Angst tagsüber oft wie weggeblasen. Aber nachts krallte sie sich wie ein schwarzer Dämon in meinen Gedanken und Gefühlen fest.

Ich erinnere mich an eine Nacht, die das Fass zum Überlaufen brachte. Wieder hatten mich innere Unruhe und panische Ängste stundenlang wach gehalten. Nun war ich am Ende. So konnte und durfte es nicht weitergehen. Ich lag in den Armen meiner Frau und verlor die letzte Kraft, mich gegen meinen Zustand zu wehren. Ich weinte hemmungslos. Ich war am Ende. Ich hatte keine Strategie mehr auf Lager, wie ich trotzdem irgendwie weiterkommen würde. Ich musste mir eingestehen, dass ich definitiv nicht mehr weiterwusste. Das war die Stunde meiner endgültigen Kapitulation.

Karin drängte mich zum Arztbesuch. Jetzt endlich war ich dazu bereit. Ich wurde von Kopf bis Fuß untersucht. Nichts. Das Herz in Ordnung. Das Blut in Ordnung. Ja, der Cholesterinspiegel könnte etwas besser sein. Ein bisschen Mangel an Magnesium. Das Einzige, was nicht mehr richtig zu funktionieren schien, war das vegetative Nervensystem ... Max lässt grüßen! »Sie müssen sich überlegen, wie Sie mit Druck und Stress besser umgehen können«, war die abschließende Bemerkung meines Arztes.

Nun folgte eine längst überfällige Phase der Neuorientierung. Schon bald wurde mir klar, dass es um weit mehr gehen würde, als einige stressvermindernde Strategien einzuüben. Mein Verhalten innerhalb der Familie, der Arbeit und mein Umgang mit mir selbst bedurften einer grundlegenden Überarbeitung. Es war Zeit, der Sache etwas tiefer auf den Grund zu gehen.

Die darauffolgenden Monate waren geprägt von einer gründlichen Inventur meines bisherigen Lebens. Diese Bestandsaufnahme machte deutlich, dass es vor allem zwei Bereiche gab, mit denen ich mich intensiver als bisher auseinandersetzen musste.

Der erste Bereich umfasste meine ganze innere Welt: meine Seele, meine Emotionen, mein Herz. Darin eingeschlossen waren meine tiefer liegenden, größtenteils unbewussten Haltungen, Überzeugungen, Motive und Gefühle. Ich stellte bald fest, dass ich einige wichtige Facetten aus diesem Bereich meiner Persönlichkeit bisher von meiner Spiritualität und Glaubensentwicklung ausgeblendet hatte. Das drückte sich darin aus, dass ich all die Regungen aus diesem Bereich schlicht überging und nicht beachtete. Ich spaltete meine seelischen Empfindungen weitgehend von meinem Glauben ab.

Also begann ich die Bibel intensiv auf diesen Themenbereich hin zu untersuchen. Was sagt Gott zu der inneren, emotionalen Seite unseres Lebens? Wie ist sie mit unserem Glauben verknüpft? Welche Rolle spielen dabei unbewusste Prägungen und Überzeugungen? Wie beeinflussen sie unser Denken und Verhalten im Alltag? Welche Auswirkungen hat eine gesunde Glaubensentwicklung auf die innersten Bereiche meines Herzens, in dem die Gefühle und meine Überzeugungen geprägt werden? Ich stellte schon bald fest, dass ich da wichtige Teile des jüdisch-christlichen Menschenbildes zu wenig ernst genommen hatte.

Es war nicht alleine das Studium der Bibel, das mir weiterhalf. Ich entdeckte einige hilfreiche Literatur zu diesem Thema. Bald wurde mir auch klar, dass ich in diesem Lernprozess die Hilfe eines kompetenten christlichen Seelsorgers brauchte. Hilfe von außen anzunehmen erwies sich als eine wichtige Entscheidung. Ohne die geschickte Begleitung einer Fachperson wäre ich gewissen ungesunden Motiven und Prägungen in der Tiefe meines Herzens vielleicht nie auf die Spur gekommen.

Ein zweiter Bereich meines Lebens bedurfte der vermehrten Aufmerksamkeit: meine Spiritualität. Erlauben Sie mir eine kurze Zwischenbemerkung zur Definition dieses Begriffs, den ich im Laufe dieses Buches immer wieder erwähnen werde. »Spiritualität« ist kein Hobby für Kerzen- und Weihrauchliebhaber. Es heißt auch nicht, dass man ins Kloster geht oder Meditationsübungen macht. Spiritualität ist kein Insiderbegriff für Mystiker und Wollsocken tragende Vegetarier, die sich bei Harfenmusik entspannen wollen. Spiritualität ist konkrete Alltagsgestaltung mit Gott.

Seit ich Christ geworden war, trug ich in mir die Überzeugung, dass Gottes Weg, mein Leben zu erneuern, wesentlich verbunden war mit den klassischen geistlichen Disziplinen wie dem Gebet, dem Lesen der Bibel, der Gemeinschaft, dem Inspirieren und Führen des Heiligen Geistes, der Stille usw. Ich hatte deshalb schon in einer frühen Phase meiner geistlichen Entwicklung den Wunsch, diese Disziplinen kennenzulernen und einzuüben. Später hatte ich dazu hilfreiche Literatur gelesen und dabei von verschiedenen konfessionellen Zugangswegen zu diesem Thema profitiert.

Nun musste ich aber ernüchtert feststellen, dass auch mein auf diese Weise gestaltetes geistliches Leben nicht verhindert hatte, dass ich in diese Sackgasse der Überforderung, inneren Anspannung und des körperlichen Zusammenbruchs geraten war. Das irritierte mich. Wie konnte ich trotz regelmäßigem Umgang mit Gottes Wort und Gebet gewisse Aspekte meines Lebens vor Gott ausklammern, ohne dass mir das selber bewusst wurde? Wie war es möglich, dass ich dabei sein Reden so einseitig wahrgenommen hatte und viele seiner Warnungen so erfolgreich überhören konnte? Ich musste also auch meine Spiritualität einer erneuten Prüfung unterziehen.

Die vielleicht wichtigste Entdeckung in diesem Prozess der Neuorientierung (der sich übrigens über mehrere Jahre hin erstreckte und bis heute nicht abgeschlossen ist) aber war die einfache Erkenntnis, dass emotionale Reife und Spiritualität untrennbar zusammengehören.

Eine Spiritualität, bei der die Tiefen meiner Seele, meine Emotionen, meine unbewussten Motive und Prägungen unberührt bleiben, führt zu einer einseitigen, letztlich an der Oberfläche bleibenden Glaubensentwicklung.

Dieses Volk da behauptet, mich zu ehren. Aber sie ehren mich nur mit Worten, mit dem Herzen sind sie weit weg von mir, lässt Gott Israel durch seinen Propheten Jesaja ausrichten (Jesaja 29,13). In Markus 7,6 zitiert Jesus diese Worte und wendet sie auch auf seine eigene Zeit an. Das war nicht nur eine treffende Bestandsaufnahme von Jesus zur Spiritualität der geistlichen Führer des Judentums in der damaligen Zeit. Zum selben Ergebnis führt auch jede Form von Spiritualität, von Jüngerschaftstraining und geistlicher Entwicklung, die den Kern unserer Persönlichkeit und die Tiefe unserer emotionalen Innenwelt außer Acht lässt.

Genauso fatal ist allerdings auch das Gegenteil. Die Beschäftigung mit den Regungen unserer Seele führt nur dann zu Heilung und Erneuerung, wenn sie in eine lebendige Spiritualität eingebettet ist. Durch sie schaffen wir Raum für den prägenden Einfluss Gottes, der die innersten Bereiche unserer Seele neu ordnen und formen kann. Ohne eine gesunde Spiritualität bleiben wir bei einer rein seelischen Bestandsaufnahme stehen.

Die Kraft, falsches Denken, destruktive Selbstbilder oder unlautere Motive zu verändern, liegt nur sehr beschränkt im Menschen selbst. Erst wenn Gottes übernatürliche Kraft Zugang zu den ungeordneten Bereichen meines Herzens bekommt, wird ein Leben möglich, das Jesus Christus ähnlicher wird. Eine gesunde Spiritualität führt zu dieser ganzheitlichen Reife von Glaube und Persönlichkeit sowie von Seele und Körper. Denn in der persönlichen Spiritualität öffnet der Mensch sein Innerstes der Kraft Gottes, die ihn als ganzen Menschen von innen nach außen erneuert.

Dieser Zusammenhang zwischen geistlichem Leben (Spiritualität) und einer ehrlichen Auseinandersetzung mit den tieferen Schichten meiner Seele war für mich eine erste wichtige Erkenntnis auf dem Weg meines eigenen Heilungsprozesses. Geistliche Reife und emotionale Reife bedingen einander. Sie gehören untrennbar zusammen.

Aus meiner persönlichen Auseinandersetzung mit der wechselseitigen Beziehung von emotionaler und geistlicher Reife ist dieses Buch entstanden.

Im ersten Teil geht es zunächst um die unlösbare Verbindung zwischen Glauben und emotionaler Reife, die ich selbst so lange nicht erkannt habe. Darin versuche ich zunächst zu begründen, warum wir diese Bereiche nicht voneinander trennen können, ohne dabei Schaden zu nehmen. In diesem Zusammenhang werden Sie einige wichtige Aspekte emotionaler Reife kennenlernen. Dazu gehört der mutige Blick unter die Oberfläche unseres Alltags- und Glaubenslebens. Wenn Sie diesen Blick wagen, werden Sie einige Entdeckungen machen, die Sie vielleicht beunruhigen, die für Ihr persönliches Wachstum aber sehr wichtig sind. Halten Sie diesen Blick aus und übernehmen Sie die Verantwortung für den Veränderungsprozess, der Ihnen bevorsteht. Verantwortung übernehmen heißt, einige wichtige Weichen zu stellen, um nachhaltig innere Heilung, Veränderung und Befreiung erleben zu können.

Den meisten Menschen ist nicht bewusst, wie sehr ihre Gegenwart von ihrer Vergangenheit mitbestimmt wird. Darum beinhaltet geistliche Reife immer auch eine ehrliche Auseinandersetzung mit den Prägungen unserer Vergangenheit.

Menschen, deren Glaube auch die emotionalen Seiten ihrer Persönlichkeit berührt, lernen eine weitere Lektion. Sie erlauben sich eine ehrliche Auseinandersetzung mit den verwundeten, zerbrochenen Seiten ihrer Seele. Sie lernen das Geheimnis der Kraft Gottes inmitten ihrer Schwachheit und Grenzen kennen.

Der konstruktive Umgang mit Kummer, Verlustgefühlen und Trauer ist ein weiteres Kennzeichen einer geistlichen Reife, die auch die emotionalen Seiten unseres Lebens umfasst.

Im zweiten Teil des Buches stelle ich Ihnen verschiedene Facetten einer gesunden Spiritualität vor. Ich lade Sie ein zu entdecken, wie Sie Ihre Gottesbeziehung so gestalten können, dass dabei Kopf, Herz und Gefühle vor Gott zur Sprache kommen und von seiner Kraft berührt werden.

Ein erstes Übungsfeld dabei ist die Suche nach Ruhe für unser unruhiges menschliches Herz. Wer lernt, wie er inmitten turbulenter Zeiten still werden kann, ist bereit für die lebensverändernde Begegnung mit Gott. Eine kraftvolle Spiritualität ist immer auch von einem gewinnbringenden Umgang mit dem Wort Gottes geprägt. Entdecken Sie, wie Gottes Wahrheiten Ihre Gedanken und Gefühle nachhaltig umgestalten können. In einem weiteren Kapitel lernen Sie, wie reif gewordener Glaube unsere Gebete verändert. Statt ständig um uns selbst zu kreisen, werden unsere Gebete zu einem Ausdruck unserer Liebe und Hingabe an Gott und andere Menschen. Auf unserer gemeinsamen Reise durch dieses Buch begegnen wir auch dem Heiligen Geist als dem unverzichtbaren Wegbegleiter im Erneuerungsprozess des Glaubens. Ohne sein inspirierendes, beratendes Wirken inmitten unseres Alltags bleibt unser Glaube staubtrocken und blutleer. Weil Glaubensreife nicht das Produkt einer beeindruckenden Solonummer ist, widmet sich ein weiteres Kapitel der Frage, welche Beziehungen für unser inneres Wachstum unerlässlich sind. Dann möchte ich Ihnen zeigen, weshalb sich Reife auch darin zeigt, für was und für wen sich ein Mensch mit seinen persönlichen Ressourcen einsetzt. Schließlich werde ich Sie am Schluss dieses Buches ermutigen, Ihre geistliche Entwicklung ganz oben auf Ihre Prioritätenliste zu setzen. Denn Sie werden nicht zufällig zu einer ganzheitlichen reifen Persönlichkeit.

Dieses Buch ist eng mit meinem persönlichen Wachstumsweg der letzten Jahre verwoben. Es ist deshalb nicht nur dort, wo das direkt zum Ausdruck kommt, autobiographisch gefärbt. Ich muss bekennen: Das Meiste, wovon ich schreibe, habe ich nicht freiwillig gelernt, sondern inmitten von Grenzen und Versagen. In einem Lied singt die Countrylegende Johnny Cash: »I learned the hard way« – ich lernte es auf die harte Tour. Das trifft auch auf mich zu. Ich finde mich in den Worten von Dietrich Bonhoeffer wieder, der schrieb:

> »Man muss damit rechnen, dass die meisten Menschen nur durch Erfahrungen am eigenen Leib klug werden. Nur so erklärt sich die erstaunliche Unfähigkeit der meisten Menschen zu präventivem Handeln jeder Art – man glaubt eben selbst immer noch, um die Gefahr herumzukommen, bis es schließlich zu spät ist.«[1]

Dieses Buch beinhaltet solche Lektionen, die sich mir inmitten eigener, schwieriger Erfahrungen aufgedrängt haben. Ich bin mir bewusst, dass die Verknüpfung eines Themas mit persönlichen Erfahrungen immer mit Chancen und Risiken verbunden ist. Ich habe mich dennoch entschlossen, Sie an meiner persönlichen Geschichte teilhaben zu lassen, denn ich möchte Ihnen keine Ansammlung trockener Theorie zumuten, obwohl mir eine sorgfältige inhaltliche Auseinandersetzung mit diesen fundamentalen Themen der Glaubensentwicklung wichtig ist. Aber letztlich geht es ums alltags- und krisentaugliche Leben als Christ in einer herausfordernden Welt. Wenn meine persönlichen Entdeckungen Sie dabei auf dem Weg Ihres eigenen Reifeprozesses inspirieren und anspornen, dann erhört Gott mein wichtigstes Gebetsanliegen im Blick auf dieses Buch.

Manche der beschriebenen Lektionen, die für mich, so wie sie hier formuliert sind, von fundamentaler Bedeutung sind, sehen im Blick auf Ihr Leben vielleicht anders aus. Hier liegen die Grenzen persönlicher Erfahrungen. Sie sind nur bedingt auf andere anwendbar. Haben Sie darum den Mut, in Gottes Wort oder in entsprechender Literatur weiter zu graben, wenn Sie an einer Stelle eine vertiefte Auseinandersetzung brauchen.

Ich wünsche Ihnen eine lebensverändernde Entdeckungsreise!

Teil 1:

Glaube und emotionale Reife: Mut zur ehrlichen Auseinandersetzung mit sich selbst

Kapitel 1:

Reife, die von innen kommt

Ein tolles Schiff, das keines war

Southhampton, England am 9. Januar 2005. Fast 2000 Passagiere besteigen voller Vorfreude das im Jahr 2000 im deutschen Pappenburg fertig gebaute 270 Meter lange Luxus-Passagierschiff »Aurora«. Vor ihnen liegt eine 103-tägige, fantastische Kreuzfahrt, die sie zu Traumzielen wie Madeira, den Kapverdischen Inseln, San Francisco und Hongkong bringen wird. Die ausnahmslos betuchten Passagiere haben für dieses Vergnügen je nach Kabinenausstattung bis zu 60000 Euro bezahlt. Dafür wird ihnen aber auch Luxus pur geboten. Mit Gold überzogene Wasserhähne, teuerste Möbel in den als Suiten angelegten Kabinen, Geschäfte, Kinos, Musik, Unterhaltung und beste Speisen warten auf die Gäste.

Das Schiff liegt zum Auslaufen bereit. Die Passagiere treffen sich in den verschiedenen Bars auf dem Schiff oder machen einen ersten Bummel durch die vielen Shops im Inneren des Schiffs. Dann kommt die Durchsage über die Lautsprecher. Die Abfahrt verzögert sich aufgrund eines technischen Problems. Zwei Stunden später die erneute Durchsage: Das Problem konnte noch nicht gelöst werden. Die Schiffsbetreiber bitten die Gäste um Geduld. Mehrere Stunden später eine erneute Durchsage. Das Schiff kann nicht auslaufen. Man hofft, das Problem innerhalb des nächsten Tages lösen zu können. Für die Gäste ist der Zwischenfall zunächst nur halb so schlimm. Man vertröstet sie in der Zwischenzeit mit Gratisdrinks, Unterhaltungsmusik, Kino und üppigen Menüs. Nach zwei Tagen liegt die Aurora immer noch im Hafen von Southhampton. Auch noch nach fünf Tagen. Die ersten Gäste reagieren nun doch ärgerlich. 385 Personen verlieren die Geduld und verlassen wütend das Schiff. Am neunten Tag ist es dann doch so weit. Der Schaden ist behoben, das Schiff verlässt den Hafen und sticht in See. Die Laune steigt und die Gäste freuen sich auf die vor ihnen liegenden Wochen auf See. Am nächsten Tag, das Schiff befindet sich gerade im Ärmelkanal, erreicht die Gäste die unglaubliche Hiobsbotschaft: Die Luxusfahrt muss definitiv abgebrochen werden. Die verbleibenden 1300 Passagiere werden zurück nach Southhampton gebracht.

Was war geschehen? Das Antriebssystem der Aurora wies einige gravierende Mängel auf, sodass das 289 Millionen teure Schiff die für die Kreuzfahrt erforderliche Geschwindigkeit nicht erreichte.

Was war das Problem der Aurora? Es war die Diskrepanz zwischen ihrer äußeren Erscheinung und ihrem inneren Zustand. Äußerlich gesehen war die Aurora ein sehr beeindruckendes Schiff. Sie galt als ein Bespiel für beinahe vollendete Schiffsbaukunst. Von der Ausstattung über das Aussehen bis hin zum angebotenen Service bewegte sich alles auf höchstem Niveau. Ein beinahe vollkommenes Luxusschiff. So sah es von außen aus. Im Inneren wies dieses Schiff jedoch einige gravierende Schwachstellen auf. Der innere Zustand stand in keinem Verhältnis zur äußeren Ausstattung. Dieses Schiff scheiterte, weil sich die Schönheit, die Perfektion, die Genialität und das hohe Niveau nur in den sichtbaren Bereichen des Schiffs niederschlugen. Im Inneren, dort, wo es wirklich darauf angekommen wäre, im verborgenen Bereich der Technik und des Antriebssystems, wurde schlecht gearbeitet. Diesen für die Gäste nicht sichtbaren Bereichen widmete man zu wenig Aufmerksamkeit. Außen Luxus, innen Drittklass-Wartung. Und das erwies sich als ein fataler Fehler.

Das Schicksal der Aurora weist auf eine Tendenz hin, nach der viele Christen ihr Leben gestalten. Es gibt die Urversuchung in uns allen, nach außen hin etwas anderes zu repräsentieren, als wir innerlich wirklich sind. Das gilt im Allgemeinen und besonders auch im Blick auf unseren Glauben an Jesus Christus. Wir definieren unseren Glauben und unsere Reife vielfach über unser äußeres Verhalten.

Solange es uns gelingt, fünfzehn Minuten täglich in der Bibel zu lesen, sind wir vor Gott okay. Durch meine Gemeindezugehörigkeit und meine Mitarbeit ist mein Gaube legitimiert. Dass ich nicht rauche, nicht fluche und mit keinen anderen Frauen ins Bett steige, ist der Beweis dafür, dass ich mich auf dem richtigen Weg befinde. Ich wachse als Persönlichkeit und als Christ, wenn es mir gelingt, den allgemein von mir erwarteten christlichen Verhaltensnormen zu entsprechen. Wie es in mir wirklich aussieht, ist zweitrangig. Welche Gefühle, Ängste, Zwänge und Sorgen sich in meinem Inneren tummeln, dafür scheint man sich im Kreis meiner Mit-Erretteten nicht sonderlich zu interessieren. Und ich bin auch gar nicht traurig darüber. Wer hat schon Lust darauf, in den manchmal auch dunklen Sphären seiner Seele zu rühren?

So hat es sich Gott nicht vorgestellt, als er den Menschen schuf. Das war nicht seine Idee, als er Jesus Christus sandte, um uns zu erlösen und zu seinen Kindern zu machen. Seine Idee war, dass wir in der Beziehung zu ihm zu reifen Menschen werden. Zu innerlich starken, wiederhergestellten, erneuerten Persönlichkeiten, bei denen die Diskrepanz zwischen äußerem Verhalten und innerer Qualität immer kleiner wird. Gott wünscht sich nicht, dass wir wie die Aurora unsere Fahrt vorzeitig abbrechen müssen, weil wir uns wenig um die unsichtbaren Bereiche in unserem Leben gekümmert haben.

Dass es in unserem Leben mit Christus um Reife geht, drückt Paulus in Epheser 4,13 aus: *So sollen wir zur Einheit im Glauben gelangen, in der wir gemeinsam den Sohn Gottes erkennen. So werden wir zum vollständig erwachsenen Menschen und gelangen zur Reife, wie sie in Jesus Christus zu finden ist.*

Das ist das Ziel, das Gott sich für Sie und für mich gesteckt hat: Wir sollen mündige, reife Menschen werden. Geistlich und emotional erwachsene Kinder Gottes. Innerlich stabile, gesunde Persönlichkeiten.

Die Folgen von einseitig verstandener Reife

Woran wird solche Reife sichtbar? Kann man sie irgendwie erkennen und definieren? Es ist erstaunlich, wie verschieden diese Fragen von Theologen und Jüngerschaftsexperten beantwortet werden.

In der großen Mehrheit der Literatur, die sich mit dem Thema Jüngerschaft und Glaubenswachstum auseinandersetzt, wird Reife über Stichworte wie diese definiert:

- Reif wird, wer richtig glaubt (zum Beispiel wer die Bibel als wahres Wort Gottes anerkennt und eine klassische Bekehrung erlebt hat);
- Wachstum ergibt sich dort, wo ich verbindlich zu einer Gemeinde gehöre und dort mitarbeite;
- Wachstum drückt sich so aus, dass ich gegen keine biblische Norm verstoße;
- Glaubensreife ist das Ergebnis regelmäßigen Gebets und Bibelstudiums;
- Fortschritte mache ich dort, wo ich in Glaubensfragen Bescheid weiß.

Die meisten der genannten Punkte gehören zu den erstrebenswerten Zielen eines ernsthaften Christen. Diese Dinge können für unser Leben hilfreich sein. Aber sie sind keine zuverlässigen Indikatoren dafür, ob jemand wirklich reif ist oder nicht. Denn letztlich sind diese Kennzeichen alle rein *äußerliche* Kennzeichen. Hier handelt es sich ausnahmslos um Dinge, die ein Christ tut und weiß. Was uns Menschen aber ausmacht und reif macht, ist weit mehr das, was wir wissen und was wir tun. Es gibt eine zweite, entscheidende Ebene in unserem Leben: unsere innere Welt. Unsere Seele, unser Herz, unsere Gedanken, Gefühle, unser Wille und unser Denken. Sie bilden den Kern unserer Persönlichkeit. Hier findet sich das, was für die

Aurora der Bereich der Technik und Elektronik ist. Von hier aus wird der ganze Mensch gesteuert und geprägt.

Es kann sein, dass ein Christ alle diese vorher genannten äußeren Kennzeichen aufweist: Er kennt seine Bibel. Er hat sein Leben bewusst Christus anvertraut. Er weiß um die Gaben des Heiligen Geistes. Er gehört zu einer Gemeinde und arbeitet dort mit. Man trifft ihn im Gebetskreis. Gleichzeitig ist es möglich, dass sein ganzes Wissen und Verhalten abgespalten ist von seinem inneren, emotionalen Leben.

Gott hat uns als *Menschen* geschaffen. Diese Tatsache blenden viele aus, die sich um geistliche Reife bemühen. Sie reduzieren dieses Thema auf einen rein »geistlichen« Bereich, der oft mit offensichtlich geistlichen Verhaltensweisen zu tun hat. Von diesem »geistlichen« Bereich schließen sie gewisse Seiten ihres Seins aus. Zum Beispiel ihren Körper, ihre Seele einschließlich ihrer ganzen emotionalen Welt, ihre Beziehungen zu anderen Menschen und manchmal sogar ihre intellektuellen Fähigkeiten.

Eine gesunde, im hebräisch-biblischen Denken verankerte Theologie kennt diese Trennung nicht. Nach dem jüdisch-christlichen Menschenbild ist es unmöglich, ein geistlich reifer und zugleich ein emotional unreifer Mensch zu sein.

Wo liegt die Wurzel dieser Tendenz, die inneren, emotionalen Seiten unserer Persönlichkeit von der Beschäftigung mit dem geistlichen Wachstum abzuspalten?

Erste Anzeichen dieser Trennung finden wir in gewissen philosophischen Strömungen des alten Griechenlands und in vorchristlichen persischen Religionen. Es waren Philosophen wie Plato (427–347 v.Chr.), welche die Notwendigkeit betonten, dass der Geist des Menschen über seine Begierden herrscht. Dabei hilft dem Menschen seine Vernunft. Sie hilft ihm, das Gute und Richtige zu erkennen. Alles andere, was ebenfalls zum Menschen gehört, sein Körper, seine Emotionen und Empfindungen, sind dabei eher hinderlich. Sie sind die Urheber seiner Leidenschaften, die ihn in der Bemühung, das Gute zu erkennen und zu tun, nur hindern.

Solche und ähnlich geformte Weltanschauungen bzw. Menschenbilder hielten bald Einzug ins frühe Christentum. Die sogenannte christliche Gnosis, die im 2. Jahrhundert nach Christus ihre Blütezeit hatte, führte diese Gedanken weiter und festigte sie zu einer Lehre: Unser Körper und unsere seelischen Empfindungen hindern uns daran, geistlich vorwärtszukommen und Christus wahrhaft zu erkennen. Körperliche Bedürfnisse und seelische Regungen müssen darum überwunden, ja abgetötet werden, damit unser Geist Gott in Reinheit erkennen und ihm begegnen kann. Der bekannte Kirchenlehrer Origenes (185–254 n.Chr.) war zum Beispiel der Meinung, die Tatsache, dass wir einen Körper haben, sei eine Strafe für unseren Abfall von Gott.

Diese Entwicklung führte zur folgenschweren Überzeugung, dass vor allem das geistlich relevant ist, was mit unserem Erkennen, Wissen und Verstehen zu tun hat. Unsere Gefühle, Ängste, Motive, Schmerzen und Verletzungen hindern uns nur daran, Gott näher zu kommen. Was wir in ihnen empfinden, ist Ausdruck unserer Gefallenheit und unserer Sünde. Darum müssen wir diese emotionale Seite unseres Lebens überwinden und unterdrücken. Diese Überzeugung prägt bis heute den Glauben vieler ernsthafter Christen.

Die Abspaltung des Seelischen vom Geistlichen sieht man auch daran, dass im Christentum fälschlicherweise immer wieder behauptet wurde, der Mensch bestehe aus Geist, Seele und Leib. Bis heute halten viele überzeugte Christen an dieser Dreiteilung, der sogenannten »Trichotomie«, des Menschen fest, obwohl sie auf kirchlichen Konzilen immer abgelehnt wurde. Mit Recht, denn das hebräische Menschenbild, welches die Grundlage des christlichen Menschenbildes bildet, kennt keine Dreiteilung des Menschen in Leib, Seele und Geist. Der Hebräer spricht nur vom inneren und vom äußeren Menschen; von Seele und Leib. Sie sind die zwei zueinander gehörenden Seiten der einen Sache: unserer Persönlichkeit. Beide sind untrennbar aufeinander bezogen. Was den Leib betrifft, hat unmittelbare

Auswirkungen auf die Seele, und umgekehrt. Inneres und Äußeres gehören untrennbar zum Menschen, sie sind zwei Seiten seiner Existenz, die nie losgelöst voneinander zu denken sind.

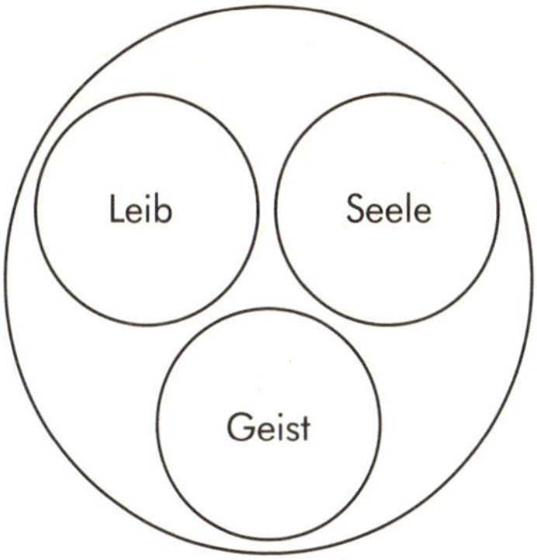

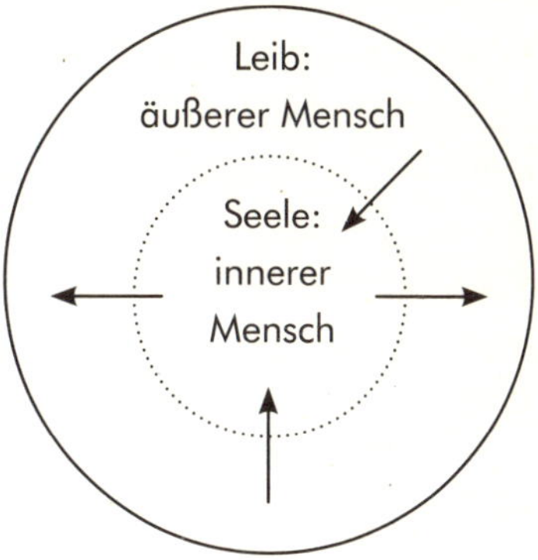

Abb. 1
Hellenistisches
Menschenbild:
Dreiteilung der Person
(Trichotomie)

Abb. 2
Hebräisches
Menschenbild:
der Mensch als Einheit
aus Leib und Seele

Im hebräischen Menschenbild sind beide, der innere und der äußere Mensch, auf Gott bezogen. Als ganzer Mensch, mit Leib und Seele, sucht der Mensch nach Gott. Mit Leib und Seele begegnet er ihm. Leib und Seele werden von Gottes Wirken berührt und verändert. Es gibt im und am Menschen keine Abspaltung in einen geistlichen und ungeistlichen Bereich. Alles gehört zu unserem Sein, wie es Gott geplant und geschaffen hat. Das schließt unsere Empfindungen mit ein, unseren Körper, unseren Verstand, unser Herz, unser Unbewusstes, unsere Motive. Diese Bereiche sind nicht einfach sündig und bedürfen deshalb keiner Aufmerksamkeit. Sie alle sind von Gottes Erlösungshandeln gleichermaßen betroffen.

Mit Herz und Seele glauben

Es lohnt sich, in diesem Zusammenhang zwei hebräische Begriffe näher anzuschauen, mit denen der Hebräer das Innere des Menschen umschreibt.

Da ist einmal der Begriff »Seele« (*näphäsch*), den wir bereits mehrmals genannt haben. Wovon spricht der Jude, wenn er von der Seele spricht? Ich kenne Christen, welche davor warnen, die Regungen der Seele ernst zu nehmen. Sie sehen seelische Empfindungen im Blick auf den Glauben als gefährlich an. Sie argumentieren, dass unsere Gottesbeziehung nicht von Gefühlen, sondern vom objektiven Wort Gottes bestimmt sein soll. Ein Jude käme niemals auf die Idee, seine Seele negativ zu bewerten. Der Jude bezeichnet mit der Seele mehrere Dinge:

- Die Kehle und den Rachen, also die Organe der Nahrungsaufnahme. Damit wird der Mensch als ein bedürftiges, hungriges und durstiges Wesen bezeichnet. Nicht nur unser Körper, sondern auch unser Inneres möchte satt und erfüllt werden (z. B. in Jeremia 31,12b und 25).
- Die Atmung bzw. die Luftröhre. Der Mensch ist ein Wesen, das sich danach sehnt, Atem zu holen, aufzuatmen und sich zu erholen (z. B. in Jona 2,6).
- Das Verlangen, Begehren, Trachten und Sehnen des Menschen. Wir sind also Menschen mit Wünschen und tiefen Bedürfnissen (z. B. in Jeremia 22,27).
- Der Ort verschiedener innerer Gemütszustände und Empfindungen wie Mitgefühl, Hass, Klage, Liebe, Trauer, Freude, Geduld oder Ungeduld, Verletzlichkeit, Erregbarkeit. Wir sind Menschen mit Gefühlen.[2]

Wenn es in Psalm 86,4 heißt: *Zu dir, Herr, erhebe ich meine Seele* (Elberfelder), dann drückt der Beter damit aus, dass er all seine Gefühle vor Gott ausbreitet und vor ihm zur Sprache bringt. Keine

Spur also von Verleugnung, Unterdrückung oder Abwertung seiner Seele.

Zur Umschreibung des inneren Menschen verwendet der Jude auch das Wort »Herz« (*leb*). Mit Herz ist das Innere, Verborgene des Menschen gemeint. Für den Hebräer umfasst das Herz die folgenden inneren Merkmale einer Person:

- seine Gefühle; also seine ganze Sensibilität und Emotionalität. Dazu gehören seine Ängste, seine Freuden, seine Aufregung, sein Kummer, sein Temperament, seine Schwäche, seine Niedergeschlagenheit usw. Hier greift die Bedeutung von Herz und Seele klar ineinander (etwa in Psalm 25,17; 1. Samuel 2,1 oder in Psalm 104,15).
- Sein Verlangen und Begehren, und zwar in besonderer Weise das verborgene Verlangen des Menschen: heimliche Wünsche, das sexuelle Verlangen, heimliche Vorstellungen usw. (z. B. in Psalm 21,3 und Sprüche 6,25).
- Die Vernunft und damit alle rationalen und intellektuellen Fähigkeiten: Einsicht, Erkenntnis, Wissen, Erinnerungen, Gedächtnis, Verstand usw. Hier wird deutlich, dass ein Herzensglaube niemals ein kopfloser Glaube ist (etwa in 5. Mose 29,3).
- Den Willen, also die Fähigkeit zu planen, zu entscheiden und zu gehorchen.[3]

Für den Juden ist das Herz das Zentrum des lebendigen Menschen.

Herz und Seele mit all ihren verschiedenen Ausprägungen machen also den inneren Menschen gemäß der Bibel aus. Gott hat uns mit diesen Regungen und Gefühlen gewollt und geschaffen. Sie sind sein Geschenk an uns. Sie sind nicht einfach schlecht und ein Hindernis für unsere Beziehung zu Gott. Was uns von Gott trennt, ist die Sünde, die sich in unserem Inneren einnistet, nicht unsere Seele oder unser Herz an sich. Wenn Gott unsere Sünde vergibt und uns davon frei macht, werden wir zu seelischen Menschen im besten

Sinne. Dann kommen Seele und Herz zur vollen Entfaltung und werden zu Orten, in denen wir Gott auf einer tiefen Ebene empfangen, erfahren, fühlen und erfassen können.

Geistlich ist also der Mensch, der diese innere Seite seines Lebens, die mit seinen Gefühlen und Empfindungen zu tun hat, in seinen Glauben mit einbezieht und sie nicht davon abspaltet. Es ist nicht ungeistlich, die Seele und ihre Regungen in den Reifungsprozess des Glaubens mit einzubeziehen. Ungeistlich werden wir, wenn wir es nicht tun. Geistlich leben bedeutet, unser ganzes Menschsein vor Gott einzuschließen und auf Gott zu beziehen, nicht nur einen Teil davon, den wir für geistlicher betrachten als den anderen.

Welche Bereiche betrachten wir bezüglich des geistlichen Lebens gerne als ungeistlich und weniger wichtig? Wo neigen wir dazu, wichtige Teile unseres Personseins zu vernachlässigen, wenn wir über christliche Reife nachdenken?

Unsere körperlichen Bedürfnisse
Zum Beispiel unser Bedürfnis auszuruhen. Die Notwendigkeit, uns richtig zu ernähren. Das Bedürfnis nach körperlicher Betätigung. Aber auch unsere sexuellen Regungen und Wünsche. Es galt in vielen christlichen Kreisen lange als verpönt und sündig, sich als Christ mit diesen Seiten seines Menschseins näher auseinanderzusetzen.

Unser Bedürfnis nach herzlichen Beziehungen
Das drückt sich dann so aus, dass man die Notwendigkeit betont, sich allein an Gott und nicht an Menschen zu orientieren. Um nicht von Menschen abhängig zu sein, geht man engen Freundschaften aus dem Weg und ignoriert den Zusammenhang zwischen gesunden, verbindlichen Beziehungen und geistlicher Reife.

Die Entwicklung unserer intellektuellen Fähigkeiten
Auch die umgekehrte Betonung und Abtrennung gibt es. Hier wird alles, was mit dem Verstand zu tun hat, als Hindernis für die geist-

liche Entwicklung angesehen. Ich erinnere mich an Begegnungen mit ernsthaften Christen, die mir weismachen wollten, meine denkerische Auseinandersetzung mit dem Glauben hindere Gott daran, mich mit seiner Kraft berühren zu können. So nach dem Motto: »Je weniger du denkst, umso größere Wunder tut Gott an dir.« Hier wird der Verstand als Gottes gute Gabe vom geistlichen Leben abgetrennt und als sein ärgster Gegner betrachtet.

Unsere emotionalen, seelischen Bedürfnisse

Hier geht es darum, wahrnehmen zu können, wie ich mich fühle, was mich schmerzt, was mir guttut. Eine weit verbreitete Überzeugung unter Christen lautet: »Gefühle täuschen uns und taugen nichts, wenn es um den Glauben geht.« Deshalb werden Gefühle aus dem Glaubensleben verdrängt, obwohl sie uns etwas Wichtiges zu sagen hätten. Unsere emotionalen Empfindungen verraten uns nämlich, wie wir Dinge, andere Menschen, Gott, das Leben und uns selbst sehen. Erst wenn wir wahrnehmen, was in unserer Gefühlswelt abläuft und es wagen, dies zu artikulieren, erkennen wir, wo wir geistlich wirklich stehen, wo wir Veränderung und Erneuerung im Innersten unseres Menschseins brauchen. Gefühle sind die Sprache des Herzens. Sie offenbaren die (manchmal unschöne) Wahrheit, die in unserem Innersten existiert. Es ist nie geistlich, vor dieser Wahrheit, die sich uns zeigt, die Augen zu verschließen. Denn nur wo wir zulassen, was wirklich in uns ist, können wir frei werden.

Besonders Leiter und engagierte Christen neigen dazu, ihre Gefühle nicht genügend ernst zu nehmen. Sie gehen ihrem Ärger, Verstimmungen, Gefühlsschwankungen und eigentlichen Motiven nicht auf den Grund und bringen sie nicht in den Zusammenhang zu ihrer Reife als Christ. Sie sehen und verstehen den Zusammenhang nicht, der zwischen genau diesen Gefühlen und ihrem geistlichen Wachstumsprozess besteht.

Ich selber habe diesen Zusammenhang lange nicht wahrgenommen. Ich habe die Signale übersehen, die mir deutlich machen wollten, dass ich mich aufgrund ungesunder Motive ständig unter

Druck setzte und überforderte. Ich wollte mir nicht eingestehen, dass vieles, was ich scheinbar für Gott tat, in Wirklichkeit Ausdruck meiner Sucht nach Aufmerksamkeit und Anerkennung war. Meine Überzeugung war: Wenn ich außerordentlich viel leiste und dabei eindeutige Erfolgserlebnisse verbuchen kann, dann finde ich diese Anerkennung. Wenn nicht, dann bleibt die Anerkennung aus und ich fühle mich nutz- und wertlos. Solange ich genügend Arbeit hatte und bei meinen Mitmenschen beliebt war, fühlte ich mich sehr beflügelt und gesegnet. Weil ich diesen »Segen« so sehr brauchte, lud ich mir ein Übermaß an Arbeit auf. Denn damit stieg die Chance, wiederum Bestätigung zu erhalten. Doch dieser Weg erwies sich als Falle, denn die übermäßige Arbeit führte zur physischen und psychischen Erschöpfung. Es ist unglaublich anstrengend, sich Wertschätzung und Daseinsberechtigung auf diese Weise erarbeiten zu müssen!

Wenn wir unsere Seele und was sich in ihr abspielt, als geistlich nicht relevant betrachten und von unserem Reifeprozess als Christen ausklammern, erreichen wir genau das Gegenteil. Wir verpassen die Reife, in die Gott uns hineinführen möchte. Wenn dies der Fall ist, geschieht in unserem Leben Folgendes: Wir mögen »richtig« glauben und uns so verhalten, wie man es allgemein von einem Christen erwartet. In bestimmten Schlüsselmomenten und -bereichen unseres Lebens jedoch bleiben wir in unreifen und ungesunden Verhaltensmustern stecken. Dies wiederum belastet unsere Beziehungen zu anderen Menschen und zu uns selbst.

Das kann sich in Reaktionsmustern wie diesen manifestieren:

- Wenn ein emotional unreifer Mensch Enttäuschungen erlebt, kann es leicht geschehen, dass er in ein tiefes Loch aus Selbstanklage und Depression fällt.
- Wenn ein emotional unreifer Mensch erlebt, dass jemand anderer Meinung ist und das auch deutlich ausdrückt, dann kann ihn das tief verletzen. Er kann dann so sehr beleidigt sein, dass er tage-

und wochenlang vor sich hin schmollt. Oder er reagiert darauf mit heftigen Wutausbrüchen und Anschuldigungen.

- Wenn einem emotional unreifen Menschen Fehler passieren, kann das in seinem Leben zu einer tiefen Selbstablehnung führen. Es kann das Gefühl entstehen, er sei nichts wert.
- Wenn ein unreifer Mensch nicht die Beachtung findet, die er sich in ganz bestimmten Momenten wünscht, kann er als Folge davon von einer tiefen inneren Traurigkeit befallen werden. Deshalb zieht er sich zurück und kapselt sich ab.

Man kann nach rein äußeren, verhaltensbezogenen Kriterien sehr erwachsen und reif erscheinen. Solange aber unsere Gefühlswelt und die Regungen in unserer Seele vom Einfluss des Evangeliums nicht berührt und verändert werden, bleiben wir letztlich unreife Menschen. Folgende Situationen prägen das Leben und den Alltag vieler christlicher Gemeinden:

- Ein Pastor leitet eine Gemeinde und predigt seit Jahren Gottes Wort. Gleichzeitig ist er aber unbelehrbar, unsicher und verteidigt sich vehement, wenn jemand anderer Meinung ist als er.
- Ein treues Gemeindeglied betet und fastet einen halben Tag pro Woche. Gleichzeitig kritisiert diese Person dauernd andere und klagt über zu wenig Hingabe und Tiefe in ihrem Leben.
- Eine andere Person ist dafür bekannt, dass sie viele Bibelstellen und geistliche Liedtexte auswendig kennt. Mit dem Ärger und den Depressionen in ihrem Leben hat sie sich aber noch nie auseinandergesetzt. »Der Herr weiß schon, wozu diese dunklen Täler in meinem Leben gut sind« ist ihr einziger Kommentar dazu.
- Ein Mitarbeiter investiert viel Zeit in einen wichtigen Dienst in der Gemeinde. Gleichzeitig weicht er jedem Konflikt aus, so wie er es in seiner Ursprungsfamilie gelernt hat. Schon dort ging man allen Schwierigkeiten aus dem Weg.

Was ich sagen will, ist dies: Wenn wir gesunde Menschen sein wollen; wenn wir uns nach echter geistlicher Reife sehnen, dann dürfen wir unser äußeres geistliches Leben nicht abspalten von unseren inneren, emotionalen Empfindungen. Was sich in unserer Seele regt, seien es angenehme oder peinliche Regungen, muss einen direkten Bezug zu unserer Gottesbeziehung bekommen. Echter Glaube und biblische Jüngerschaft trennen unser Leben nicht auf in die Bereiche »geistlich« (= sehr bedeutsam für Christen) und »seelisch« (= unwichtig und hinderlich für uns Christen). Gesunder Glaube integriert alle Bestandteile unseres Lebens in unsere Beziehung mit Gott.

Nehmen Sie es deshalb ernst, wenn es in Ihrem Inneren Gefühlsregungen wie Schmerz, Zorn, Selbstablehnung, Angst oder eine tiefe Unsicherheit gibt. Solche Emotionen sind die Sprache Ihrer Seele. Sie geben Ihnen wichtige Hinweise darauf, dass Gott mit Sehnsucht darauf wartet, Ihre innere, emotionale Welt mit seinem erneuernden Einfluss zu durchdringen.

Erinnern Sie sich an das Luxusschiff Aurora? Es hatte fatale Folgen, dass die Betreiber dieses Schiffes scheinbar so einseitig in den äußeren, offensichtlichen Bereich dieses Schiffes investierten. Sie sorgten dafür, dass ihr Schiff nach außen hin luxuriös, stark, zuverlässig erschien. Sie gaukelten den Passagieren ein hohes Qualitätsniveau vor. In Wahrheit erwies es sich für seinen eigentlichen Zweck als unbrauchbar. Denn das Wichtigste des Schiffes, das Getriebe, die Technologie, die für eine gute Fahrt sorgen sollten, blieb mangelhaft. Diese Unausgewogenheit kann sich auch in unserem Leben einschleichen. Dann nämlich, wenn wir gewisse Bereiche unseres Lebens von der Beziehung zu Jesus Christus einfach ausklammern: unsere seelische Verfassung, unsere Tiefs, unsere Enttäuschungen, Verletzungen, Unsicherheiten, aber auch unser körperliches Befinden.

Sie können problemlos Christ sein und diese Trennung zulassen. Sie können so tun, als gäbe es diese Seiten in Ihnen gar nicht.

Sie können sie fromm überdecken. Ein schnelles Gebet und weiter geht's! Wenn Sie sich aber der Realität in Ihrem Inneren nicht stellen, werden Sie nicht in die Reife hineinwachsen, die Gott für Sie bereithält.

Das Ziel Gottes für Sie ist, dass Sie eine umfassend reife Persönlichkeit werden. Diese Reife umfasst Ihre innere Gesundheit. Sie führt in Ihrem Leben zu Ausgewogenheit. Das, was Sie glauben, was Sie in der Bibel lesen, wie Sie beten usw., steht dann in direkter Verbindung mit Ihrer inneren, emotionalen Welt. Sie beziehen dann wie selbstverständlich das eine auf das andere und trennen diese beiden Bereiche nicht länger voneinander ab.

Das Portrait eines reifen Menschen

Wie sieht das Leben eines reifen, ungeteilten Christen aus? Ich möchte es so definieren:

> Reifer Glaube findet sich dort, wo ein Mensch in einer lebendigen, authentischen Beziehung zu Jesus Christus lebt, in die er seine ganze Gefühlswelt und auch seine Körperlichkeit einbezieht.

Emotionale Reife meint die angemessene Integration von Gefühlen in mein gesamtes (Glaubens-)Leben. Wie drückt sich solche Reife konkret aus?

Die erste und tiefste Gewissheit eines solchen Menschen ist: Ich bin tief und bedingungslos von Jesus Christus geliebt. Ich muss darum niemandem etwas beweisen. Ich kann wahrnehmen, wie es mir geht und was ich fühle: meine Unsicherheit, meinen Schmerz, meine Enttäuschung. Ich kann beim Namen nennen, was in mir vorgeht. Gleichzeitig kann ich mich in Menschen hineinfühlen, die mir sagen, wie es ihnen wirklich geht.

Ich übernehme Verantwortung. Was ich fühle, was mich stresst, was mich ärgert, hat mit mir selbst zu tun, nicht mit anderen. Ich kenne meine Vergangenheit. Ich bin mir der guten und auch der destruktiven Prägungen bewusst. Ich stelle mich ihnen und integriere die von Gott zur Verfügung gestellten Ressourcen, die es mir ermöglichen, dass die Vergangenheit überall dort an Einfluss verliert, wo sie sich zerstörerisch und hindernd auf mein Leben auswirkt und mich gefangen nimmt. Ich habe es nicht nötig, andere für meine Situation zu beschuldigen, wenn ich unter Druck stehe. Darum packe ich diese Dinge selber an und erwarte nicht, dass andere mein Problem lösen. Ich denke nicht, dass mein Partner, meine Kinder, meine Freunde alle meine Bedürfnisse erfüllen und stillen können. Ich kann sie darum freigeben und loslassen.

Ich kann andere Menschen annehmen und sie mit all ihren Stärken und Schwächen wertschätzen. Ich habe es nicht nötig, andere zu kritisieren und zu verurteilen, weil sie anders sind als ich. Ich kann ohne schlechte Gefühle für sie beten, ihnen das Gute wünschen und sie segnen.

Ich weiß von meinen eigenen Grenzen und Schwachstellen. Ich kenne die Bereiche in meinem Leben, in denen ich besonders anfällig für Sünde bin. Ich erkenne an, dass diese Herausforderungen ein Teil meines Lebens sind. Dort, wo diese Grenzen und Schwachstellen negative Auswirkungen auf meinen Charakter und auf mein geistliches Leben haben, nehme ich Gottes Ressourcen und Hilfestellungen in Anspruch, um Veränderung und Erneuerung zu erfahren. Ich kann davon meine anderen Grenzen und Schwachstellen unterscheiden, die ein fester Bestandteil meiner einzigartigen Persönlichkeit vor Gott sind. Diese Grenzen bejahe ich, da sie von Gott gegeben sind und ich in ihnen das Geheimnis seiner Kraft in meiner Schwachheit erfahre.

Im Gebet drücke ich meine Gefühle vor Gott aus und kann frei mit ihm darüber sprechen. Ich halte nichts von dem, was in mir vorgeht, zurück.

Ich erlaube mir selbst, über schmerzhafte Verluste in meinem Leben zu trauern. Ich kann Gott gegenüber meine damit verbundenen Fragen und Zweifel ausdrücken und vor ihm klagen, wenn mir danach zumute ist. Ich verstelle mich vor Gott nicht aus Angst, der Zustand meiner Seele könnte Gott verärgern oder dazu führen, dass er mir seine Liebe entzieht.

Das sind einige Merkmale, wie sie sich im Leben eines geistlich-emotional gereiften Menschen finden. Ein reifer Mensch ist nicht vollkommen. Aber er ist gesund. Unser Glaube an Christus soll weit mehr bewirken, als dass wir bloß zu Menschen werden, welche die allgemeinen Grundregeln eines christlichen Verhaltens erfüllen: beten, in den Gottesdienst gehen, sich für etwas Gutes ehrenamtlich einsetzen, mitarbeiten, an die Bibel glauben usw. Die Beziehung zu Jesus Christus will uns in den Tiefen unseres Lebens berühren und dort zur Reife führen.

Ein erster Schritt auf dem Weg zur Reife

Verspüren Sie in sich den Wunsch, eine ganzheitlich reife Persönlichkeit zu werden? Möchten Sie die ersten Schritte auf diesem Weg kennenlernen und in Angriff nehmen? Dann lade ich Sie zu einer einfachen Übung ein, die Ihnen helfen soll, die emotionale Seite Ihrer Persönlichkeit bewusst Gott hinzuhalten, damit er diesen innersten Bereich Ihres Lebens berühren kann. So bringen Sie Ihre innere, emotionale Welt mit Ihrer Spiritualität in Verbindung. Sie integrieren den innersten Kern Ihres Herzens in Ihre Beziehung zu Gott.

Dieser Schritt erfordert vielleicht etwas Mut von Ihnen. Wenn Sie sich bisher noch nicht viele Gedanken über das gemacht haben, was sich im Innersten Ihrer Seele abspielt, dann fürchten Sie sich unter Umständen vor der Auseinandersetzung damit. Wenn die Auseinandersetzung mit dem, was Ihre Seele zutiefst prägt und ausfüllt, für Sie neu ist, dann schlagen Sie nun vielleicht ein neues Kapitel in Ihrem Leben auf. Sie ahnen, dass es weitere wichtige Veränderungsschritte nach sich ziehen könnte. Veränderungen sind immer mit Herausforderungen und teilweise schwierigen Folgeschritten verbunden. Veränderungen können verunsichern: »Was kommt alles zum Vorschein, wenn ich einen mutigen Blick in die Tiefe meines Herzens wage?« Aus lauter Angst vor dem, was dort schlummert, bleiben viele in ihrem alten, unreifen Verhalten stecken.

Ich möchte Sie dennoch ermutigen, das Wagnis einzugehen. Fürchten Sie sich nicht davor, die Weichen neu zu stellen und Gott an Ihr inneres, emotionales Leben heranzulassen!

Die Übung, die ich Ihnen vorschlage, besteht darin, ein einfaches, kurzes Gebet zu sprechen. Zuvor aber nehmen Sie sich einen Moment Zeit, werden Sie still vor Gott und drücken Sie ihm gegenüber Ihr Vertrauen und Ihre Liebe aus. Rufen Sie sich in Erinnerung, wie groß, vertrauenswürdig und treu Gott ist. Halten Sie sich vor Augen, wie viel Gutes er Ihnen schon geschenkt und gezeigt hat. Auf diesen gnädigen, liebevollen und starken Vater können Sie sich verlassen! Genießen Sie für einen Moment seine Gegenwart und ruhen Sie sich darin aus.

Wenn Sie mit Seele und Körper fühlen, dass Sie sich bei Gott ganz entspannen können, beten Sie die folgenden Worte Davids aus dem 139. Psalm. Sprechen Sie diese Worte mehrmals nacheinander. Beten Sie langsam und laut:

Durchforsche mich, Gott, sieh mir ins Herz, prüfe meine Wünsche und Gedanken! Und wenn ich in Gefahr bin, mich von dir zu entfernen, dann bring mich zurück auf den Weg zu dir! (Psalm 139,23-24).

Lassen Sie diese Worte in sich nachklingen. Geben Sie ihnen Raum in Ihrem Herzen. Bekräftigen Sie Ihre Erlaubnis Gott gegenüber, Ihre innersten Gefühle und Gedanken zu durchleuchten.

Dieses einfache Gebet ist ein erster, weichenstellender Schritt auf dem Weg, seine innerste, emotionale Welt vor Gott zu öffnen. Sie erklären damit Gott Ihre Bereitschaft, nicht länger von Ihrer Beziehung zu ihm auszuklammern, was Sie in den Tiefen Ihrer Seele bewegt. Entfernung und Entfremdung von Gott, wie sie dieser Psalm zur Sprache bringt, haben ja nicht bloß mit moralischen Fehltritten und klassischen Sünden zu tun. Sie entfernen sich auch dort von ihm, wo Sie das ignorieren, was sich unter der sichtbaren Oberfläche Ihres Lebens abspielt. Wo Sie Ihre eigene Vergangenheit nicht genug ernst nehmen. Wo Sie Ihrer Verantwortung für Veränderung in Ihrem Leben ausweichen. Wo Sie Ihre Begrenzungen und Verwundbarkeit ignorieren. Wo Sie schmerzhafte Verlustgefühle und Kummer unterdrücken und ihnen damit erlauben, Sie innerlich zu verhärten und geistlich zu blockieren.

Mit diesem Gebet beginnen Sie, Ihr *ganzes* Leben, auch die inneren und verborgenen Seiten in Ihrer Seele, vor Gott auszubreiten. Das erfordert Mut. Ich gebe zu: Es ist mit unabsehbaren Risiken verbunden. Sie geben damit Gott die Erlaubnis, Ihnen zu zeigen, wie es wirklich um Sie steht. Sie geben ihm die Erlaubnis, Ihnen Ihre falschen Gedanken und verletzten Gefühle bewusst zu machen. Sie erlauben Gott, dass er Ihre verkehrten Motive ans Licht bringt, Ihre destruktiven Muster aufdeckt und ungesunde Dispositionen in Ihrem Herzen entlarvt. Sie laden damit Gott ein, Ihr ganzes inneres, emotionales Leben auszuleuchten. Sie drücken damit die Bereitschaft aus, im Blick auf Ihr inneres Leben wirklich in die Tiefe gehen zu wollen. Sie erklären damit, dass Sie auch die schwierigen Seiten Ihres inneren Lebens vor Gott ausbreiten und in Ihre Beziehung zu ihm einbeziehen wollen, um dadurch heil zu werden. Wenn Sie dieses Gebet ernsthaft und von ganzem Herzen beten, dann geben Sie damit vielleicht das erste Mal den Dingen in Ihrem Leben Raum, die Sie bisher unterdrückt haben, weil Sie sie vielleicht als ungeistlich angesehen haben und sie deshalb nicht in Ihr Verständnis von Wachstum im Glauben einbezogen haben.

Beten Sie dieses Gebet mehrmals in den kommenden Tagen und Wochen. Öffnen Sie sich immer wieder vorbehaltlos gegenüber Gott. Sie beginnen damit einen Prozess, der Sie auf den Weg zur ganzheitlichen Reife Ihrer Persönlichkeit vor Gott bringen kann.

Warum es sich lohnt

Am Ende dieses Kapitels lade ich Sie zu einem ermutigenden Ausblick ein. Lassen Sie sich durch einen Blick auf den Gewinn, den der gerade beschriebene Weg für Ihr Leben hat, ermutigen und darin bestärken, diesen Weg in Angriff zu nehmen.

Warum lohnt es sich, Ihre innere Welt vor Gott zu öffnen und auszubreiten? Die Reife, die dieser Prozess in Ihrem Leben in Gang bringt, wird in Ihnen drei wichtige Lebenskompetenzen hervorbringen:

Sie werden krisenfester

Wir sind dann nicht mehr wie unmündige Kinder, die kein festes Urteil haben und auf dem Meer der Meinungen umhergetrieben werden wie ein Schiff von den Winden. Wir fallen nicht auf das falsche Spiel herein, mit dem betrügerische Menschen andere zum Irrtum verführen. So umschreibt Paulus in Epheser 4,14 den Effekt, den geistliche Reife für unser Leben hat. Wenn wir uns zu innerlich erwachsenen, reifen Menschen entwickeln, werden wir nicht mehr so leicht hin und her getrieben. Wir werden immer weniger ein Spielball von bestimmten Umständen und Gefühlen sein. Wir werden weniger rasch ein leichtes Opfer für Menschen sein, die uns ausnützen, verleumden oder angreifen wollen. Reife Menschen werden krisentüchtig.

Sie werden beziehungsfähiger

Die Beziehungen zu den Ihnen nahestehenden Personen werden erneuert und entlastet, wenn Sie als Persönlichkeit reifen. Sie erwarten dann von Ihren Kindern, Ihren Eltern, Ihrem Ehepartner und Ihren Freunden nicht länger, dass diese dafür zuständig sind, Ihre tiefsten Wünsche zu erfüllen. Wer Beziehungen so missversteht, setzt sie aufs Spiel und droht damit gerade die Menschen zu verlieren, die ihm am meisten bedeuten. Emotional reife Menschen können Konflikte lösen. Sie haben den Mut, heikle Themen anzuschneiden. Sie lassen sich etwas sagen. Sie sind offen für liebevolle, ehrliche Korrektur. Reife Menschen sind Menschen mit vielen guten, tragenden Beziehungen. Sie sind nicht allein. Man ist gerne mit ihnen zusammen. In ihrem Leben wird Realität, was in Sprüche 11,30 so beschrieben wird: *Ein rechtschaffener Mensch ist wie ein Baum, dessen Früchte Leben schenken ... er gewinnt Menschen für sich.*

Sie geben Gott die Ehre

Nichts ehrt Gott so sehr wie Ihre Erlaubnis, ihn in alle Bereiche Ihres Lebens einzubeziehen. Damit geben Sie ihm die Möglichkeit, aus Ihnen ein Anschauungsbeispiel seiner verändernden Kraft zu machen. Ihre unmittelbare Umgebung wird davon profitieren. Ihr Christsein wird damit glaubwürdig, ansteckend und attraktiv. Stellen Sie sich vor, was für ein Bonus es für Gottes Sache ist, wenn wir als seine Kinder immer mehr von der Freiheit, der Gelassenheit und der Lebensfreude ausstrahlen, die wir dank Gott erfahren! Stellen Sie sich die Wirkung vor, die es auf unsere Mitmenschen hat, wenn sie an uns sehen, wie Gott uns immer mehr in eine ermutigende, positive Persönlichkeit verwandelt. Stellen Sie sich vor, wie Gott Ihren Mitmenschen durch Ihr Beispiel demonstriert, wie er Menschen verändern kann! Dann erfüllt sich der Wunsch und das Anliegen, das Petrus in seinem Brief zum Ausdruck bringt: *Die Menschen sollen ... eure guten Taten sehen ... Vielleicht kommen sie dann zur Besinnung und preisen Gott für ihre Rettung am Tag seines Gerichts* (1. Petrus 2,12).

Es ehrt Gott und führt zu Frucht, wenn Gott Sie von innen her erneuern darf.

Im nächsten Kapitel wagen wir auf dem Weg, das Innere unseres Lebens ernst zu nehmen, einen mutigen nächsten Schritt. Sie erfahren darin, wie eng die Auseinandersetzung mit dem, was Sie im Innersten prägt, mit der Entwicklung eines reifen Glaubens verwoben ist.

Kapitel 2:

Der Blick unter die Oberfläche

Schritt für Schritt

Die Auseinandersetzung mit dem Zusammenhang zwischen geistlicher Reife und emotionaler Reife erfordert ein etwas unübliches Vorgehen. Normalerweise nähert man sich einer komplexen Thematik langsam an. Vom Allgemeinen herkommend geht man Schritt für Schritt an den Kern der Sache heran. Der Höhepunkt erfolgt am Schluss. Bei unserem Thema ist es anders. Es erfordert, dass wir mit dem Kern der Sache beginnen: mit dem, was sich in den innersten Bereichen unserer Seele abspielt. Eine authentische Gottesbeziehung, die zur ganzheitlichen Reife unserer Persönlichkeit führt, beginnt in unserem Herzen. Wenn unsere innersten Gefühle, Gedanken, Ängste, Prägungen und Schwachheiten von Gott unberührt bleiben, sind wir bestenfalls religiöse Menschen. Mit dem Evangelium leben bedeutet aber, dass unser Innerstes von Gottes heilender Kraft berührt wird. Echtes Christsein überwindet die Abspaltung von äußerem Verhalten (auch religiösem) und dem inneren Zustand der Seele. Jüngerschaft und Erneuerung unserer Emotionen gehen Hand in Hand.

Menschen, die sich nach Erneuerung ihrer inneren, emotionalen Welt sehnen, beginnen sich mit dem auseinanderzusetzen, was in ihrem Innersten vorgeht. Sie wagen es, einen tiefen, oft schmerzhaften Blick in ihr eigenes Herz zu werfen und fragen sich: Was ist im Inneren meiner Seele vorhanden, das Jesus Christus noch nicht berühren und heil machen konnte?

Diese Frage ist entscheidend, denn wir haben im letzten Kapitel festgestellt: Was in unserem Leben über Reife oder Unreife entscheidet, hat nur in zweiter Linie mit äußerlich sichtbaren Verhaltensmustern zu tun. Das Entscheidende geschieht unter der Oberfläche. Thomas von Kempen hat es so gesagt: »Auf der Waage Gottes wiegt das, was dich zum Tun treibt, ungleich mehr als die Tat selbst.«

Das Entscheidende liegt *unter* der Oberfläche

Unser Leben ist mit einem Eisberg vergleichbar. Ein Teil des Eisbergs, ca. 10 Prozent, ragt aus dem Wasser. Er ist sichtbar, definierbar. Der größte Teil seiner Masse, nämlich ungefähr 90 Prozent, befindet sich unter der Wasseroberfläche. Er ist unsichtbar.

Als menschliche Wesen sind wir einem Eisberg verblüffend ähnlich. Auch unser Leben besteht aus einem sichtbaren Teil: wie wir uns geben, was wir sagen, was wir anderen über uns selbst mitteilen. Doch der größte Teil dessen, was uns als Person ausmacht, wer wir wirklich sind, ist nicht sichtbar. Vielleicht sind es auch etwa 90 Prozent dessen, was wir tatsächlich sind, die in der Regel unsichtbar bleiben: unsere Gefühle, unsere Motive, unsere wirklichen Gedanken, unsere tatsächlichen Absichten. Unsere Wünsche, unsere Schmerzen, unsere Ängste, unsere Verletzungen, unsere Träume und unsere Sehnsüchte.

Die Bibel sagt, dass dieser unsichtbare, unter der Oberfläche liegende Teil unseres Lebens der entscheidende ist: *Mehr als auf alles andere achte auf deine Gedanken und Gefühle, denn sie beeinflussen dein ganzes Leben* (Sprüche 4,23; eigene Übersetzung). In der Übersetzung der Revidierten Elberfelder Bibel heißt es: *Mehr als alles, was man sonst bewahrt, behüte dein Herz! Denn in ihm entspringt die Quelle des Lebens.* Und in Sprüche 27,19 wird gesagt: *Im Spiegel deiner Gedanken erkennst du dich selbst.*

In unseren Gedanken und Gefühlen, in unserem Herz, also unter der Oberfläche, läuft das Entscheidende ab. Und Gott fordert uns auf, keiner Sache mehr Aufmerksamkeit zu schenken als unserem eigenen Herz. Zu geistlich reifen Menschen entwickeln wir uns also dann, wenn wir Gott erlauben, in unserem Herzen das zu ordnen und zu heilen, was dort nicht in Ordnung ist. Das Ziel unseres Wachstums im Glauben ist es darum, dass wir Gott die Erlaubnis geben, alles in unseren Gedanken und Gefühlen zu verändern, was uns hindert, so zu werden wie Jesus Christus ist.

Aus meiner eigenen Geschichte habe ich gelernt, wie einfach es ist, sich an diesem Punkt selbst zu betrügen. Ich konnte über Jahre hinweg mit Überzeugung all die Dinge tun, die zum Leben als Christ und Mitarbeiter Gottes gehören. Ich las und studierte meine Bibel. Ich betete regelmäßig. Ich arbeitete in der Gemeinde mit. Ich stellte den zehnten Teil meines Einkommens dem Reich Gottes zur Verfügung. Ich bemühte mich, in der Nachfolge Jesu Christi zu wachsen. Meine Bemühungen waren ernst gemeint. Ich erlebte die Gnade und den Segen Gottes immer wieder neu und war dankbar dafür. Ich erfuhr, wie Gott mir als Leiter und Lehrer Gelingen schenkte. Auch durfte ich Zeichen seiner übernatürlichen Kraft in meinem Leben und in meinem Dienst sehen. Dennoch gelang es mir, erfolgreich einigen ganz persönlichen Fragen, die den Zustand meiner Seele betrafen, aus dem Weg zu gehen. Wenn es um die Frage nach meinen wirklichen Motiven und Absichten im Dienst für Gott ging, blieb ich irgendwie an der Oberfläche hängen. Heute staune ich darüber, wie gnädig Gott mir gegenüber war. Obwohl ich meine innersten Gefühle, meine tiefsten Ängste, meine empfindlichsten Stellen von meiner Nachfolge weitgehend ausklammerte, begleitete mich seine Liebe, und er ließ manches gelingen, obwohl es unter ungesunden Vorzeichen stand. Gott konnte warten, bis ich mir selber eingestand, dass sich unter der Oberfläche meines Lebens etwas verändern musste, damit mein Glaube ganzheitlich und mein Dienst für Gott authentischer werden konnte.

Wir können uns vormachen, dass mit uns alles in Ordnung ist, solange wir nach außen nicht irgendwie negativ auffallen. Und so sehen wir auch keinen Grund, uns mit den weniger schönen Seiten in unserem Inneren auseinanderzusetzen. Selten haben Menschen den Mut, einmal die Punkte ihres Lebens ehrlich anzuschauen, die sie dauernd davon abhalten, reife, innerlich gesunde Menschen zu werden. Bei mir selbst und bei den Menschen, die mir nahestehen, stelle ich fest: Wir stellen uns unserer eigenen Gebrochenheit erst, wenn unsere äußere Welt zu zerbrechen beginnt und wir aufgrund von Not gezwungen sind, unsere Gedanken, Gefühle und Motive zu hinterfragen.

Peter Scazzero hat als Gemeindegründer und Leiter einen großen Teil seines Lebens in das Reich Gottes investiert. Er schreibt in seinem Buch *The Emotionally Healthy Church*:

> »Die ersten 15 Jahre meines Christseins habe ich es versäumt, einen ehrlichen Blick in mein Inneres, mein Herz, meine Seele, meine Tiefen zu werfen. Gleichzeitig aber habe ich zwei oder drei Stunden täglich die Bibel gelesen, gebetet, Sünden abgelegt, ein geistliches Tagebuch geführt und regelmäßig gefastet ... Trotzdem habe ich nie einen ehrlichen, tiefen Blick in das Innere meines Lebens gewagt. Ich ließ es nicht zu, dass Jesus die große Masse unter der Oberfläche meines Lebens verändern konnte. Und so hat das, was da unter der Oberfläche schlummerte, immer mehr mein Leben dominiert und zu immer mehr Problemen geführt.«[4]

Was geschieht, wenn wir uns nie mit den Kräften und Motiven auseinandersetzen, die sich unter der Oberfläche unseres Lebens tummeln? Wir bleiben Menschen, die sich nur eingeschränkt von Gott berühren lassen. Unsere Tiefen, unser eigentliches Leben, die entscheidenden 90% bleiben von Gottes veränderndem Wirken ausgeschlossen. Dann geht es uns wie einem Auto, dessen Karosserie man jahrelang pflegt und poliert. Aber sein Motor hat während diesen Jahren noch nie eine gründliche Wartung bekommen. Eines Tages wird dieses Auto stillstehen. Uns kann es genauso gehen. Irgendwo, irgendwann droht dann auch bei uns alles stillzustehen und wir laufen Gefahr, Schiffbruch zu erleiden.

Vor einiger Zeit erhielt ich einen Brief von einem guten Bekannten unserer Familie. Martin arbeitete fast 20 Jahre lang als Gemeindegründer in Westafrika. Er gehörte zu jenen Missionaren, die ihren Dienst mit einer tiefen Leidenschaft für die Menschen taten, mit denen sie zusammenlebten und denen sie dienten. In den Rundbriefen, die wir von Martin und seiner Familie erhielten, berichtete er immer wieder von den Siegen, Niederlagen und Herausforderungen ihrer Arbeit. Aber Gott hatte ihre Bemühungen gesegnet. Eine Gemeinde mit über 200 Mitgliedern war entstanden. Einheimische Mitarbeiter übernahmen immer mehr Verantwortung. Kurz: Martin und seine Frau Claudia leisteten eine überzeugende Missionsarbeit.

Und dann erreichte uns dieser Brief. Darin schrieb Martin von den frustrierenden Erfahrungen der letzten Monate. Von den immer größer werdenden Zweifeln über den Sinn seiner Arbeit in Afrika. Schließlich plante die Familie einen längeren Heimataufenthalt in der Schweiz, um geistig und körperlich zu neuen Kräften zu kommen. Aber so weit kam es gar nicht. Martin erlebte einen totalen physischen und psychischen Zusammenbruch. In seinem Inneren war so etwas wie eine Sicherung durchgebrannt. Von einem Tag auf den anderen verließ er seine Missionsarbeit und seine Familie. Er brach alle Brücken hinter sich ab. In seinem Brief verabschiedete er sich von uns, seinen Freunden und Bekannten und teilte uns mit, für ihn sei die Zeit gekommen, endlich ehrlich zu werden. Er wolle das zermürbende »Missionarsspiel«, um jeden Preis erfolgreich sein zu müssen, nun endgültig aufgeben.

Martins Zeilen haben mich erschüttert. Es war mir, als würde ich einen kleinen Teil von dem Druck, dem Schmerz und der Spannung spüren, die sich im Leben von Martin und seiner Familie über die Jahre hinweg aufgebaut hatten. Gleichzeitig musste ich denken: Martins Geschichte könnte meine eigene Geschichte sein. Es könnte die Geschichte von jedem Christ und Mitarbeiter Gottes sein. Wir alle sind unglaublich gut darin geübt, unser wahres Inneres vor Gott und den Menschen zu verbergen. Es gelingt uns so lange, bis es in unserer Seele eine Explosion gibt, weil die andauernde Diskrepanz zwischen unseren wahren Gefühlen und dem, was wir nach außen hin tun, eine Spannung erzeugt, die sich eines Tages unkontrolliert entlädt.

Darum ist es so wichtig, diese Aufforderung aus Sprüche 4,23 ernst zu nehmen: *Mehr als auf alles andere achte auf deine Gedanken und Gefühle, denn sie beeinflussen dein ganzes Leben.* Wir müssen uns auf unserem Glaubensweg rechtzeitig und ehrlich dem stellen, was in uns abläuft und unser Leben von innen her bestimmt.

In Johannes 8,32 betont Jesus: *Die Wahrheit wird euch frei machen.* Obwohl die Wahrheit das ist, was uns frei macht und näher zu Gott bringt, ist sie gleichzeitig eine Sache, die wir in vielen Fällen lieber zudecken. Denn die Wahrheit über uns selbst ist, dass wir gebrochene, fehlerhafte, sündige Menschen sind. Das lassen wir höchstens allgemein für uns gelten: »Keiner ist perfekt. Alle sind Sünder.« Aber sich konkret mit den kranken Wucherungen der Sünde in meinem Leben auseinandersetzen und sie gezielt dem Einfluss Gottes aussetzen – wer von uns kann sagen, dass er das bereitwillig und ohne zu zögern tut?

Dennoch: Erst wenn wir der Wahrheit erlauben, ans Licht zu kommen, macht sie uns frei. Wenn ich mich bereit erkläre, die verborgenen 90 Prozent meines Eisbergs unter die Lupe zu nehmen und Gott zu bringen, kann Gott daran arbeiten und mich frei machen. Das ist Evangelium: Gott will unsere Freiheit! Gott will, dass wir innerlich gesund sind. Er hat ein entlastetes Leben für uns bereit!

Oft muss Gott in unserem Leben große Schwierigkeiten zulassen, ehe wir uns diesem heilsamen Prozess öffnen. Not, Schmerz, Krisen sind oft von Gott geschickte Engel, die uns bereit machen, endlich einen tiefen und ehrlichen Blick nach innen zu werfen.

Ein bekanntes Sprichwort sagt: »Wir ändern unser Verhalten erst dann, wenn der Schmerz, derselbe zu bleiben, größer geworden ist als der Schmerz, den eine Veränderung mit sich bringt.« Krisen, Niederlagen, Grenzen, ein Zusammenbruch sind also manchmal die letzten Versuche Gottes, in unser Leben hineinzuschreien:

»Mensch, wach auf – ich möchte heilen, was in dir krank ist!« Von Hermann Bezzel stammt das Zitat: »Im Verlust der eigenen Mitte liegt das Geheimnis des Geschenkten.«

Schmerzen und Not wecken in uns den Hunger nach Veränderung. Sie formen in uns die Bereitschaft, uns der großen, verborgenen Masse unseres Eisberges zu stellen. Dann kann Gott beginnen, uns zu beschenken, zu befreien und zu heilen. Gott sei Dank für unsere Krisen, die unserem Leben eine neue Richtung geben! Wenn wir nach Jahren des Verdrängens und Ignorierens an diesem Punkt angelangt sind, an dem wir uns nach tief greifender Veränderung sehnen, hilft uns eine ehrliche innere Bestandesaufnahme.

Sind Sie bereit für eine solche, ehrliche Inventur Ihres Herzens?

Herausfinden, wo Gott unser Herz berühren möchte

Im letzten Kapitel habe ich Sie zu einer ersten, einfachen, aber wichtigen Übung eingeladen, bei der Sie Gott die Erlaubnis geben, in Ihr Herz hineinzuleuchten. Nun wollen wir einen Schritt weiter gehen. Lassen Sie es nun zu, dass Gott ins Licht Ihres Bewusstseins bringt, *was* genau in Ihrem Inneren abläuft. Ein wesentliches Kennzeichen eines reifen Menschen ist, dass er eine Wahrnehmung für die Gedanken und Gefühle entwickelt, die in seinem Herzen vorhanden sind.

Um diese Wahrnehmung zu entwickeln, kann es Ihnen helfen, wenn Sie sich eine Situation aus Ihrem Alltag in Erinnerung rufen, die Sie momentan als schwierig empfinden. Zum Beispiel ein Konflikt an Ihrem Arbeitsplatz. Oder eine Auseinandersetzung mit jemandem aus Ihrer Familie. Oder denken Sie an bestimmte Umstände, die bei Ihnen Stress auslösen. Wenn Sie an solche Momente denken, was läuft dann jeweils in Ihrem Inneren ab?

Wie fühlen Sie sich dabei?

Wie erleben Sie darin sich selbst?

Wie erleben Sie die anderen betroffenen Personen?

Wie reagiert Ihr Körper in dieser Situation?

Schreiben Sie auf, was Ihnen dabei in den Sinn kommt. Und seien Sie ganz ehrlich mit sich selbst. Welche Gefühle und Gedanken zu diesen Fragen sind *wirklich* in Ihrem Herzen? Scheuen Sie sich nicht, sich auch solche Empfindungen einzugestehen, die alles andere als geistlich und anständig sind. Seien Sie ehrlich im Blick auf das, was Sie tatsächlich fühlen und denken. Denn nur wenn Sie ehrlich sind, können Sie auf die Erneuerung und Veränderung dieser Gedanken und Gefühle hoffen.

Eine weitere Möglichkeit, sich dessen bewusst zu werden, was unter der Oberfläche Ihres Lebens abläuft, besteht darin, dass Sie das Befinden Ihres Körpers bewusst wahrnehmen. Denn manchmal sind es bestimmte körperliche Symptome, die uns auf ungelöste Situationen in unserem Inneren hinweisen und die wir in unserem Bewusstsein noch gar nicht als solche wahrgenommen haben.

Gibt es Momente, in denen Sie einen seltsamen Knoten im Bauch verspüren? Was sind das für Momente? Was will dieses Symptom Ihnen sagen? Erleben Sie manchmal Kopfwehattacken? Haben Sie sich schon einmal überlegt, wann und wo diese auftauchen? Leiden Sie oft an Muskelverspannungen im Bereich Ihres Nackens oder an Schmerzen in der Brustgegend? Haben Sie manchmal plötzlich schweißnasse Hände? Fangen bestimmte Körperteile auf einmal an zu zittern? Haben Sie Probleme beim Ein- oder Durchschlafen?

Solche Reaktionen Ihres Körpers wollen Ihnen etwas mitteilen. Sie können lernen, ihre Botschaft ernst zu nehmen und eine Wahrnehmung für das zu entwickeln, was in diesen Momenten im Inneren Ihrer Seele abläuft. Da will Ihnen Ihr Herz etwas sagen! Immer dann, wenn unsere eigene Wahrnehmung im Blick auf solche Botschaften ungenügend ausgebildet ist, benutzt unsere Seele den Körper, um sich auszudrücken und verständlich zu machen. Die Seele teilt sich uns über den Körper mit, wenn wir keinen anderen Weg finden, auf sie zu hören. Lernen Sie deshalb, Ihre Seele ernst zu nehmen und ihre Botschaften zu verstehen. Lernen Sie, einen Blick unter die Oberfläche des Eisbergs zu werfen.

Ich kann mir vorstellen, dass sich einige meiner Leser an dieser Stelle fragen: Hat die Beschäftigung mit solchen Fragen für einen Christen überhaupt eine Bedeutung? Verlassen wir damit nicht den Boden biblischen Glaubens und begeben uns auf das Glatteis pseudopsychologischer Techniken? Die Anfrage ist berechtigt und bedarf einer klärenden Antwort.

Die biblischen Schriften und auch das Lebenszeugnis ernsthafter Christen aus allen Phasen der Kirchengeschichte durchzieht eine Grundüberzeugung: Wenn die Beziehung zu Jesus Christus im Blick auf unsere alltäglichen Herausforderungen und Probleme nichts zu bedeuten hat, dann ist der christliche Glaube eine wertlose Angelegenheit. Der Glaube an Christus hat entweder mit unserem ganzen Leben zu tun, mit unserem Körper, mit unserer Seele, mit unserem Alltag und mit unseren Nöten, oder er ist nicht wirklich relevant. Ein Glaube, der uns nur lehrhaft und theoretisch das Heil erläutert und uns in ein religiöses Programm einbindet, ist nicht alltagstauglich. Ein solcher Glaube ist es nicht wert, dass wir uns länger mit ihm beschäftigen. Denn er verfügt nicht über die Kraft, unser Leben nachhaltig zu erneuern.

In der Vergangenheit haben viele Christen aus verschiedenen Gründen solche Fragen aus ihrer Beziehung mit Gott ausgeklammert. Auch heute scheut eine Mehrheit von ernsthaften Christen den Blick unter die Oberfläche ihres eigenen Lebens. Diese Menschen verfügen über keine oder nur eine geringe Selbstwahrnehmung. Sie verdrängen die Auseinandersetzung mit dem, was sie treibt, was ihnen Angst macht und wo sie Probleme haben. Manche haben ihr Christsein auf »Autopilot« gestellt. Sie absolvieren mehr oder weniger mechanisch ihr religiöses Programm: Gottesdienst, Mitarbeit, Hauskreis, Konferenzbesuch usw. Sie sind viel zu beschäftigt, um sich die Zeit zu nehmen und darüber nachzudenken, was innerhalb und außerhalb ihres Lebens tatsächlich abläuft.

Wenn aber der Moment kommt, an dem wir uns ehrlich auch dem stellen, was unter der Oberfläche unseres Lebens geschieht, dann können uns solche Fragen, wie ich sie oben formuliert habe, weiterhelfen.

Wagen wir einen weiteren Schritt. Auch hier geht es um ein paar Fragen, denen wir uns stellen können.

Haben Sie sich schon einmal gefragt, warum Sie ständig zu spät kommen (falls das auf Sie zutrifft)? Oder weshalb Sie so zwanghaft pünktlich sein müssen und in Panik geraten, wenn es so aussieht, als würden Sie es diesmal nicht schaffen? Haben Sie in der jüngeren Vergangenheit erlebt, dass Sie die Bemerkung eines Mitmenschen sehr verletzt hat? Was war es, das diese Bemerkung für Sie so verletzend gemacht hat? Hat man Ihnen vor Kurzem ein Feedback gegeben, das Sie aufgewühlt hat? Warum reagieren Sie so stark darauf, wenn Ihnen jemand eine ehrliche Rückmeldung darüber gibt, wie er Sie erlebt?

Gibt es bestimmte Personen in Ihrem persönlichen Umfeld, denen Sie seit mehreren Tagen oder sogar seit Wochen aus dem Weg gehen? Weshalb? Was befürchten Sie im Blick auf eine mögliche Begegnung? Welche Gedanken und Gefühle haben Sie, wenn Sie an diese Person denken? Gibt es eine vor Ihnen liegende Begegnung oder ein Gespräch, vor dem Sie große Angst haben? Was, befürchten Sie, könnte dort geschehen?

Gibt es Menschen, über deren Verhalten Sie sich ärgern, bei denen Sie sich aber dennoch scheuen, sie offen mit ihrem Verhalten zu konfrontieren? Bemühen Sie sich immer wieder in Ihrem Leben, möglichst zu verhindern, dass irgendjemand etwas Negatives über Sie denken oder sagen könnte?

Vielleicht ist der Moment gekommen, an dem Sie ein paar Minuten innehalten, ein Blatt Papier und Schreibzeug zur Hand nehmen und einige dieser Fragen ganz ehrlich beantworten. Schreiben Sie keine schönen oder gar frommen Antworten auf, die nicht wirklich das wiedergeben, was in Ihnen ist (dazu neige ich oft bei solchen

Übungen). Seien Sie ungeschützt ehrlich. Gott weiß ja um Ihre wirklichen Gedanken und Gefühle. Er kannte sie schon, als Sie sich ihrer noch gar nicht bewusst waren. Ihn überrascht nicht, was da aus Ihrem Inneren zum Vorschein kommt. Es muss Ihnen darum nicht peinlich sein, wenn die Wahrheit ans Licht gelangt. Gott trägt und erträgt Sie schon längst mit all Ihren guten und unguten Seiten, mit allen gesunden und kranken Regungen in Ihrer Seele. Wenn er Sie damit annimmt, können Sie es selbst auch tun. Darum: Seien Sie ehrlich. Schauen Sie den Eisberg, wie er sich unter der Oberfläche präsentiert, ruhig an und vertuschen Sie dabei nichts. Es würde Sie nur daran hindern, auf dem Weg zur ganzheitlichen Reife vorwärtszukommen.

Eine ehrliche Antwort auf solche oder ähnliche Fragen bringen uns in den direkten Kontakt mit den Gefühlen und Überzeugungen, welche solche wie die beschriebenen Situationen in uns wachrufen. Sie macht uns bewusst, dass es da in uns Dinge gibt wie Ärger, Ängste, Schuldgefühle, Hass, Versagergefühle, Eifersucht, Stolz, Perfektionismus usw.

Wenn Sie sich dieser Gefühle bewusst werden, dann gehen Sie damit zu Gott und fragen Sie ihn: Was möchtest du, mein Gott, mir dazu sagen? Wie möchtest du diesen Gefühlen in mir begegnen? Was möchtest du erneuern oder verändern?

Vielleicht müssen Sie dieses Gebet einige Tage oder Wochen beten, bis Gott Ihnen zu erkennen gibt, wie seine Antwort aussieht. Denken Sie daran: Gott lässt sich manchmal Zeit. Er geht sehr behutsam vor, denn er überfordert uns nicht. Er wartet den Moment ab, an dem wir wirklich offen und bereit sind, uns von seiner Liebe berühren und umgestalten zu lassen.

Eines dürfen Sie wissen. Gott wartet darauf, dass er Ihnen zeigen darf, wo er Ihr Herz berühren und verändern möchte. Die Antworten, die Sie sich auf die oben gestellten Fragen notieren, sind darum wichtige Signale Ihrer Seele, welche Ihnen zuruft: »Ich, deine Seele, brauche an dieser Stelle Hilfe! Ich brauche es, dass du Gott die Erlaubnis gibst, diese Stelle zu berühren und zu erneuern!«

Ich möchte hinzufügen, dass Sie einen solchen Prozess nicht alleine durchlaufen sollten. Denn er kann durchaus auch schmerzhaft sein. Es besteht die Gefahr, dass Sie sich darin selbst verurteilen und aufgrund der unschönen Entdeckungen unter der Oberfläche Ihres Lebens entmutigt sind. Es kann auch sein, dass Sie sich selbst etwas vormachen und, statt Gottes Erneuerung zuzulassen, eine billige Reparatur vornehmen, ohne die tatsächlichen Ursachen Ihrer Fehlhaltungen zu korrigieren. Suchen Sie sich deshalb einen kompetenten Lebensberater und Seelsorger. Am besten nicht nur einen, der Ihnen ein paar Trostpflaster verteilt, sondern der Sie liebevoll herausfordert, sich der Wahrheit zu stellen, wie sie sich unter der Oberfläche Ihrer Seele präsentiert.

Ich kann mir nicht vorstellen, dass ich selber den Mut und die Kraft gehabt hätte, diesen riskanten Blick unter die Oberfläche zu wagen, wäre da nicht ein beharrlicher und zugleich verständnisvoller Lebensberater gewesen, der nicht damit aufhörte, mir die richtigen Fragen zu stellen. Er ließ nicht locker, bis ich beim Namen nannte, was sich im Tiefsten meiner Seele tummelte. Es war wie eine Operation. Es war zeitweise schmerzhaft und unangenehm. Aber unglaublich befreiend!

Warum sich der ehrliche Blick nach innen lohnt

Ich habe erwähnt, dass der ehrliche Blick unter die Oberfläche des Eisbergs in unserem eigenen Leben fast immer ein herausfordernder, manchmal sogar schmerzhafter Weg ist. Ich möchte zwei Gründe nennen, warum es sich jedoch unbedingt lohnt, den Blick unter die eigene Oberfläche zu wagen.

Es lohnt sich erstens, weil Gott schon alles von mir weiß und mich trotzdem liebt. Lassen Sie sich das neu durch die Worte aus Psalm 139 bestätigen: *HERR, du durchschaust mich, du kennst mich bis auf den Grund* (Vers 1). Gott hat schon immer gewusst, was in Ihnen ist. Er kennt jedes Detail der Eisbergmasse, die bei Ihnen unter der Oberfläche ist. Eugene Peterson übersetzt in seiner modernen Bibelübertragung *The Message* diese Stelle folgendermaßen: *Ich bin für dich wie ein offenes Buch.* Wir brauchen Gott nichts vorzumachen. Er, der alles von Ihnen weiß, ist zugleich derjenige, der Sie liebt wie kein anderer.

Ob ich sitze oder stehe, du weißt es, du kennst meine Pläne von ferne (Vers 2). Es gibt keine bewussten oder unbewussten Absichten in Ihrem Leben, ob gut oder schlecht, mit denen Gott nicht schon lange vertraut ist. Nichts hält ihn davon ab, Sie dennoch ungebrochen zu lieben.

Ob ich tätig bin oder ausruhe, du siehst mich; jeder Schritt, den ich mache, ist dir bekannt. Noch ehe ein Wort auf meine Zunge kommt, hast du, HERR, es schon gehört. Von allen Seiten umgibst du mich, ich bin ganz in deiner Hand. (Verse 3-5). So wie Sie sind, mit allem, was in Ihnen ist, trägt und erträgt Sie Gott. Er verdammt Sie nicht für die dunklen Wahrheiten in Ihrer Seele. Seine Liebe schafft einen sicheren Rahmen, damit Sie sich der Wahrheit über sich selbst stellen können. *Dass du mich so durch und durch kennst, das übersteigt meinen Verstand; es ist mir zu hoch, ich kann es nicht fassen. Wohin kann ich gehen, um dir zu entrinnen, wohin fliehen, damit du mich nicht siehst?* (Verse 6-7).

Wir brauchen keine Angst zu haben. Gott ist nicht überrascht über das, was ans Licht kommt. Es ist schon alles in seinem Licht. Sie brauchen ihm nur noch die Erlaubnis zu geben, Sie an diesen Stellen zu berühren und zu verändern. Alles, was Sie zu tun brauchen, ist, ihn an diese Bereiche heranzulassen. Deshalb betete David am Schluss des Psalms die folgenden Worte: *Durchforsche mich, Gott, sieh mir ins Herz. Prüfe meine Wünsche und Gedanken. Und wenn ich auf einem Weg bin, der dich kränkt, dann bring mich zurück auf den Weg, der zum ewigen Leben führt* (Verse 23-24).

In dem Moment, wo wir ihn an die Stellen heranlassen, die Veränderung brauchen, beginnt unser Heilungsprozess. Wenn er uns hier berühren darf, dann beginnt etwas Neues.

Es gibt noch einen zweiten Grund, warum es sich lohnt, den Blick unter die Oberfläche des eigenen Lebens zu wagen: Jesus ist gerade deshalb in diese Welt gekommen, um uns Menschen einen Neuanfang zu ermöglichen.

C.S. Lewis erzählt in seinen *Chroniken von Narnia* von einem Jungen namens Eustachius, der sich aufgrund seiner Sturheit, seiner Selbstsucht und seines Unglaubens in einen großen, hässlichen Drachen verwandelt hat. Nun will er sich ändern und wieder ein kleiner Junge sein. Aber das geht nicht. Schließlich kommt der große Löwe Aslan (ein Sinnbild für Jesus Christus) und lädt ihn ein, in einer kristallklaren Quelle zu baden. Weil Eustachius aber ein großer Drache ist, ist es ihm nicht möglich, in diese Quelle zu steigen. Aslan fordert ihn darum auf, er solle seine Kleider ausziehen. So zieht er sich seine raue, schuppige Haut aus wie eine Schlange. Kaum ist er fertig, merkt er, dass darunter noch eine Schicht raue, kratzige Haut ist. Er befreit sich auch von ihr. Aber da ist noch eine Schicht. Frustriert ruft er aus: »Wie viele Häute muss ich noch ausziehen, um endlich in dieser Quelle baden zu können?« Nach der dritten Hautschicht gibt er frustriert auf. Denn da sind noch mehr raue, dicke Drachenhäute. Er merkt, dass er das alleine nie schaffen wird. An dieser Stelle heißt es im Buch:

> »Da sagte der Löwe: ›Ich werde dich ausziehen müssen.‹ Ich hatte ziemlich Angst vor seinen Tatzen ... aber ich war inzwischen völlig verzweifelt. Deshalb legte ich mich einfach flach auf den Rücken und ließ ihn machen. Der erste Riss war so tief, dass ich dachte, er ginge bis ins Herz. Und als er begann, mir die Haut abzuziehen, da schmerzte es schlimmer als alles, was ich jemals gespürt habe. Ich konnte es nur deshalb aushalten, weil es sich so gut anfühlte, als das Zeug abging. ... Da lag es auf dem Gras; nur war diese Haut sehr viel dicker und dunkler und warziger als die vorherigen. Und ich war so glatt und so weich wie eine geschälte Rute und viel kleiner als vorher. Dann packte er mich – das gefiel mir gar nicht, denn

jetzt, wo ich keine Haut mehr anhatte, war ich sehr empfindlich – und warf mich ins Wasser. Es brannte wie die Hölle, aber nur für einen Augenblick. Dann wurde es ganz herrlich, und sobald ich zu schwimmen und zu planschen begann, merkte ich, dass der Schmerz in meinem Arm weg war. Und dann sah ich, warum: Ich hatte mich wieder in einen Jungen verwandelt.

Nach einer Weile holte mich der Löwe heraus und zog mir neue Kleider an.«[5]

Diese Geschichte zeigt sehr eindrücklich, was für uns alle gilt: Wir werden immer scheitern beim Versuch, uns selbst von den Nöten zu befreien, die uns lahmlegen. Wir können eine Haut abziehen, doch da ist schon die nächste. Erst wenn wir wie Eustachius zulassen, dass uns Jesus Christus aus der alten, kranken Haut hilft, kann Veränderung gelingen. Gott an unser Innerstes heranzulassen, uns von ihm berühren zu lassen, kann genauso schmerzhaft sein, wie es für Eustachius war. Aber was Gott für uns bereithält, ist wie dieses Bad, in dem sich Eustachius wieder in einen Jungen verwandelt. Nach der Herausforderung kommt die Befreiung. Der Moment, an dem wir aufatmen können. Das ist die gute Nachricht des Evangeliums von Jesus: Wir können anders leben; wir können anders denken als vorher! Es ist die Gnade und Versöhnung von Jesus Christus, die aus uns neue Menschen macht. Es ist die Kraft Gottes, die uns gesund macht und verändert. Dafür ist Jesus Christus gekommen und am Kreuz gestorben.

Paulus beschreibt dies in Titus 3,5 mit diesen Worten: *Wir selbst hatten keine guten Taten vorzuweisen, mit denen wir vor ihm hätten bestehen können. Nein, aus reinem Erbarmen hat er uns gerettet durch das Bad der Taufe – das Bad, in dem wir zu einem neuen Leben geboren wurden, erneuert durch den Heiligen Geist.*

Darum lohnt sich der Blick nach innen; darum lohnt es sich, Gott an unsere ungesunden Stellen heranzulassen: Am Ende dieses Weges steht die Verwandlung. Der Neuanfang. Am Ende dieses

Weges leben wir gesund und glauben wir gesund. Als Menschen, die durch den Heiligen Geist erneuert werden.

Diese Erneuerung wird in Ihrem Leben Einzug halten, wenn Ihr Blick unter die Oberfläche Ihres Lebens zu einem nächsten Schritt führt, den Sie mutig gehen. Dieser Schritt besteht darin, dass Sie für das, was sich Ihnen unter der Oberfläche zeigt, die Verantwortung übernehmen. Das, was sich Ihnen da zeigt, ist ein Teil von Ihnen. Es ist ein Teil Ihrer Geschichte. Es sind Ihre Gefühle, Ihre Prägungen, Ihre Gedanken und Motive. Wenn Sie sich danach sehnen, dass Gottes Geist zu handeln, zu verändern und zu regieren beginnt, dann müssen Sie für das, was Ihre Seele prägt, Verantwortung übernehmen. Davon handelt das nächste Kapitel.

Kapitel 3:

Schluss mit der Opferrolle: Verantwortung übernehmen

Immer die anderen ...

Der ehrliche Blick unter die Oberfläche, von dem im vorangehenden Kapitel die Rede war, fällt vielen Menschen schwer. Er konfrontiert uns mit unseren verdrängten Geschichten, unliebsamen Schattenseiten und schmerzhaften Wunden. Weil sich diese Dinge in unserem eigenen Herzen befinden und abspielen, tragen wir selbst dafür die Verantwortung. Aber wir können auch dafür sorgen, dass sich etwas verändert.

Menschen, die sich weigern, für ihr Leben Verantwortung zu übernehmen, beharren im Blick auf ihre Probleme auf der Überzeugung: »Das Problem, das ich habe, hat jemand anders verursacht. Dass meine Situation so ist, liegt an jemand anderem.« Wenn sie in ihrem Inneren negative Gefühle und Gedanken wahrnehmen, dann denken sie sofort an die Menschen, welche diese in ihnen verursacht haben. Sie führen die Tatsache, dass es in ihrer Seele Ärger, Angst, Minderwertigkeit, Trauer oder Verzweiflung gibt, auf die Fehler zurück, die ihre Eltern, Vorgesetzten, Kollegen und Freunde ihnen gegenüber gemacht haben. Menschen, die keine Verantwortung übernehmen, geben im Konfliktfall anderen die Schuld und sind blind für ihren eigenen Anteil. Es ist nicht nur so, dass sie ihren eigenen Anteil an einer Misere verdecken, oft sind sie sich ihres eigenen Anteils gar nicht bewusst. Es gibt keine Heilung und keine Veränderung, wenn wir für unsere tiefsten Gefühle, Gedanken und Motive keine Verantwortung übernehmen.

Ein »Drückeberger« namens Adam

Die Bibel thematisiert das Phänomen der abgeschobenen Verantwortung schon auf ihren ersten Seiten. Adam und Eva verstoßen gegen die Anordnung Gottes, von einem einzigen Baum im Paradies keine Früchte zu essen: vom Baum in der Mitte des Gartens. Dem Teufel gelingt es, in Eva Misstrauen gegenüber Gott zu wecken, der ein solch unsinniges Verbot ausgesprochen hat. Eva isst von der Frucht und auch Adam lässt sich dazu verleiten. Kurze Zeit später spricht Gott die beiden auf ihren Verstoß an:

Aber Gott rief nach dem Menschen: »Wo bist du?« Der antwortete: »Ich hörte dich kommen und bekam Angst, weil ich nackt bin. Da habe ich mich versteckt!« »Wer hat dir gesagt, dass du nackt bist?«, fragte Gott. »Hast du etwa von den verbotenen Früchten gegessen?« Der Mensch erwiderte: »Die Frau, die du mir an die Seite gestellt hast, gab mir davon; da habe ich gegessen.« Gott, der Herr, sagte zur Frau: »Was hast du da getan?« Sie antwortete: »Die Schlange ist schuld, sie hat mich zum Essen verführt!« (1. Mose 3,9-13).

In dieser Geschichte haben wir die Urform der verweigerten Verantwortung vor uns. Zuerst beginnt Adam, die Verantwortung abzuschieben und sich in die Opferrolle zu begeben: »Die Frau, die du mir an die Seite gestellt hast, die ist schuld. Sie hat mir die Frucht unter die Nase gehalten! Und so habe ich halt davon gegessen.« Gott wendet sich Eva zu und sie verfährt genauso: »Nicht ich; nein, die Schlange ist schuld. Sie hat mich mit ihren Worten betört und zum Essen verführt!«

Beide, Adam und Eva, entziehen sich vehement jeder eigenen Verantwortung für das, was vorgefallen ist. Ich frage mich oft: Was wäre wohl geschehen, wenn Adam und Eva an dieser Stelle zu einem ehrlichen Eingeständnis ihrer Schuld bereit gewesen wären? Was wäre passiert, wenn sie vor Gott Reue gezeigt und ihn um Vergebung für ihren Fehler gebeten hätten? Hätten sie von Gott nicht die Chance zu einem Neuanfang bekommen? Wie oft lesen wir in der Bibel, dass Gott dort gnädig ist und seinen Zorn abwendet, wo Menschen für ihr Fehlverhalten Verantwortung übernehmen und um Vergebung bitten. Adam und Eva tun es nicht und ernten die ernste Konsequenz ihres Verhaltens.

Wofür wir selbst verantwortlich sind

Schauen wir die Sache mit der Verantwortung genauer an: Wofür sind wir Menschen verantwortlich und wofür nicht? Wir sind verantwortlich für unsere Handlungen. Wir sind verantwortlich für unsere Worte. Und – hier beginnt die Herausforderung – wir sind verantwortlich für die Gefühle, Motive, Gedanken und Regungen unseres Herzens. Wir sind selbst dann für sie verantwortlich, wenn es so aussieht, als wären andere Menschen die Verursacher unserer Schmerzen, Verletzungen und aufgebrachten Gedanken. Diesen letzten Punkt anzuerkennen fällt besonders vielen Menschen schwer. Wir müssen uns deshalb etwas eingehender damit beschäftigen.

Wir sind verantwortlich für unsere Reaktionen auf das, was uns geschieht oder was uns jemand antut. Wir sind nicht für das verantwortlich, was uns geschieht, sondern nur für das, wie wir darauf reagieren. Diese hilfreiche Definition stellt Stephen R. Covey in seinem Buch *Die sieben Wege zur Effektivität: Ein Konzept zur Meisterung Ihres beruflichen und privaten Lebens* vor. Wir sind verantwortlich für unsere Reaktionen auf die Dinge, die uns zustoßen. Das umfasst unsere seelischen Verletzungen, unsere Enttäuschungen, unseren Ärger, unser Gefühl, übergangen oder falsch behandelt worden zu sein. Wie auch immer unsere Seele die Ereignisse, die wir erleben, verarbeitet und interpretiert – es ist *unsere* Seele, die so reagiert und nicht anders. Deshalb müssen wir Verantwortung übernehmen.

Eleanor Roosevelt sagte es so: »Niemand kann uns ohne unsere Zustimmung wehtun.« Es ist nicht in erster Linie so, dass uns eine Person mit ihren Worten oder ihrem Verhalten verletzt; wir sind es, die sich verletzen lassen. Wenn wir auf eine bestimmte Situation verärgert, verletzt oder beleidigt reagieren, dann erliegen wir dabei dem, was Anthropologen und Psychologen den »genetischen Determinismus« nennen: Ein Reiz wirkt auf uns ein (zum Beispiel lieblose Worte eines Arbeitskollegen). Wir reagieren auf diesen Reiz (zum Beispiel, indem wir uns verletzt fühlen, uns rechtfertigen oder zum Gegenangriff übergehen). Wer ist für das Problem, das entstanden ist, verantwortlich? »Natürlich der Verursacher; die Person, die mich angegriffen hat!«, sagen wir. Das ist falsch. Der Verursacher dieses Problems käme bei mir nämlich gar nicht an sein Ziel, wenn wir nicht entsprechend darauf reagieren würden. In einer solchen Situation wird es uns zum Verhängnis, dass wir darauf trainiert sind, auf eine bestimmte Weise gegenüber gewissen Reizen und Vorkommnissen zu reagieren. Unbewusst denken wir, wir können nicht anders. Aber genau diese Annahme ist eine Lüge, denn sie erlaubt uns, uns selbst als Opfer der Situation zu sehen.

Wenn wir wollen und die Weichen dafür stellen, dann können wir anders reagieren, als wir es uns angewöhnt haben. Diese Fähigkeit gehört zu den Grundausstattungen Gottes für unser Leben: Wir haben in einem gewissen (wenn zugegebenermaßen auch nicht in einem unbeschränkten) Maß die Freiheit und die Kraft, unsere Reaktionen selber zu bestimmen. Wie unsere Seele auf Ereignisse des Lebens reagiert, ist nicht unabwendbar und unveränderbar. Stephen Covey schreibt: »Es ist nicht das, was uns geschieht, sondern die Art, wie wir darauf reagieren, die uns verletzt.«[6]

Wenn wir es Umständen, anderen Menschen und unseren Gefühlen erlauben, unsere Reaktionen zu kontrollieren, dann ist das ein Ausdruck davon, dass wir unsere Verantwortung für sie abgegeben haben. Wir haben ihnen die Macht und die Erlaubnis gegeben, mit uns zu tun, was sie wollen. »Menschen, die nicht vergeben können, erlauben anderen, sie zu kontrollieren«, betonen beispielsweise die Autoren und Berater Henry Cloud und John Townsend.[7]

Menschen, die das Opfer ihrer eigenen Reaktionen auf bestimmte Umstände geworden sind, sind Menschen, die sich drücken. Sie drücken sich vor der Aufgabe, angemessen und verantwortlich zu reagieren. Sie lehnen so ihre Verantwortung ab und machen sich selbst zu Opfern. In einem solchen Fall sind nicht sie das Opfer, sondern der eigentliche Täter. Opfer sind in vielen Fällen verkappte Tyrannen.

Das Wissen darum, dass wir in den meisten Fällen, in denen wir uns als Opfer fühlen, gar nicht wirklich die Opfer sind, ist sehr befreiend. Es eröffnet uns eine Perspektive, in der sich für uns Handlungsspielraum ergibt. Wären wir nichts anderes als ein Opfer, dann gäbe es für uns nur die Option, unser Schicksal zu beklagen und anderen die Schuld dafür in die Schuhe zu schieben. Doch wir können mit der Unterstützung des Heiligen Geistes aktive Schritte tun. Er hilft uns dabei, Fehler, ungesunde Entwicklungen in unserem Leben, verletzte Gefühle, Angst und Ärger anzuerkennen, aus ihnen zu lernen und sie zu korrigieren. Covey schreibt: »Wenn ich wirklich meine Situation verbessern will, kann ich an der einen Stelle anfangen, über die ich wirklich Kontrolle habe – bei mir selbst.«[8] Darum ist es wichtig, nach dem ehrlichen Blick unter die Oberfläche unseres Lebens genau das zu tun. Wir suchen nicht den Schuldigen für die negativen Regungen, die sich in uns tummeln. Wir beginnen bei der Person, auf die wir den größten Einfluss haben: bei uns selbst.

Immer dort, wo ein Mensch Vorwürfe gegen andere erhebt, gibt es ein Indiz dafür, dass diese Person nicht die Verantwortung für ihre Situation übernimmt. Unser Gebet lautet dann meistens: »Herr, zeige dieser Person, was sie falsch macht.« Oder vielleicht auch: »Herr, du musst diese Umstände verändern, sonst sehe ich für diese Sache keine Perspektive mehr.« In vielen Fällen beantwortet Gott unser Gebet nicht. Manchmal lässt er uns so lange mit einem Problem kämpfen, bis wir Verantwortung für unseren Teil übernehmen und nicht länger von anderen Personen oder auch von Gott erwarten, dass sie es für uns tun.

Verantwortung übernehmen kann eine schmerzhafte Angelegenheit sein. Denn es bedeutet, in einer schwierigen Situation oder angeschlagenen Beziehung anzuerkennen, dass man einen entscheidenden Anteil an ihr hat, für den man selber verantwortlich ist. Es tut weh; es ist beschämend und ernüchternd, wenn ein großer Teil des Problems »nicht da draußen« ist, sondern bei mir selbst. Diese Wahrheit kann wehtun, aber sie macht immer frei (vgl. Johannes 8,32), denn sie ist der Beginn einer heilsamen Veränderung.

Wie Verantwortung übernehmen in der Praxis aussieht

Verantwortung für meine Gefühle und meine Reaktionen zu übernehmen beinhaltet zwei Schritte. Erstens: Ich erkenne meine Verantwortung zunächst überhaupt einmal an. Zweitens: Ich lasse mich auf einen Prozess ein, in dem ich lerne, meine Reaktionsmuster zu ändern.

Es wird deutlich, dass uns Gott bei der Gestaltung unseres Lebens und bei der Lösung von Problemen einen aktiven Part einräumt. Bei der Mehrzahl unserer Schwierigkeiten ist es durchaus nicht so, dass Beten das Einzige ist, was wir tun können. In vielen Fällen ist mir noch viel mehr als Gebet möglich. Und diese Dinge wird Gott mir nicht abnehmen. Was immer ich brauche und mir wünsche, Gott gesteht mir zu, dass ich aktiv daran mitarbeiten kann, um ein bestimmtes Ziel zu erreichen.

Gottes Verantwortung ist es, uns seinen Weg und seinen Willen zu offenbaren. Außerdem ergänzt er unsere begrenzten Ressourcen mit seiner übernatürlichen Kraft: *Fürchte dich nicht, ich stehe dir bei! – Ich mache dich stark, ich helfe dir ...!* (aus Jesaja 41,10). Er möchte unsere tiefsten inneren Bedürfnisse stillen, unsere Wunden verbinden und heilen und unsere Sünden vergeben. Seine Aufgabe ist, uns durch sein Wort, durch andere Christen und durch Freunde zu ermutigen.

Unsere Verantwortung hingegen ist, Gottes Kraft zu empfangen und unser Herz damit füllen zu lassen. Wir müssen Gott recht geben, wenn er uns auf unseren Anteil an einem bestimmten Problem hinweist. Es ist dann unsere Aufgabe, die Schritte zu tun, die eine Veränderung unseres Denkens, Fühlens und unseres Verhaltens ermöglichen; Gottes Hilfe in Anspruch zu nehmen, damit wir die nötigen Veränderungsschritte mit Beharrlichkeit einüben können.

Dass sich in unserem Leben Dinge zum Guten verändern, ist das Resultat einer faszinierenden Partnerschaft zwischen Gott und uns Menschen. Gott tut den entscheidenden Teil. Aber wir bleiben dabei nicht passiv. Es gibt Schritte, für die Gott uns die Verantwortung überträgt. Und diese Verantwortung wird er uns niemals abnehmen. Würde er es dennoch tun, dann würde das bedeuten, dass er uns zu Marionetten degradiert. Wir wären bloße Figuren in einem Schattentheater, bei dem Gott uns wie tote Pappfiguren hin und her bewegt. Aber wir sind Gott viel zu wertvoll, als dass er uns darauf reduziert, bloße Pappfiguren in seiner Hand zu sein. Dass er uns eigene Verantwortung und eigene Schritte zutraut, drückt seine Wertschätzung uns gegenüber aus.

Das Prinzip der Wertschätzung durch übertragene Verantwortung kennen wir auch in der Kindererziehung. Ich habe drei Töchter, die ich von ganzem Herzen liebe. Gerade weil ich sie wertschätze, verzichte ich in vielen Situationen bewusst darauf, ihr aktuelles Problem zu lösen und ihnen jeden unangenehmen Schritt abzunehmen. Das ist manchmal unglaublich schwierig, vor allem, wenn ich sehe, wie sie aufgrund einer schwierigen Situation emotional leiden und verletzt sind. Dann bin ich versucht, die Verantwortung für die Wiederherstellung ihrer Gefühle zu übernehmen. In vielen Fällen muss ich mich zwingen, dieser Versuchung nicht nachzugeben, denn ich würde damit meinen Kindern nur vordergründig helfen. Wenn ich mich im falschen Moment für die guten Gefühle meiner Kinder verantwortlich sehe und ihnen deshalb schwierige Schritte abnehme, halte ich sie damit klein und schwach. Wenn ich sie aber ihrem Alter gemäß herausfordere, selber Verantwortung für ihre Probleme zu übernehmen und nach Lösungen zu suchen, dann drücke ich damit aus, dass ich ihnen etwas zutraue. Indem ich ihnen gegenüber mein Vertrauen zeige, dass sie fähig sind, selber Lösungsschritte in Angriff zu nehmen, gebe ich ihnen die Möglichkeit, Stärke zu entwickeln. Dadurch wächst ihr Bewusstsein, dass sie nicht bloße Opfer einer Situation sind, sondern aktiv darauf Einfluss nehmen können.

Eine Zeit lang litt eine unserer Töchter stark unter dem Verhalten einiger ihrer Klassenkameradinnen. Sie besuchte gerade die dritte Klasse und wünschte sich nichts mehr, als eine Freundin zu finden. Anfänglich sah es so aus, als würde es ein Mädchen geben, das ihre Freundin werden könnte. Auf einmal aber wandte sich dieses Mädchen von unserer Tochter ab. Auf dem Pausenhof machte sie sich vor anderen über sie lustig. Sie tuschelte mit ihren Mitschülern und versuchte, unsere Tochter damit zu verletzen. Fabienne kam tränenüberströmt nach Hause. Wir trösteten sie und machten ihr Hoffnung, dass sich die Situation bestimmt wieder ändern würde. Aber es geschah nichts. Die Verzweiflung unserer Tochter nahm zu. Sie fühlte sich im Stich gelassen und gemobbt, als Opfer der Gemeinheiten ihrer Mitschülerinnen. Wir waren versucht, bei der Lehrerin vorzusprechen und sie zu bitten, in die Situation in der Klasse einzugreifen. Dann aber wurde uns bewusst, dass wir unserer Tochter mit einer vorschnellen Initiative das Gefühl vermittelten, als hätte sie selber keinen Einfluss und keinen Handlungsspielraum in dieser Situation. Dadurch würden wir sie in ihrer Hilflosigkeit bestätigen und belassen. Wir würden ihr nicht helfen zu erkennen, welche Möglichkeiten ihr immer noch offenstanden, um diese Situation zu verändern. Wir taten dann gemeinsam zwei Dinge. Wir beteten mit ihr und baten Gott, ihr und uns zu zeigen, wie sie sich verhalten könne, damit sich ihre Situation veränderte. Dann baten wir sie, selbst über Möglichkeiten nachzudenken, wie sie auf diese Situation Einfluss nehmen könnte. Eine Zeit lang gab sie sich völlig hilflos. Mit tränenerstickter Stimme sagte sie: »Ich kann nichts mehr tun! Ich habe alles versucht und es hat nichts gebracht. Ihr müsst mir helfen! *Ihr* müsst mit der Lehrerin sprechen, damit sie die anderen hindert, mich weiterhin zu ärgern.« Es war sehr schwer, nicht nachzugeben und unsere Tochter weiter zu ermutigen, darüber nachzudenken, ob es vielleicht nicht doch eine Lösung gab.

Schließlich kam sie darauf, dass sie selber mit der Lehrerin sprechen könnte, um ihr die Situation zu schildern. Sie nahm sich außerdem vor, ihren Klassenkameradinnen zu sagen, wie sie sich fühlte und dass sie ihr Verhalten gemein fand. Wir beteten mit unserer Tochter und baten Gott um Mut und Kraft, diese Schritte zu wagen. Und wir versprachen unserer Tochter, dass wir mit ihr zusammen nach neuen Möglichkeiten suchen würden, wenn diese ersten Schritte zu keinem Resultat führen würden. Uns war wichtig, dass sie unsere ganze Unterstützung, Liebe und Wertschätzung spürte, auch wenn wir ihr diesen herausfordernden Schritt nicht abnahmen.

Die Situation wurde zu einer wichtigen Lektion für uns alle. Unsere Tochter nahm all ihren Mut zusammen und sprach sowohl mit ihren Schulkameradinnen als auch mit der Lehrerin. Die Folge war, dass sich die Situation merklich entspannte und sie schon bald wieder Schulfreundinnen fand. Wir selber wurden darin bestärkt, unseren Kindern nicht zu schnell zu Hilfe zu eilen und sie in ihrer Hilflosigkeit noch zu bestärken, sondern ihnen zuzutrauen, dass sie selber aktive Schritte unternehmen können, um ihre Probleme zu lösen.

Hätten wir vorschnell versucht, ihr Problem zu lösen, hätten wir sie in ihrer Opferrolle bestärkt und ihr die Botschaft vermittelt, dass sie selber hilflos ist und bleibt, solange wir ihr nicht helfen. So aber lernte sie, dass Gott ihr Möglichkeiten gibt, auf eine schwierige Situation selber Einfluss zu nehmen. Sie konnte für ihre Gefühle und ihre Schwierigkeiten Verantwortung übernehmen und Schritte tun, damit eine Veränderung geschah. Das stärkte ihr Selbstvertrauen und ließ sie spüren, dass Gott ihre mutigen Schritte bestätigt und segnet.

Ich glaube, dass Gott in einer ähnlichen Weise mit uns Menschen umgeht. Er ist unser Vater und das bedeutet, dass er uns noch weit mehr wertschätzt und uns noch viel mehr zutraut als wir unseren eigenen Kindern. Gott trainiert uns zu Menschen, die aktiv und stark sein können. Zu Menschen, die selbstverantwortlich handeln, planen, entscheiden, wirken können und nicht ständig davon abhängig bleiben, dass andere, oder Gott, das Leben für sie meistern. Als ein Gelähmter zu Jesus kam und ihn um Heilung bat, da tat Jesus für ihn das, was er selber nicht tun konnte. Er heilte seinen lahmen Körper. Und dann sagte er zum Geheilten: *Ich befehle dir: Steh auf, nimm deine Matte und geh nach Hause!* (Markus 2,11). Unmittelbar nach der Heilung hat Jesus diesem Menschen Verantwortung übergeben. »Geh, melde dich zurück im Leben und in deiner Familie! Geh, sorge wieder für deinen Lebensunterhalt. Arbeite, versorge deine Familie, erziehe deine Kinder. Geh, ich ermächtige dich, wieder Verantwortung zu tragen und eine reife, eigenständige Persönlichkeit zu werden!« Jesus befreit diesen Menschen aus seiner Opferrolle und aus seiner Willensschwachheit.

Menschen in der Opferrolle gelten oft als willensschwache Menschen. Rudolf Dreikurs sagte sinngemäß: Es gibt keine willensschwachen Menschen. Wer nichts will, der will gar nicht wollen. Willensschwache Menschen wollen oft einfach nur Fehler vermeiden, oder den Widerspruch anderer. Verantwortung übernehmen heißt: Mut zu Fehlern haben.

Verantwortung übernehmen hat viel mit Einsicht zu tun, die Gott uns im Blick auf unser Leben schenkt. Und mit einem angemessenen Verständnis dafür, wie Gottes Rolle in meinem Leben aussieht. Es geht darum zu lernen, dass Gott gerne bereit ist, einen bestimmten Weg für uns vorzubereiten. Dann aber sind wir selber verantwortlich, uns auf diesen Weg zu begeben und ihn zu gehen. Wenn wir also mit den unangenehmen Gefühlen und Prägungen unserer Seele oder mit aktuellen Schwierigkeiten konfrontiert sind, dann traut uns Gott zu, dass wir einen entscheidenden Teil der Lösung dieser Probleme sein können. John Townsend und Henry Cloud schreiben: »Die Person, die unter einer Situation leidet, ist für eine Lösung verantwortlich.«[9] Das gilt auch dann, wenn sie das Problem nicht selbst verursacht hat. Wenn wir uns unseren Problemen stellen und Verantwortung übernehmen, macht uns das handlungsfähig. Es macht unserer Opferrolle ein Ende. Wir können Initiative übernehmen! Schuldzuweisung und Schuldabweisung sind wie ein

Fluch, der uns selber kaputtmacht. Es führt nie zu einer Verbesserung der Situation, sondern hält uns vielmehr darin gefangen.

Ich habe nun sehr ausführlich gezeigt, weshalb und inwiefern wir für unsere Gefühle unter der Oberfläche unseres Lebens und die damit verbundenen Schwierigkeiten selber Verantwortung übernehmen sollen. Abschließend möchte ich anhand von drei Beispielen skizzieren, wie die Übernahme von Verantwortung in unserem Alltag konkret aussehen könnte.

Als ich vor einigen Jahren an die Grenzen meiner physischen und psychischen Belastbarkeit kam, war die Versuchung groß, die Gründe dafür in meinen damaligen Lebensumständen zu suchen. Insgeheim gab ich die Verantwortung für meine Überforderung den damaligen Gegebenheiten: die Art meiner Arbeit, die eine ständige Reisetätigkeit und intensive Vorbereitungen für verschiedene Seminare beinhaltete; die Lage meines Büros, die ein ungestörtes Arbeiten schwierig machte; unsere kleine Wohnung und das Leben in einer Wohngemeinschaft, die mir kaum Rückzugsmöglichkeiten gaben; unsere anstrengenden, kleinen Kinder, die fast ununterbrochen unsere Aufmerksamkeit erforderten. Sicherlich haben diese Faktoren dazu beigetragen, dass ich an meine Grenzen kam, aber sie waren nicht die eigentlichen Ursachen. Diese lagen viel tiefer, in mir selbst. Ich hatte mich selbst überfordert. Die Situation, in der ich war, war die Folge von Entscheidungen, die ich selbst getroffen hatte. Und sie war die Folge falscher Motive und Denkmuster, die mich prägten. Der mutige Blick unter die Oberfläche meines Lebens ergab ein ernüchterndes Bild: In mir war die leise Angst, unbedeutend zu sein. Ein wichtiger Motor meines Arbeitens war die Sehnsucht nach Anerkennung und Bestätigung. Das führte dazu, dass ich kaum Grenzen anerkannte und mich selbst andauernd überforderte. Es war schmerzhaft, aber ich musste für diese Gefühle und inneren Überzeugungen persönlich die Verantwortung übernehmen. Denn hier lagen die eigentlichen Wurzeln für meine Schwierigkeiten. Verantwortung übernehmen hieß damals für mich, meinen unbewussten Treibern und Motiven mithilfe von Freunden und Beratern auf die Spur zu kommen. Ich musste Gottes heilende, verändernde Berührung für meine tiefsten Gefühle, Motive und Überzeugungen zulassen. Auch bedeutete es, mein Leben und meine Arbeit neu zu ordnen. Ich musste lernen, abzuschalten. Ich musste lernen, zu Grenzen zu stehen. Ich musste Zeiten des Auftankens, der Stille, der Erholung einplanen. Ich musste lernen, meine Verantwortung in der Familie neu wahrzunehmen und ihr nicht zu entfliehen. Diese Schritte konnte mir niemand abnehmen. Ich musste sie selber wollen. Ich musste für meine Gefühle und die daraus resultierenden Probleme mit Gottes Hilfe konkrete Lösungen erarbeiten.

Auch wenn es in einer Ehebeziehung Schwierigkeiten gibt, geht es darum, Verantwortung zu übernehmen. Seit einigen Wochen kam Theresa regelmäßig zu mir in die Beratung. In ihrer Ehe kriselte es seit Monaten. Ihr Mann hatte eine leitende Position in einer Firma. Er machte viele Überstunden und kam oft erst spätabends nach Hause. Theresa war mit ihren vier Kindern oft allein. Sie versorgte die Familie, den Haushalt, unterstützte die Kinder bei ihren Hausaufgaben und hatte einen großen Garten. Mehr und mehr wuchs ihr alles über den Kopf. Seit einiger Zeit plagten sie Rückenschmerzen. Gleichzeitig litt sie darunter, dass sich ihr Mann emotional aus der Familie zurückzog. Er war unnahbar, erzählte kaum etwas von sich und überließ alle wichtigen Entscheidungen, welche die Erziehung der Kinder betrafen, seiner Frau. Als mir Theresa ihre Situation schilderte, spürte ich bald, dass sie ganz bestimmte Erwartungen an mich hatte. Es stellte sich heraus, dass sie sich eigentlich zwei Dinge von mir erhoffte. Zum einen sollte ich mit ihrem Mann sprechen und ihm zu verstehen geben, dass er sich falsch verhielt. Und sie wollte von mir erfahren, wie sie von Gott mehr Kraft bekommen konnte, um ihre Situation zu ertragen. Ich musste sie in beiden Erwartungen enttäuschen. Ich versuchte, Theresa zu helfen, ihre eigene Verantwortung in dieser Situation zu erkennen und sie nicht auf ihren Mann oder auch auf mich als ihren Berater abzuschieben.

Denn dann würde sich ihre Situation kaum verändern. Es gab nur eine Person, auf die sie wirklich Einfluss hatte und die sie verändern konnte und das war sie selbst. Wir hatten mehrere Gespräche, bis ich den Eindruck hatte, dass Theresa begann, Verantwortung zu übernehmen. So bat sie ihren Mann, mit ihr zusammen einen Eheberater aufzusuchen, was ihr Mann zuerst kategorisch ablehnte. Ich ermutigte Theresa, nicht aufzugeben. Schließlich tat sie einen mutigen Schritt. Sie bat ihren Mann, eine Entscheidung zu treffen und drückte den Wunsch aus, mit ihrem Mann das Leben und die Lasten des Alltags und der Familie gemeinsam zu teilen. Er sollte sich überlegen, ob er das auch wollte. Falls er dazu nicht bereit war, dann würde sie darüber nachdenken, welche Konsequenzen das für ihr Leben und das ihrer Kinder haben würde. Sie machte deutlich, dass sie die jetzige Situation emotional und auch gesundheitlich nicht mehr tragen konnte und wollte. Darum bat sie ihn um eine Entscheidung. Falls er weiterhin passiv bleiben und sich zurückziehen würde, dann würde sie entsprechende Schritte gehen, um sich selbst und das Leben ihrer Kinder zu schützen. Damit versuchte sie ihm zu zeigen, wie ernst die Lage war und dass sie gewillt war, nicht einfach passiv zu bleiben und still zu hoffen, dass sich etwas ändern würde. Sie drückte aus, dass sie gerne mit ihrem Mann das Leben teilen wollte und dass sie ihn liebte. Damit dieser Wunsch in ihrem Leben erfüllt wurde, war sie auf seine Kooperation angewiesen.

Das war ein hartes Gespräch für Theresa und es kostete sie alles. Aber es war notwendig und hilfreich. Zum ersten Mal signalisierte sie gegenüber ihrem Mann, wie sehr sie seine Unterstützung brauchte und dass es ihr damit ernst war. Sie begann, Verantwortung für ihre Situation zu übernehmen. Das darauffolgende Wochenende verbrachte sie zusammen mit ihren Kindern bei einer Freundin. Langsam, aber sicher begann ihr Mann zu verstehen, dass Theresa bereit war, Konsequenzen aus seinem Verhalten zu ziehen. Als sie zurückkam, hatten sie seit Langem das erste Mal wieder ein wirklich ermutigendes Gespräch. Ihr Mann willigte ein, einen Eheberater zu suchen. Das war ein entscheidender Wendepunkt. Heute haben

Theresa und Fred einen Weg gefunden, gemeinsam für ihre Ehe, Familie und ihr Haus zu sorgen. Noch immer kennen sie Herausforderungen und Krisen. Aber sie befinden sich auf einem hoffnungsvollen Weg der Erneuerung. Warum? Weil Theresa begonnen hat, Verantwortung für ihre Situation zu übernehmen und konkrete Lösungsschritte in Angriff zu nehmen. In der Folge lernte auch Fred, Verantwortung für seine Ehe und seine Kinder zu übernehmen.

Vor vielen Jahren arbeitete ich in einem Team mit, das verantwortlich war für die Kleingruppenarbeit der Gemeinde, zu der ich damals gehörte. Wir waren eine Gruppe von fünf Personen und verstanden uns in der Regel sehr gut. Im Laufe unserer Zusammenarbeit aber bekam ich immer mehr den Eindruck, dass Christian (eine Person aus unserem Team) mit den Ideen, die ich einbrachte, Schwierigkeiten hatte. Mehrmals nacheinander schien es mir, als verfolge er das Ziel, dass meine Vorschläge zur Koordination der Kleingruppenarbeit und zur Betreuung der Leiter abgelehnt würden. Das begann mich zu irritieren und es verletzte mich. In einer Sitzung dann spitzte sich die Lage zu. Christian kam auf einen Beschluss zurück, den wir vor einem Monat gefällt hatten. Ich hatte dort vorgeschlagen, für die gesamte Schulung der Kleingruppenleiter neue Richtlinien und Arbeitsgrundlagen zu definieren. Wir hatten das Konzept verabschiedet und mit den ersten Umsetzungsschritten begonnen. Nun beantragte Christian, dass wir diesen Entschluss rückgängig machen sollten, und schlug vor, das Konzept grundlegend zu überarbeiten. Er empfand es auf einmal als unzureichend, zu detailliert und zu einengend. Es folgte eine emotionsgeladene Diskussion, die zu keinem Ergebnis führte. Ich fühlte mich von Christian hintergangen. Einmal mehr hatte ich den Eindruck, dass er mir in den Rücken fiel. Ich war dazu geneigt, dieses Team zu verlassen. Offensichtlich wollte Christian mich nicht mehr dabeihaben. Inmitten meiner Gedanken und Selbstgespräche über diese Konfliktsituation wurde mir bewusst, dass mein Ausstieg aus diesem Team ein Fehler wäre. Damit würde ich meiner Verantwortung für unser Team und die Kleingruppenarbeit in unserer Gemeinde nur ausweichen und mich dem schwelenden Konflikt mit Christian nicht stellen. Das Team zu verlassen wäre eine feige Flucht gewesen, bei der ich mich als Opfer angesehen und innerlich an Vorwürfen gegenüber Christian festgehalten hätte. Ich wusste, Verantwortung in einem zwischenmenschlichen Konflikt übernehmen heißt in den meisten Fällen, mit der betroffenen Person ein offenes Gespräch zu führen. Das tat ich. Ohne ihm Vorwürfe zu machen, versuchte ich zu schildern, wie es mir in den vergangenen Treffen unseres Teams ergangen war. Ich sagte offen, wie ich sein Verhalten empfand und welche Schlussfolgerungen ich daraus bezüglich unserer Beziehung getroffen hatte. Und ich bat ihn, mir zu sagen, wie er diese Situation erlebt hat und wie er mich darin empfand. Unser Gespräch dauerte lange. Es stellte sich heraus, dass die Gründe für Christians Verhalten nicht mit mir, sondern mit einer anderen, belastenden Situation in seinem Leben zu tun hatten. Er versicherte mir seine Unterstützung und bat um Entschuldigung, wo er mich verletzt hatte. Auch ich bat um Entschuldigung dafür, dass ich ihm Motive unterstellt hatte, die gar nicht da waren. Wir gingen an diesem Abend als Versöhnte auseinander. Und wieder einmal wurde ich darin bestärkt, Verantwortung für Schwierigkeiten zu übernehmen und mich nicht vorschnell in die Opferrolle zu begeben. In diesem Fall hieß Verantwortung übernehmen, die Disharmonie in einer Beziehung anzusprechen und offen auf den Tisch zu legen, wie ich mich damit fühlte. Dabei musste ich auch für den Standpunkt des anderen willig und offen sein und versuchen, ihn zu verstehen.

Es gibt in unserem Leben Momente, in denen wir nicht nur für unsere momentanen Gefühle und für bestimmte aktuelle Situationen Verantwortung übernehmen sollen. Manchmal muss man sich auch mit einer länger zurückliegenden Lebensphase auseinandersetzen, in der unsere Gefühle, Gedanken und Schlussfolgerungen geformt wurden. Die Wurzel dessen, was wir heute sind, fühlen, denken und wie wir uns verhalten, liegt in unserer Vergangenheit. Sie reicht zurück in die Zeit, in der wir Kind waren und in unserer Familie aufwuchsen. Um die konstruktive Auseinandersetzung mit unserer eigenen Vergangenheit geht es im nächsten Kapitel. Denn auch für sie tragen wir Verantwortung, damit die Erfahrungen der Vergangenheit uns nicht lähmen und unser Wachstum hin zu einer emotional reifen Persönlichkeit nicht verhindern.

Kapitel 4:

Abschied von den Lasten der Vergangenheit

Wie uns die Familie prägt

In einer befreundeten Familie hat sich Folgendes zugetragen: Martina, eine junge Familienfrau, schneidet jedes Mal, wenn sie einen Braten kocht, links und rechts ein Stück dieses Bratens ab, bevor sie ihn in den Ofen schiebt. So hat sie es bei ihrer Mutter gelernt. Eines Tages fragt ihr Mann sie, weshalb sie jedes Mal auf beiden Seiten ein Stück vom Braten abschneidet. Martina weiß es nicht – sie hat es einfach so von ihrem eigenen Zuhause übernommen. Als sie das nächste Mal ihre Mutter besucht, fragt sie nach: »Mama, weshalb eigentlich schneiden wir beim Braten immer auf beiden Seiten ein Stück weg, bevor wir ihn in die Schmorpfanne legen?« Ihre Mutter schaut sie etwas irritiert an und antwortet: »Du, das weiß ich auch nicht. Ich habe das damals als junges Mädchen bei meiner Mutter beobachtet und dann einfach übernommen.« Mutter und Tochter beschließen, bei der Oma nachzufragen und rufen sie im Altersheim an: »Mama, warum schneiden wir eigentlich jedes Mal den Braten auf beiden Seiten an?« Am anderen Ende der Telefonleitung ist es einen Moment lang still. Dann auf einmal muss die Oma laut lachen: »Ich weiß nicht, weshalb *ihr* den Braten anschneidet, aber ich habe es immer tun müssen, weil mein Brattopf so klein war und sonst das Fleisch nicht in den Topf gepasst hätte.«

Ich liebe diese Geschichte! Erst nach zwei Generationen findet diese Familie heraus, dass der wahre Grund für das Anschneiden des Bratens nicht etwa ein geheimer Kochtrick der Großmutter war. Es war nur ihre Pfanne, die zu klein war und das Anschneiden nötig machte. Mir fiel auch auf, dass dieses Ereignis eine wichtige Lebenslektion enthält: Die Familie, aus der wir stammen, hat uns geprägt. Wir übernehmen aus unserer Ursprungsfamilie teils bewusst, aber zum größten Teil unbewusst bestimmte Verhaltensmuster.

Diese Tatsache begründet die Macht der Vergangenheit in unserem Leben. Wir realisieren kaum umfassend, wie stark wir durch unsere Ursprungsfamilie geprägt wurden. Dieser Einfluss ist so stark, dass er unseren Glauben und unsere zwischenmenschlichen Beziehungen wesentlich mitprägt. Wie wir Gott vertrauen, ihn lieben und ihm nachfolgen, ist geprägt von den Lebenslektionen, die wir als kleine Kinder von den Menschen empfangen haben, die unsere nächsten Bezugspersonen waren. In den meisten Fällen sind das die Eltern. Dasselbe gilt für die Art und Weise, wie wir Beziehungen leben. Die Fähigkeit, jemandem zu vertrauen und uns jemandem anzuvertrauen, wird in unserer Ursprungsfamilie geformt. Unsere Verhaltensmuster im Umgang mit Arbeitskollegen, mit Freunden, mit den eigenen Kindern haben ihre Wurzeln in unserem eigenen Elternhaus. Das bedeutet: Die tiefsten Wurzeln unserer Glaubensprobleme und unserer zwischenmenschlichen Schwierigkeiten liegen in vielen Fällen in unseren familiären Prägungen.

Wenn wir danach fragen, wie wir emotional reife Menschen werden, die verstehen, wie ihre Seele geprägt wurde, dann führt uns das auch in die Auseinandersetzung mit unserer Vergangenheit. Emotionale Reife und geistliche Stärke entstehen im Leben von Menschen, die ihre Vergangenheit kennen und verstehen. Das beinhaltet eine hilfreiche Auseinandersetzung mit den Prägungen, die wir in den ersten Jahren und Jahrzehnten unseres Lebens angenommen haben. In manchen Fällen muss auch ein Heilungs- und Erneuerungsprozess stattfinden im Blick auf die Prägungen, die einen lähmenden Schatten auf unser Leben gelegt haben.

Die Art und Weise, wie wir unser gegenwärtiges Leben in Familie, Beruf und Gemeinde gestalten, lässt unsere eigene, persönliche Familiengeschichte sichtbar werden. Diese Tatsache macht auch vor engagierten Christen nicht halt. Selbst Pastoren und christliche Leiter wiederholen in ihrem Dienst oft das, was sie seit ihrer frühen Kindheit eingeübt haben. Im besten Fall sind sie Leiter, die andere Menschen ermutigen, wertschätzen, sie freisetzen und anstehende Konflikte auf konstruktive Weise lösen. Wenn ihre eigene Geschichte aber eine schwierige war und sie sich damit nie gründlich auseinandergesetzt haben, können sie sehr selbstbezogene Leiter werden. Sie sind dann mehr auf Erfolg und Anerkennung aus, als dass sie von der Berufung geleitet sind, Gott und Menschen von Herzen zu dienen. Leiter müssen Menschen sein, die sich selbst und ihre Geschichte verstehen. Denn wir übertragen die Probleme der Familie, in der wir aufgewachsen sind, immer auf unser heutiges Leben in der Gemeinde, im Beruf und der eigenen Familie. Ungesunde Muster begleiten uns lebenslang, wenn wir ihnen nie auf die Spur gekommen sind und etwas dagegen unternommen haben. Ein emotional reifer Mensch und Leiter ist jemand, der selbst durch tiefe Veränderungen geht. Und das beinhaltet, zurück zu seinen Wurzeln zu gehen: zu seiner Familie und den Problemen, die es dort gegeben hat. Unser Heilwerden im Blick auf die dort empfangenen problematischen Prägungen erst ermöglicht es uns, die Menschen, die Gott uns anvertraut, zu emotionaler und geistlicher Reife zu führen.

In seinem Buch *The Emotionally Healthy Church* zeigt Peter Scazzero diesen Zusammenhang zwischen gegenwärtigen Ereignissen und familiären Prägungen anhand zweier biblischer Familiengeschichten auf.

Da ist zum einen die Familie des alttestamentlichen Königs David. Das Neue Testament bezeichnet David als »Mann nach dem Herzen Gottes« (Apostelgeschichte 13,22). Dass er das wirklich war, davon zeugen nicht nur die Psalmen, sondern auch viele in der Bibel berichtete Ereignisse aus seinem Leben wie beispielsweise seine erstaunliche Geduld und Vergebungsbereitschaft gegenüber Saul, der ihn immer wieder umbringen wollte. Dennoch gab es in seinem Leben auch einige negative Verhaltensmuster, die selbst einige Generationen später noch das Leben seiner Nachkommen prägten.

Ein Tiefpunkt im Leben Davids stellte sein Ehebruch mit Bathseba dar (2. Samuel 11): David nimmt die Frau eines anderen Mannes, schläft mit ihr und bringt ihren Mann um. Sexualität war offenbar ein anfälliger Bereich im Leben Davids. So wissen wir, dass David eine ganze Reihe von Frauen hatte. Ich vermute, diese Frauen waren nicht bloß zum Kochen da ... Acht seiner Frauen kennen wir mit Namen. Darüber hinaus berichtet die Bibel von einer größeren Zahl weiterer Nebenfrauen (2. Samuel 5,13). David ging damit über eine Anordnung Gottes hinweg, in der es heißt: *Der König soll nicht viele Frauen haben, damit sie sein Herz nicht von Gott abwenden* (5. Mose 17,17). David kannte diese Weisung und handelte dennoch gegen sie.

Welche Auswirkungen hatte Davids Schwäche für Frauen im Leben seiner Familie und seiner Nachkommen? Da ist einmal sein Sohn Ammon. Von Ammon berichtet die Bibel, dass er seine Halbschwester Tamar vergewaltigte (2. Samuel 13). Davids anderer Sohn Salomo, sein Thronfolger, setzte die sexuellen Sünden seines Vaters ebenfalls fort. Er steigerte sie sogar und hielt sich 700 Frauen und 300 Konkubinen (1. Könige 11,3). Salomos Sohn Rehabeam, ebenfalls ein König, hielt 18 Frauen und 60 Konkubinen (2. Chronik 11,21). Die Bibel verdeutlicht damit, wie sich ein bestimmtes schuldhaftes Verhalten – hier im sexuellen Bereich – im Leben der eigenen Nachkommen fortsetzen kann.

In einem anderen Bereich in Davids Familie geschieht dasselbe. Es geht um das Thema Rivalität und Trennung unter Geschwistern. Die Bibel erzählt, dass es zwischen David und seinen Brüdern gewisse Spannungen gab (1. Samuel 17,28-29). Sein Sohn Absalom brachte seinen eigenen Bruder Ammon um, weil er Tamar vergewaltigt hatte (2. Samuel 13). Von diesem Moment an war die Davidsfamilie völlig gespalten. Absalom wurde so verbittert, dass er sich selbst zum König ernannte und versuchte, seinen eigenen Vater, David, umzubringen. Das führte zu einem Bürgerkrieg, dem 20000 Männer zum Opfer fielen (2. Samuel 15-18). Bei Salomos Sohn Rehabeam griffen diese Familienstreitigkeiten auf das ganze Volk Israel über. Das Resultat war, dass sich Israel spaltete und in zwei Reiche aufteilte: Zehn Stämme bildeten das Nordreich, zwei Stämme das Südreich (1. Könige 12). Was mit einem Familienstreit begann, endete viele Jahre später, etwas vereinfacht gesagt, in der Zerstörung des Nordreichs und in der Wegführung des Südreichs ins babylonische Exil.

Es gibt eine weitere biblische Familie, in der sich ein bestimmtes Verhaltensmuster über mehrere Generationen wiederholt. Abraham, der von Gott berufene Stammvater von Gottes Volk, hatte eine Schwäche. In schwierigen Situationen log er, z. B. als er in Ägypten war und um sein Leben fürchtete. Zweimal gab er seine Frau als seine Schwester aus (1. Mose 12,10ff; 1. Mose 20,1ff).

Wen wundert es, dass die Ehe seines Sohnes Isaak mit Rebekka ebenfalls von Lüge und Unwahrheit durchzogen war (1. Mose 27)? So betrog Rebekka ihren Mann und veranlasste, dass dieser Jakob (statt Esau) den Segen erteilte, der für den Erstgeborenen bestimmt war. Bei Jakob selbst schließlich erreichte das Manipulieren und Lügen einen Höhepunkt. Jakob belog und betrog beinahe jeden, der ihm über den Weg lief (1. Mose 27-35). Sein Name bedeutet sogar »Betrüger«. In der vierten Generation wird Jakob allerdings selber zum Belogenen. Zehn seiner Söhne behaupten, sein Sohn Josef sei von einem wilden Tier getötet worden. Die Wahrheit war aber, dass sie ihn aus Eifersucht als Sklaven nach Ägypten verkauft hatten (1. Mose 37). Es ist beinahe unheimlich, wie hier das Muster der Lüge und des Betrugs eine Familie über Generationen hinweg begleitet und prägt.

In 1. Korinther 10,6 schreibt Paulus, dass gerade auch die eher unschönen Berichte des Alten Testaments für uns als Vorbild, als Warnung und Belehrung aufgeschrieben wurden: *Alle diese Ereignisse sind uns als warnendes Beispiel gegeben. Wir sollen unser Verlangen nicht auf das Böse richten, so wie sie es taten, als sie ihren Gelüsten folgten.* Die Geschichten dieser Menschen beinhalten wichtige Lektionen für unser eigenes Leben. Eine zentrale Lehre aus den Familiengeschichten Davids und Abrahams lautet: Nicht nur gute, sondern auch destruktive Verhaltensweisen werden von den Eltern direkt an ihre Kinder und Kindeskinder weitergegeben. Nachfolgende Generationen übernehmen in vielen Fällen nicht nur die Stärken ihrer Väter und Mütter, sondern auch deren Schwächen und Sünden.

Dieses Lebensgesetz betrifft auch Sie und mich. Um wirklich von den Dingen frei werden zu können, die unser Leben und unseren Glauben hindern, müssen wir ein Verständnis für die Familie bekommen, in der wir aufgewachsen sind. Wie das aussehen kann, möchte ich anhand der Geschichte von zwei Personen aufzeigen. Es ist die Geschichte zweier Menschen, die auf einmal erkennen, wie sehr ihr Leben von ihrer familiären Prägung beeinflusst ist:

Monika ist Leiterin der Kinderarbeit in ihrer Gemeinde. Es ist erstaunlich, wie schnell sie Zugang zum Herzen der Kinder findet. Seit sie die Kinderarbeit leitet, sind viele neue Personen neu dazugekommen. Sie schafft es, die Kleinen in ihren Bann zu ziehen und ihnen das Gefühl zu geben, dass sie wichtig und angenommen sind. Einige Aspekte ihrer Leiteraufgabe machen ihr aber große Schwierigkeiten. Jedes Mal, wenn Eltern oder Mitarbeiter mit etwas unzufrieden sind oder sogar aus der Gemeinde oder der Mitarbeit aussteigen, ist sie am Boden zerstört. Sie fühlt sich dann tief verletzt. Ein Gefühl der Verlassenheit und der Zurückweisung erfüllt in solchen Momenten über Wochen hinweg ihr Herz. Es gibt eine weitere Situation, die sie in Schwierigkeiten bringt: Wenn ein Kindermitarbeiter einen Fehler macht, traut sie sich nicht, ihn darauf anzusprechen. Selbst wenn ihre Mitarbeiter falsche, sündhafte Verhaltensmuster zeigen, die der Arbeit schaden, traut sie sich nicht, diese auf ihr Verhalten anzusprechen. Denn sie hat vor nichts so sehr Angst wie davor, dass der betroffene Mitarbeiter aussteigen und sie damit »verlassen« könnte. Daher deckt sie Schwierigkeiten zu, als wäre nichts, lächelt auch, wo es nichts zu lächeln gibt, weil sie das Risiko, abgelehnt zu werden, um jeden Preis vermeiden möchte.

Vielleicht ahnen Sie, was Monika schließlich beim Nachdenken über ihre eigene Familie herausgefunden hat. Die Kindheit von Monika war von mehreren, schmerzhaften Verlusterfahrungen geprägt. Als sie drei Jahre alt war, litt ihre Mutter unter einer schweren Erschöpfungsdepression. In einer akuten Phase dieser Krankheit war die Mutter Monika und ihren Geschwistern gegenüber sehr verschlossen, ja, abweisend. Sie war so überfordert mit ihrem Leben, ihrer Ehe, ihren Aufgaben als Mutter, dass sie sich nicht anders zu helfen wusste, als sich auch ihren engsten Familienmitgliedern gegenüber abzugrenzen. Wenn Monika zu ihrer Mutter auf den Schoß klettern wollte, wurde sie oft unsanft von ihr weggeschoben. Da die Krankheit der Mutter schließlich einen Klinikaufenthalt erforderlich machte, wohnte Monika während mehrerer Wochen bei ihrer Tante. Diese Ereignisse hinterließen in Monika das Gefühl, nicht erwünscht zu sein. Das Gefühl wurde noch verstärkt, als ihr Vater die Familie verließ, als sie 12 Jahre alt war. All diese Erlebnisse waren sehr schmerzhaft und vertieften die Verlassenheitsgefühle. Wieder empfand sie Zurückweisung und dieses Grundgefühl nistete sich in ihrem Leben ein. Darum war in allen Beziehungen, die sie auch Jahrzehnte später aufbaute, die Angst da, vom anderen zurückgewiesen oder verlassen zu werden. Die Angst wirkte hinein in ihre Leitungsaufgabe in der Kinderarbeit. Sie hinderte sie in ihrem Dienst, da sie nicht in einer reifen Weise auf die Probleme reagieren konnte, die sich ihr dort stellten. Erst nachdem sie diese Zusammenhänge erkannte und verstehen lernte, konnte sie mit der Unterstützung ermutigender Freunde lernen, trotz Verlustängsten konstruktiv mit den Herausforderungen ihrer Leitertätigkeit umzugehen.

Eine zweite Geschichte: Ralph wuchs als der Vertraute seiner Mutter auf. Diese litt unter ihrer schwierigen Ehe. Ralph versuchte nun all die Jahre hindurch, seiner Mutter die Freude und das Glück zu geben, die sie in ihrer Ehe vermisste. Er fühlte sich als Ältester verantwortlich, seine Mutter zu trösten und zu stützen. Und seine Mutter reagierte sehr empfänglich auf seine Tröstungsversuche und suchte sie geradezu. Es war ihr nicht bewusst, dass sie damit ihren Sohn überforderte. Denn sie selbst hatte damals ihre eigene, alkoholabhängige Mutter jahrelang geschützt, gedeckt und die vielen Probleme, die sie an ihrer Arbeit und in ihrer Familie verursachte, immer wieder in Ordnung gebracht. So war es für sie auch als erwachsene Frau und Mutter mit eigenen Kindern normal, dass die nächsten Familienangehörigen dafür zuständig sind, die Probleme derjenigen zu lösen, die mit dem Leben nicht mehr zurechtkommen. So übte Ralph früh dieses Denkmuster seiner eigenen Mutter ein. Er drückt es heute so aus: »Ich habe es geradezu verinnerlicht, dass ich für die Lösung unserer Familienprobleme verantwortlich bin. Ich hatte diese Rolle übernommen und sie verstärkte sich noch, als ich Pfarrer wurde. Ich war derjenige, der alle Probleme zu lösen hatte und dafür verantwortlich war, möglichst allen Gemeindegliedern dabei zu helfen, glücklicher zu sein. Natürlich war das auch eine Stärke. Aufgrund meiner Familiengeschichte konnte ich mich gut in andere hineinfühlen und zuhören. Aber ich hatte das Gleichgewicht zwischen Sorge für andere und Sorge für mich selbst verloren. Ist es verwunderlich, dass ich an diesem Punkt ernsthafte Probleme bekam, weil ich mich schließlich in ungesunder Weise dafür verantwortlich fühlte, dass es allen in meiner Gemeinde gut geht? Wenn jemand ein Problem hatte, fühlte ich mich verpflichtet dafür zu sorgen, dass sich diese Person so schnell wie möglich besser fühlt. Dieses Muster entstand in meiner Kindheit, prägte mich als Erwachsener und führte dazu, dass ich mich restlos überarbeitete, bis ich schlussendlich physisch und psychisch zusammenbrach und gar nicht mehr konnte.«

Solche Geschichten machen deutlich: Es gibt nichts, das unser Leben so sehr beeinflusst und prägt, wie das unmittelbare Umfeld, in dem wir aufgewachsen sind. Wie ich funktioniere, wie ich denke, wie ich mich verhalte – ich setze heute zu einem großen Teil fort, was damals bei mir zu Hause gelebt wurde. Dabei trage ich nicht nur die Stärken meiner Eltern weiter, sondern auch ihre Sünden und ihr Versagen.

Im Leben jeder Familie gibt es einen »roten Faden«. Damit meine ich die Summe der dort vorherrschenden Stimmungen, Überzeugungen und Verhaltensweisen. Dieser rote Faden der Familie, in der ich aufgewachsen bin, setzt sich in meinem Leben fort. Ich trage diese Stimmungen, Überzeugungen und Verhaltensweisen in mir und lebe mehr oder weniger bewusst danach.

Lebens- und Glaubensreife werden auch dadurch vertieft, dass ich diesen roten Faden erkenne und angemessen damit umgehe. Ich stelle fest, was für mein Leben gut und aufbauend und was eher lähmend und ungesund ist. Ich lerne beides zu identifizieren und beim Namen zu nennen. Und dann übernehme ich dafür die Verantwortung und beginne, mich aktiv und bewusst von den negativen Teilen dieses roten Fadens zu lösen.

Verantwortung übernehmen heißt auch: Ich erhebe keinen Vorwurf an meine Eltern im Blick auf die negativen Prägungen, die ich aus meiner Familie mitgenommen habe. Denn meine Eltern sind nicht mehr dafür verantwortlich, dass ich diese negativen Prägungen heute noch in mein Leben integriere und weiterhin zulasse. Erinnern Sie sich an den Schlüsselsatz aus Kapitel 3, der lautete: »Wer unter einer Situation leidet, ist für eine Lösung verantwortlich«?

Die ermutigende, Hoffnung machende Nachricht im Blick auf alle lähmenden Prägungen in meinem Leben ist die: Ich *muss* die Sünden und Versagen, die sich in meiner Familie ereignet haben und die mich heute noch prägen, nicht weitertragen! Ich kann sie erkennen und ich kann mich von ihnen lösen. Gott kann ihre negative Macht über meinem Leben durchbrechen. Wo immer meine Beziehung zu Gott und zu anderen durch solche lähmenden Prägungen gestört wird, kann Gott mich frei machen.

Wie kann das geschehen?

Negative Prägungen erkennen und durchbrechen

Werden Sie sich bewusst, wie Sie geprägt wurden

Als ich mich vor ein paar Jahren mit den Wurzeln meines überhöhten Selbstanspruchs und Leistungsdenkens auseinandersetzte, erkannte ich, dass ich meine heutige Denk- und Lebensweise schon sehr früh eingeübt hatte. Kleine Kinder beobachten das Leben ihrer Eltern und Bezugspersonen und ziehen daraus ihre ganz persönlichen Schlussfolgerungen. Das war bei mir nicht anders. Langsam begann ich zu durchschauen, wie aus mir der Mensch geworden ist, der ich heute bin. Indem ich mich ehrlich und bewusst mit einigen Fragen auseinandersetzte, kam ich den Prägungen immer mehr auf die Spur, die schon in den frühen Jahren meines Lebens in mir Gestalt gewonnen hatten. Es war mir eine große Hilfe, diese Fragen zusammen mit meiner Frau, mit meinen Freunden und mit meinem Lebensberater zu reflektieren und zu besprechen. Ohne diese Gespräche wäre ich manchen Zusammenhängen gar nicht erst auf die Spur gekommen.

Ich möchte Ihnen einige dieser Fragen vorstellen, die Ihnen zu verstehen helfen, auf welche Weise Sie von Ihrer eigenen Vergangenheit geprägt worden sind. Nehmen Sie sich Zeit, diese Fragen bewusst vor Gott zu bewegen. Sprechen Sie darüber mit Ihrem Seelsorger und mit Menschen, denen Sie vertrauen:

- Wie würden Sie die Beziehung Ihrer Eltern zueinander beschreiben?
- Welche Grundstimmung lag über dem Zuhause, in dem Sie aufgewachsen sind? Mit welchen Worten würden Sie diese umschreiben?
- Wie wurden in Ihrer Familie Konflikte gelöst? Wie ging man mit Ärger um? Mit Spannungen?
- Wie waren die Rollen bei Ihnen zu Hause verteilt? Wie wurde Autorität ausgeübt?
- Wie gut konnte man bei Ihnen zu Hause über Gefühle sprechen?
- Welches waren die herausragenden Verhaltensmerkmale Ihres Vaters/Ihrer Mutter? Welche davon erkennen Sie bei sich selbst?
- Wie würden Sie die Lebenseinstellung und Werte definieren, nach denen Ihre Familie lebte?

- Gibt es so etwas wie ein sich durchziehendes Motto, nach dem Ihre Eltern oder ein Elternteil lebten? Erkennen Sie dieses Motto oder Teile daraus in Ihrem eigenen Leben?
- Wie wurde bei Ihnen über Sexualität geredet oder nicht geredet?
- Gab es bei Ihnen Familiengeheimnisse; Dinge, über die geschwiegen wurde?
- Wie wurde in Ihrer Familie mit Geld umgegangen?
- Gab es in Ihrer Familie Lieblinge und schwarze Schafe? Gab es einen »Loser«?
- Wie ging man mit traumatischen Erfahrungen um wie Tod, schwerer Krankheit, Scheidung etc. Wie hat das auf Sie abgefärbt?
- Wie wurde bei Ihnen Glaube gelebt und ausgedrückt?

Sie können davon ausgehen, dass die Antworten, die Sie zusammentragen, nicht nur etwas über Ihre Familie von damals aussagen. Sie umschreiben auch mehr oder weniger zutreffend, was Sie prägt und wie Sie selbst geworden sind. Sie werden die erstaunliche Entdeckung machen, wie viel davon sich in Ihrem heutigen Leben fortsetzt. Sie kommen der Macht der Vergangenheit auf die Spur, die sich bis in Ihr heutiges Leben hineinzieht. Wie können Sie mit den Einsichten und Entdeckungen aus Ihrer Familiengeschichte umgehen?

Bevor Sie die eher schwierigen Prägungen Ihres Lebens etwas genauer unter die Lupe nehmen, sollten Sie sich als Erstes fragen: Was von dem, was Sie als Prägung aus Ihrer Familie mitgenommen haben, ist für Ihr heutiges Leben hilfreich und gut? Identifizieren Sie zunächst die guten Anteile Ihrer Geschichte und Ihrer Prägungen.

Bei meinem eigenen Nachdenken über meine familiäre Prägung erkannte ich eine Fülle von hilfreichen Spuren, die bis heute mein Leben positiv beeinflussen. Ich begann Gott bewusst dafür zu danken. Bei meinem Vater beispielsweise habe ich Entscheidendes über den Wert von Beständigkeit, Gelassenheit und Integrität gelernt. Er drückte eine Ruhe aus, die sich positiv auf unser Familienleben auswirkte, und wurde selten ungeduldig oder laut. Beständig und meist gut gelaunt ging er seiner Arbeit als Bauer nach, arbeitete hart und lange, war dabei aber nie gestresst und unruhig. Meine Mutter war und ist eher die Temperamentvolle. Sie sorgte dafür, dass unser Zuhause ein gemütlicher Ort war, und nahm unsere Wünsche ernst. Es machte ihr Freude, uns das zu kochen, was wir besonders mochten. Dank ihr bekamen wir den Hund, den wir uns so sehr gewünscht hatten. Sie hatte ein offenes Herz für fremde Menschen. Regelmäßig wohnten bei uns, manchmal sogar für mehrere Monate, junge Menschen, die aufgrund schwieriger Lebensgeschichten nicht mehr zu Hause wohnen konnten. An Mutters Esstisch gab es immer einen freien Platz. Wenn jemand spontan vorbeikam, wurde er einfach eingeladen. Bei meinen Eltern lernte ich, was Vertrauen heißt. Während meiner Teenagerjahre ließen mich meine Eltern Erfahrungen machen und Orte besuchen, die andere Eltern ihren Kindern nicht zugestanden. Ich fühlte mich nie überwacht und es gab niemanden, der mit mahnendem Blick im Wohnzimmer auf mich wartete, wenn ich spätnachts von irgendwoher endlich nach Hause kam.

Wir sollten dankbar sein für jeden Wert und für jede Prägung unserer Familie, die sich auf unser heutiges Leben positiv ausgewirkt hat. Sprechen Sie darum all das Gute aus, was aufgrund Ihrer Vergangenheit ein wertvoller Teil Ihres Lebens geworden ist. Es gehört zum Guten, das Gott an Ihnen und für Sie getan hat. Diese Erfahrungen sind es, die Ihrem Leben Qualität und Stabilität verleihen, und sie haben es möglich gemacht, dass sich bei Ihnen in diesen Bereichen Stärken oder zumindest bestimmte positive Grundeinstellungen entwickeln konnten.

Nun sind Sie soweit, dass Sie sich auch dem anderen Teil Ihrer Geschichte zuwenden können. Diesem anderen Teil können Sie auf die Spur kommen, wenn Sie sich fragen: Welche meiner Prägungen könnten zu problematischen Mustern in meinem Leben geführt haben?

Solche Prägungen, die sich hindernd und lähmend auf Ihr Leben auswirken, entstehen oft aus Situationen und Konstellationen wie den folgenden:

- In Ihrer Familie gab es Tabuthemen und Ereignisse, die sichtbar oder spürbar vorhanden waren, über die aber nie gesprochen wurde: Konflikte, Krankheiten, gewisse Fehlverhalten, Geld, Sexualität usw.
- Mit Verantwortung wurde falsch umgegangen. Es kann sein, dass jemand aus Ihrer Familie seine Verantwortung auf andere abgeschoben hat oder die Verantwortung einer anderen Person an sich gezogen hat. Da werden die Schulden eines 18-jährigen Sohnes vom Vater bezahlt. Eltern beseitigen dauernd die Scherben, die ein außer Kontrolle geratenes Kind verursacht hat und hinterlässt.
- Eltern stülpen ihren Kindern ehrgeizige Ziele über und überfordern sie mit ihren Erwartungen. Es kann sich um gute Noten handeln, die unbedingt erreicht werden müssen; um einen bestimmten Beruf oder ein bestimmtes Studium, das man hätte anstreben sollen; oder um die Erwartung, dass sich die Kinder um die Eltern kümmern müssen, auch wenn es kaum möglich ist, das leisten zu können. Als Kind wird man dann meist automatisch von einem schlechten Gewissen begleitet.
- Der Glaube wird als Druckmittel in der Erziehung eingesetzt. Sie haben dann noch heute diese oder ähnliche Sätze von wichtigen Bezugspersonen im Ohr: »Gott sieht und bestraft dein Fehlverhalten.« – »Wer Gott ehrt, der macht unserer Familie in der Öffentlichkeit keine Schande.«
- Ein Elternteil bindet die Kinder oder einzelne von ihnen zu sehr an sich und macht sie zum Verbündeten gegen den anderen Elternteil.
- Eine Krankheit oder eine Behinderung dominiert das Familienleben so sehr, dass alle anderen sich darum herum organisieren müssen.

- Die Eltern wollen ihren Kindern ein problemloses Leben ermöglichen, indem sie ihnen fast alles kaufen und erlauben, ihnen dauernd ihre Wünsche erfüllen und nichts von ihnen fordern, auch keine dem Alter angepasste Mithilfe im Haushalt.
- Die Eltern sind dauernd abwesend, gestresst oder unzugänglich. Diese Abwesenheit kann emotional oder physisch erfolgen.

Die Liste ist beliebig erweiterbar. Obwohl die familiäre Prägung die stärkste im Leben eines Menschen ist, ist es nicht die einzige. Unser Leben kann auch geprägt sein von der Theologie und von der Frömmigkeit der Kirche, in der Sie aufgewachsen sind. Wenn Sie als junger Mensch in Ihrer Gemeinde ständig gehört haben, wie gefährlich die Charismatiker sind, dann ist es gut möglich, dass Sie mit entsprechenden Befürchtungen alles von sich weghalten werden, was mit dem übernatürlichen Wirken des Heiligen Geistes zu tun hat. Wenn man in Ihrer Kirche gelehrt hat, ein Schlagzeug in der Kirche sei vom Teufel, dann ist es für Sie ein klares Zeichen der fortgeschrittenen Endzeit, wenn es am Sonntagmorgen auf einmal laute Musik im Gottesdienst gibt.

Auch Erfahrungen wie Arbeitslosigkeit, die Zurücksetzung durch einen Lehrer, sexuelle Übergriffe durch Verwandte oder andere Menschen sind solche Ereignisse, die Ihr heutiges Leben prägen können. Sie tragen dazu bei, dass Sie die Person sind, die Sie heute sind. Sie erklären, warum Sie so »ticken«, wie Sie eben »ticken«. Diese Ereignisse sind es, die Ihr Herz und Ihre Seele mit ganz bestimmten, lähmenden Gedanken und Gefühlen angereichert haben.

Werden Sie frei von der lähmenden Macht der Vergangenheit

Ich möchte Sie noch einmal daran erinnern: Es gibt keine Familie, die nur schlecht war. Es gibt keine Lebensumstände, in denen nur Negatives und Destruktives vorhanden waren. Es wäre falsch, wenn wir in unserer Vergangenheit nur nach dem Schlechten suchen würden. Verlieren Sie darum das Gute, das Ihnen auf Ihre Lebensreise mitgegeben wurde, auch dann nicht aus den Augen, wenn Sie einen ehrlichen Blick auf die Schattenseiten Ihrer Vergangenheit werfen. Nur wenn Sie das Gute, das war, erkennen und anerkennen, können Sie auf gesunde Weise auch mit dem Schwierigen umgehen, das sich in Ihrem Leben zeigt.

In 2. Korinther 5,17 schreibt Paulus: *Wenn jemand in Christus ist, so ist er eine neue Schöpfung; das Alte ist vergangen, siehe, Neues ist geworden* (Elberfelder). Da Sie Ihr Leben bewusst der Führung und Kontrolle von Jesus Christus anvertraut haben, kann in Ihrem Leben etwas Neues beginnen. Gott schenkt Ihnen einen realen Neuanfang. Sie gehören von diesem Moment an mit Haut und Haaren Jesus Christus, dem Meister Ihres Lebens.

Das heißt aber nicht, dass damit Ihre Vergangenheit einfach ausradiert wurde. Es gab und gibt Bibelübersetzungen, in denen die Worte von Paulus falsch ins Deutsche übersetzt wurden. Dort heißt es dann: *Alles ist neu geworden*[10]. Das ist nicht richtig. Es muss heißen: *Neues ist geworden.* Und es wird immer mehr Neues werden, auch in Ihrem Leben, wenn Gott Ihre quälenden Erinnerungen und Prägungen mit seiner heilenden Liebe berühren darf.

Der Sinn des Prozesses, sich darüber bewusst zu werden, was Sie geprägt hat, ist also nicht der, dass Sie nun Ihren Eltern oder anderen ausschlaggebenden Personen konkret ihre Versäumnisse und Fehler vorhalten. Das einzig Richtige, was Sie ihnen gegenüber tun können, ist, sie freizugeben. Klagen Sie sie nicht länger an, sondern vergeben Sie ihnen. Machen Sie sie nicht länger für das verantwortlich, was *heute* in Ihrem Leben schief läuft. Denn für das, was Sie heute bestimmt und lähmt, sind sie nicht mehr verantwortlich. Diese Verantwortung hat Gott nun Ihnen anvertraut.

Der Sinn, sich darüber bewusst zu werden, was Sie prägt, ist ein anderer: Es soll Ihnen zeigen, welche ungesunden und lähmenden Muster Sie bewusst aufarbeiten und ablegen müssen. Es offenbart Ihnen, wo Sie mit Gottes Hilfe ein neues Denken und Verhalten einüben dürfen.

Gott wartet mit Sehnsucht darauf, dass Sie ihn inmitten dieser angeschlagenen Bereiche Ihrer Seele willkommen heißen. Wenn seine heilende und tröstende Kraft Sie an den wundesten Stellen Ihres Lebens berühren kann, ist das der Anfang Ihres Durchbruchs zu einem befreiten Leben. Und genau das möchte Gott Ihnen ermöglichen.

In Matthäus 10,37 sagt Jesus ein ernsthaftes Wort im Blick auf unsere familiären Prägungen und Bindungen: *Wer Vater und Mutter mehr liebt als mich, ist meiner nicht würdig* (Elberfelder). Sie müssen also eine Entscheidung treffen: Wer und was soll den entscheidenden Einfluss auf Ihr Leben haben? Sind es die Gedanken und die Realität, die durch das Wirken von Gottes Geist in Ihr Leben hineinkommen möchten? Oder halten Sie an den lähmenden Verhaltensmustern, Sünden und Überzeugungen Ihrer Ursprungsfamilie fest? Dieser Vers ist eine Aufforderung, sich für das Neue und für Gottes Gedanken zu entscheiden. Es bedingt die Bereitschaft, das Alte aufzugeben und loszulassen. Die Worte von Jesus beinhalten die Einladung, die Macht des Alten zu durchbrechen, indem Sie Nein sagen zur Neigung, weiterhin nach den angelernten Mustern zu leben.

Es gibt zwei praktische Schritte, wie Sie diesen Schritt vollziehen können:

Erstens:
Trennen Sie sich im Gebet von den alten, lähmenden Prägungen und Überzeugungen in Ihrem Leben

Ich rate Ihnen, diesen Schritt nicht alleine zu tun. Suchen Sie sich dazu einen geeigneten Berater, Seelsorger oder Freund. Dieser Person kommt beim Gebet eine wichtige Rolle zu. Sie ist Zeuge dafür, dass Sie sich ernsthaft von der lähmenden Macht der Vergangenheit über Ihrem Leben lossagen wollen.

Jedes Mal, wenn mir eine Prägung bewusst wird, die sich negativ auf mein Leben auswirkt, suche ich eine Person, die mich bei diesem Schritt als Zeuge begleitet. Oft ist es mein Berater, den ich alle vier Monate aufsuche, der diese Rolle übernimmt. Manchmal ist es auch ein Freund oder ein für mich wichtiger geistlicher Begleiter. Vor einigen Jahren wurde mir bewusst, dass es ein ganz bestimmtes

Grundmuster gibt, das mein Leben durchzieht und die Wurzel für meine Neigung ist, mich bis an die Grenzen meiner Kräfte zu verausgaben. Dieses Grundmuster hat mit einer irrigen Überzeugung zu tun, die ich viele Jahre mit mir herumtrug und an die ich glaubte, ohne dass mir das selber bewusst war. Diese Überzeugung lautete in einem Satz zusammengefasst: »Ich habe nur dann das Recht, auf dieser Welt zu sein, wenn ich Außerordentliches leiste und dafür Zustimmung bekomme.« Der Satz war außerdem begleitet von einem Motto, das auffallend oft in meinen Gedanken und Worten auftauchte: »Ich sollte noch dieses oder jenes erledigen, anpacken, überlegen, abschließen oder in Ordnung bringen.« Immer wieder war da in mir dieser Satz: »Ich sollte noch ...!« Selbst an freien Tagen kamen mir Dinge in den Sinn, die ich noch tun sollte. Mir wurde bewusst, dass dies eine Prägung war, die ich in meiner Kindheit aufgenommen und verinnerlicht hatte. Und nun wiederholte sie sich wie von einem lautlosen Motor angetrieben immer wieder in meinen Gedanken und Gefühlen. Sie führte dazu, dass ich mich während meines Theologiestudiums nicht mit guten, durchschnittlichen Noten zufriedengeben konnte. Ich musste sehr viel Energie und Zeit in meine Arbeiten und Prüfungen investieren, um sicherzustellen, dass meine außerordentliche Leistung zu außerordentlichen Noten führte. Dadurch dachte ich, meine Existenzberechtigung sichern und beweisen zu können. Auf meine berufliche Tätigkeit wirkte sich dieser innere Leitsatz so aus, dass ich bis ins Letzte an Predigten und Vorträgen feilte, um sicherzustellen, dass sie auch außerordentlich gut waren. Das führte zu langen, intensiven Vorbereitungszeiten, die mich an den Rand meiner Kräfte brachten. Wenn ich dann noch feststellte, dass es mir trotz enormem Aufwand immer noch nicht gelang, meinem eigenen Maßstab gerecht zu werden, dann hinterließ das in mir ein Gefühl des Versagens und der Mutlosigkeit. Nach und nach und dank hilfreicher Gespräche mit den Menschen, die mich durchs Leben begleiten, kam ich diesem inneren Treiber in mir auf die Spur. Ich ging damit zu meinem Seelsorger und bat ihn, mich beim Ablegen dieser destruktiven, so viel Druck erzeugenden, inneren Überzeugung zu begleiten. Ich las ihm vor, welche Gedanken ich in mein Tagebuch geschrieben hatte, als mir diese Prägung bewusst geworden war. Dann bekannte ich die mit dieser Überzeugung einhergehende Sünde, die sich in meinem Denken und Fühlen eingenistet hatte: Ich misstraute der bedingungslosen Liebe und Wertschätzung Gottes. Ich misstraute den Menschen und ihrer Zuneigung zu mir, die auch da war, wenn ich nichts Außerordentliches zu leisten vermochte. Ich verfolgte mein irriges Ziel auf Kosten meiner Kräfte und meiner Familie. Ich sah in manchen Kollegen Konkurrenten, die ich zu übertrumpfen hatte. Mit solchen Gedanken und Überzeugungen war ich schuldig geworden. Auch diese Art von Sünde trennt von Gott. Ich wusste, dass ich dafür um Vergebung bitten musste. Das tat ich dann vor meinem geistlichen Begleiter. Er hörte mir zu; hörte, was ich zu Gott sagte und wie ich ausdrückte, dass mir das jahrelange Festhalten an diesen destruktiven Überzeugungen leidtat. Dann sprach mir mein geistlicher Begleiter im Namen von Jesus Christus Vergebung zu. Ich saugte sie auf wie ein trockener Schwamm. Die Worte »Deine Sünden sind dir vergeben« waren für mich wie eine erfrischende Dusche nach einem Marathonlauf. Sie erinnerten mich an ein Wort Dietrich Bonhoeffers, der davon sprach, dass der Zuspruch der Gnade Christi im Wort des Mitmenschen stärker ist als der Zuspruch der Gnade Christi in meinem eigenen Herzen[11]. Damit meinte er: Ich kann häufig die Vergebung, die Christus mir anbietet, nicht annehmen, wenn ich sie mir selber zusprechen muss. Das Wort der Vergebung aber, dass ein anderer mir an der Stelle von Jesus Christus zuspricht, hat eine überzeugende Kraft und Wirkung, sodass ich diesem Wort viel eher glauben und trauen kann.

Nach diesem Zuspruch der befreienden Gnade erklärte ich vor meinem Freund und Begleiter, dass ich den heutigen Tag als Neuanfang im Bezug auf diese Prägung sehen wollte. Dieser Tag sollte einen Wendepunkt darstellen. Von nun an wollte ich der irrigen Überzeugung, ich sei nur durch überdurchschnittliche Leistung dazu berechtigt, auf der Welt zu sein, ein entschiedenes »Nein!« entgegensetzen. Dafür war mein Begleiter Zeuge geworden. Er machte diesen Entschluss mit mir zusammen vor Gott fest. Wenn ich in den darauffolgenden Monaten und Jahren auch noch oft ins alte Fahrwasser zurücktrieb und mich viele Male wieder neu zu dem an diesem Tag gefassten Entschluss durchringen musste – hier war ein entscheidender Anfangspunkt markiert.

Wenn wir uns bewusst von den beherrschenden Einflüssen unserer Vergangenheit zu trennen beginnen, hat dieser Akt einen verbindlichen Charakter, ähnlich wie ihn ein rechtskräftiges Gerichtsurteil auch hat. Nicht nur für mich selbst und vor dem Menschen, der mich durch diesen Schritt begleitet, hat es eine wichtige Bedeutung. Dieser Schritt wird vor allem auch im Himmel gehört und ernst genommen. Gott registriert diesen auf der Erde festgemachten Entschluss auch in seiner ewigen Welt. Das gilt hier wie überall dort, wo wir uns entschließen, dem Willen Gottes entsprechend zu handeln und ihm entsprechende, eindeutige Entscheidungen zu treffen. Das verspricht uns Jesus in der Verheißung, die in Matthäus 18,18 festgehalten ist: *Ich versichere euch: Was ihr hier auf der Erde für verbindlich erklären werdet, das wird auch vor Gott verbindlich sein.*

Zweitens:
Fangen Sie an, ein neues, gesundes Denken und Verhalten einzuüben

Das Beispiel meines eigenen Lebens zeigt auf, was für jede andere Person auch gilt: Hinter jeder negativen Prägung stehen feste Überzeugungen, eine private Logik, ein Gedankengebäude, eine feste Meinung über sich selbst, über andere, über das Leben und über Gott. Für denjenigen Menschen, der mit dieser Überzeugung lebt, ist dieses Gedankenkonstrukt Wahrheit. Innerhalb dieser persönlichen Logik ist für die betroffene Person alles stimmig. Die Prägung ist in früher Kindheit entstanden und hat sich im Verlauf der Jahre verfestigt. Der Mensch, der sich nach ihr richtet, kennt nichts anderes und hält deshalb das, was er sich unbewusst angeeignet hat und woran er sich heute festhält, für die richtige Art, die Dinge zu beurteilen und zu sehen.

Erst wenn ein Mensch einsieht, dass seine subjektive »Wahrheit« in Wirklichkeit lebenshindernd und lebensfeindlich ist und seine Beziehungen zu anderen Menschen gefährdet, geht ihm auf, dass seine »Wahrheit« in Wirklichkeit eine Lüge ist. Eine Mutter beispielsweise, die ihr Kind überbehütet und es zwanghaft vor allen Herausforderungen verschonen will, nimmt ihr eigenes Verhalten sehr wahrscheinlich nicht als Überbehütung wahr. Hinter ihrem Verhalten steckt eine scheinbar gute Absicht. Sie denkt sich, dass sie ihrem Kind Aufmerksamkeit schuldig ist, darum ist sie überfürsorglich. Sie meint, jedes andere Verhalten ihrem Kind gegenüber sei lieblos. Dabei merkt sie nicht, dass sie ihr Kind in einer Hilflosigkeit belässt, die es daran hindert, eine selbstständige Persönlichkeit zu werden. Sie merkt auch nicht, wie sehr sie diese Hilflosigkeit vielleicht für sich selber braucht. Es gibt ihr Wert, sie hat einen Sinn und eine Aufgabe.

Um eine solche Logik als falsche Wahrheit durchschauen zu können, braucht es das offenbarende Wirken des Heiligen Geistes. In Johannes 16,8 sagt Jesus, dass es der Heilige Geist ist, der dem dafür offenen Menschen deutlich macht, welche seiner Gedanken und Handlungen verkehrt sind: *Er* (der Heilige Geist) *wird den Menschen zeigen, was Sünde ist und was Gerechtigkeit und was Gericht.*

Im Licht des Heiligen Geistes wird Falsches als falsch identifiziert und erkannt – und Richtiges als richtig. Er ermöglicht die richtige Zuordnung und Einschätzung unserer Prägungen, Überzeugungen, Gedanken und Gefühle.

Wenn der Heilige Geist in Ihrem Leben eine falsche Lebenslogik aufgedeckt hat, dann sind Sie nicht nur herausgefordert, sich von dieser Lebenslogik zu trennen. Ebenso wichtig ist es, dass Sie die alten Überzeugungen, die so lange verhindert haben, dass Sie als Christ und Persönlichkeit wachsen konnten, mit Wahrheiten ersetzen, welche zur Reife führen. Von diesem Erneuerungsprozess, der in unserem Denken und in unseren Gefühlen stattfindet, schreibt Paulus an Stellen wie diesen:

Lasst euch von Gott umwandeln, damit euer ganzes Denken erneuert wird. Dann könnt ihr euch ein sicheres Urteil bilden, welches Verhalten dem Willen Gottes entspricht, und wisst in jedem einzelnen Fall, was gut und gottgefällig und vollkommen ist (Römer 12,2).

Lasst euch in eurem Denken erneuern durch den Geist, der euch geschenkt ist. – Lebt aus der Wahrheit Gottes, an der nichts trügerisch ist (Epheser 4,23 und 24b).

Es ist Gott selbst, der den Erneuerungsprozess ermöglicht und bewirkt. Ihre Rolle dabei besteht lediglich darin, dass Sie sich dafür öffnen und von ganzem Herzen danach suchen. Damit schaffen Sie die nötigen Voraussetzungen dafür, dass Gott Ihr Herz mit neuen, hilfreichen und gesundmachenden Wahrheiten prägen und formen kann.

Mir selber war es eine Hilfe, diese neue Wahrheit, die Gott in meinem Herzen verankern wollte, aufzuschreiben. Ich empfehle Ihnen, dasselbe zu tun. Indem ich sie aufschrieb, blieb für mich das Ziel der Neuprägung meines Denkens und Fühlens nicht länger diffus und unkonkret. Anstelle meiner oben erwähnten irrigen Überzeugung formulierte ich einen Satz, der umschrieb, wie ich mich selbst, meine Stellung und meinen Beitrag in Zukunft verstehen wollte. Dieser Satz sollte ausdrücken, wie mein Leben aussehen würde, wenn es von einem reifen Denken über mich, über Gott und andere Menschen geprägt würde. Er sollte die lebensfördernde Weisheit und Absicht Gottes im Blick auf mein Leben und meinen Dienst widerspiegeln. Ich brauchte noch einmal die Hilfe meines Lebensberaters, um diesen Satz auf der Grundlage von Gottes Wort und seinem Denken über mich formulieren zu können. Und so lautete das Ergebnis: »Weil ich ein volles Ja habe zu meinen Möglichkeiten, tue ich von Herzen, was ich kann und möchte. Weil ich mit meinen Grenzen versöhnt bin, lebe und arbeite ich gelassen. Ich erkenne mich als von Gott überreich gesegnet, beschenkt und wertgeschätzt.«

Diese Einstellung sollte in Zukunft mein Denken prägen. Es ist der Leitsatz, an dem ich mich seither orientiere. Diese Korrektur meiner alten Prägung bringt nach und nach Befreiung und Entlastung in mein Leben hinein. Ich bete regelmäßig dafür, dass Gott mein ganzes Wesen mit dieser neuen Sichtweise durchtränkt, sodass sie für mich zur bestimmenden Lebenswahrheit wird. Und Gott tut Schritt für Schritt das Wunder der inneren Verwandlung an mir. Ich lerne es mehr und mehr, mein Konkurrenzdenken und meine Leistungsorientierung abzulegen. Ich bekomme den Mut, mein Bestes zu geben, ohne den Zwang im Nacken zu spüren, immer nur Außerordentliches leisten zu müssen. Und vor allem (das ist das Schönste dabei): In meiner Seele reift die immer tiefer verankerte Gewissheit heran, dass Gott mich jenseits meines Könnens und Tuns vorbehaltlos annimmt, wertschätzt und unendlich liebt. Um keinen Preis möchte ich die innere Geborgenheit und Ruhe hergeben, die mit dieser Gewissheit einhergehen und immer mehr zu einem Teil von mir werden.

Wie lautet Ihr Korrektursatz, der Gottes Wahrheit wiedergibt, sodass Sie ihn Ihrer Lebenslüge entgegenhalten können?

Rechnen Sie für den Einübungsprozess einer neuen Lebenswahrheit, die an die Stelle Ihrer Lebenslügen tritt, mit mehreren Monaten und Jahren. Unser Denken und Fühlen wird nicht über Nacht neu geformt. Möglicherweise beschäftigt Sie dieser Prozess Ihr ganzes Leben lang. Auch unsere Lebenslügen entstanden ja nicht auf einmal. Sie festigen sich über Jahre hinweg in unserem Denken und graben sich dort immer tiefer ein. Auch das neue Denken und Verhalten braucht seine Zeit und sein Einüben. Seien Sie nicht entmutigt, wenn Sie viele Rückschläge in Ihre alten Denkmustern erleben und versagen. Das ist ein Teil des Prozesses. Wichtig ist, dass Sie wieder aufstehen, die neue Wahrheit über Ihrem Leben wieder aufrichten und mit Blick auf das neue Ziel beharrlich vorwärtsgehen. Halten Sie sich an diesen Worten von Paulus fest: *Neues ist geworden!* Und Neues soll weiterhin werden! Es *wird* Neues werden!

Hat Sie das Lesen dieses Kapitels ermutigt, sich Ihrer persönlichen Geschichte zu stellen? Möchten Sie sich den lähmenden Prägungen aus Ihrer Vergangenheit stellen, Altes ablegen und beginnen, Neues einzuüben? Das nachfolgende Gebet könnte Ihr erster Schritt auf diesem Weg sein:

»Mein lieber Vater im Himmel! Du weißt besser als ich selbst, wo meine Beziehung zu dir und zu anderen Menschen durch ungesunde Prägungen in meinem Inneren behindert wird. Wo immer mich negative Muster beherrschen, zeige mir diese Prägungen. Ich möchte erkennen, was dein Heiliger Geist mir in diesem Zusammenhang zeigen und aufdecken möchte. Gib mir die Kraft, Menschen zu vergeben, die mich so geprägt haben. Vergib mir, dass ich diese Prägungen übernommen und so lange damit gelebt habe. Vergib mir, dass ich bisher nichts gegen sie unternommen habe. Ich will beginnen, daran etwas zu ändern. Ich will frei werden von allem, was mich hindert, dir von Herzen nachzufolgen. Zeige mir, welche Person mich darin begleiten kann, einen Schlussstrich unter das Alte zu ziehen und das Neue einzuüben.

Ich danke dir von Herzen dafür, dass du mir ein gutes, gesundmachendes, zur Reife führendes Leben mit dir und anderen gönnst und mir dazu verhilfst. Amen.«

Kapitel 5:

Zu meinen Grenzen und Wunden stehen

Von den Grenzen, Wunden und Tsunamis in unserem Leben

In diesem Kapitel möchte ich Sie einladen, noch einen Schritt weiter zu gehen. Lernen Sie Gottes Spuren und Absichten auch in den Ereignissen zu sehen, in denen Sie sie am wenigsten vermuten: in den Bereichen, in denen Sie schwach und begrenzt sind. Dort, wo Ihr Leben erschüttert und verwundet wurde.

Erlauben Sie mir, dass ich Ihnen im Blick auf Ihr Leben Folgendes unterstelle: Sie sind ein zerbrochener Mensch. Sie sind ein Mensch mit schmerzhaften Wunden. Sie haben wünschenswerte Ziele und Tätigkeiten, die für Sie vielleicht für immer unerreichbar bleiben werden.

Vor einigen Jahren noch hätte ich vehement und beleidigt widersprochen, wenn jemand diese Sätze zu mir gesagt hätte. Ich wollte alles andere sein als ein verwundeter, zerbrochener Mensch. Ich empfand das Eingeständnis von Begrenzungen als Ausdruck fehlenden Glaubens und zurückgestutzter Erwartungen gegenüber Gott. Meine Frömmigkeit funktionierte nach dem Muster: »Hast du ein Problem, dann sag dich davon los! Und gelingt dir das nicht, dann besuche einen bekannten, vollmächtigen Konferenzredner oder Seelsorger, damit er dich von deiner Last losspricht.« In meiner Theologie gab es nicht viel Raum für Schwachheit und Grenzen. Und schon gar keinen Raum für Zerbrochenheit. Die Hauptaufgabe eines Christen bestand für mich darin, diese Begrenzungen erwartungsvoll wegzubeten und endgültig zu überwinden.

Heute höre ich mich die folgenden Sätze sagen. Ich sage sie zu mir selbst. Ich sage sie Menschen, die mir etwas von den Herausforderungen ihres Lebens und ihres Dienstes für Gott anvertrauen: »Du bist ein zerbrochener Mensch. Du bist ein Mensch mit Wunden. Du bist ein Mensch mit einigen nicht zu leugnenden Begrenzungen.« Diese Tatsache hat für mich heute nichts Beengendes, Eingrenzendes mehr. Ich empfinde sie vielmehr als befreiend. Ich habe nicht mehr den Druck, eine Art Superchristentum verkörpern zu müssen. Eine Art zwanghaft zur Schau gestellte Vollmacht und Überlegenheit im Bezug auf alle Angriffe und Schwierigkeiten des Lebens. Ich habe akzeptiert, dass es in meinem Leben Bereiche gibt, in denen ich sehr verletzlich bin. Ich habe einige Schwächen, die mich seit Jahren begleiten. Auch habe ich einschneidende Ereignisse erlebt, die in mir Wunden hinterlassen haben. Viele dieser Wunden sind heute verheilt. Aber ihre Narben sind noch da. Einige davon werden vielleicht bleiben, solange ich lebe. Und sie können theoretisch jederzeit wieder aufbrechen und neu bluten.

Jeder Mensch kennt Wunden, Grenzen und Zerbrochenheit. John Eldredge schreibt in seinem Buch *Der ungezähmte Mann:* »Jeder Mann trägt eine Wunde mit sich herum. Ich habe noch nie einen Mann getroffen, der keine verletzte Seele gehabt hätte ... Die meisten Männer, denen Sie begegnen, machen Ihnen etwas vor. Sie schauspielern. Und diese Schauspielerei steht in direktem Zusammenhang mit der Wunde in ihrem Herzen.«[12]

Grob gesehen kann man zwischen zwei verschiedenen Arten von Wunden in unserem Leben unterscheiden. Da sind zum einen unsere Begrenzungen, die wesentlich zu uns gehören und die schon immer Teil unseres Lebens waren oder die aufgrund bestimmter Entwicklungen und Umstände in unser Leben eingetreten sind und nun zu uns gehören. Solche Grenzen sind:

– Lebensphasen, in denen wir aufgrund bestimmter, hindernder Lebensumstände wünschenswerte Vorhaben nicht ausführen

können. Bestimmte Ziele bleiben unerreicht. Bestimmte Wünsche bleiben unerfüllt.
- Intellektuelle Grenzen, die uns eine erstrebenswerte Ausbildung oder berufliche Weiterentwicklung verbauen. Es gelingt uns auch mit größter Anstrengung nicht, diese Grenzen zu überwinden. Einige Türen im Blick auf unsere beruflichen Lebensträume bleiben verschlossen.
- Angeborene körperliche oder psychische Begrenzungen. Durch sie bleiben uns bestimmte Tätigkeiten verwehrt.
- Grenzen im Bereich unserer Gaben und Fähigkeiten. Bestimmte Gaben und Fähigkeiten zu haben bedeutet immer auch, in anderen Bereichen limitiert, unbegabt und begrenzt zu sein.

Darüber hinaus gibt es eine zweite Art von Wunden. Damit meine ich die unmittelbaren und langfristigen Folgen eines unerwarteten und erschütternden Ereignisses in unserem Leben. Es gibt Situationen und Zwischenfälle, die unser Leben für immer verändern und prägen. Sie hinterlassen Spuren, die sich nie mehr aus unserer Biographie wegradieren lassen. Die besonders heftigen unter ihnen führen zu einer Art von Zerbrochenheit in unserem Leben, die sich weder verbergen noch wegdiskutieren lässt, sondern immer ein Teil von uns bleiben wird.

Solche Wunden können die Folge von Ereignissen wie diesen sein:

- der plötzliche und unerwartete Verlust eines geliebten Menschen; der Tod eines Kindes oder des Ehepartners;
- der plötzliche Verlust einer geliebten, erfüllenden Arbeit;
- ein Unfall oder eine schwere Krankheit mit lange anhaltenden Folgen;
- wirtschaftlicher und finanzieller Ruin;
- der Verlust von Heimat, Besitz und Familie durch eine Naturkatastrophe oder durch einen Krieg;

- ein schwerer Konflikt, der uns von Menschen entfremdet, die einmal unsere Vertrauten waren;
- eine Trennung oder eine Scheidung;
- ein psychischer Zusammenbruch, eine Depression oder ein Burnout-Syndrom;
- die Erfahrung schwerwiegender Ungerechtigkeit oder gemobbt zu werden;
- ein folgenschwerer persönlicher und moralischer Fehltritt;
- persönliches Scheitern im Beruf oder beim Versuch, ein großes, lange ersehntes persönliches Projekt zu verwirklichen.

Diese Art von Ereignissen zähle ich zu den großen Zerbrüchen im Leben. Sie hinterlassen besonders schmerzhafte Wunden, weil sie oft unvorhersehbar und plötzlich über uns hereinbrechen. Ihnen ist etwas eigen, das ich den »Tsunami-Effekt« nenne. Durch diese Ereignisse verändert sich die Landkarte unseres Lebens innerhalb weniger Stunden und Tage.

Ich erinnere mich an die schockierenden Satellitenbilder, die unmittelbar nach der Tsunami-Katastrophe in Südasien im Dezember 2004 in den Nachrichtensendungen verschiedener Fernsehstationen gezeigt wurden. Dabei wurden Satellitenaufnahmen derselben Region vor und nach der zerstörerischen Flutwelle gezeigt. Auf den älteren Bildern aus der Zeit vor der Katastrophe sah man grüne Küstenstreifen, bewaldete Hügel, Wohnsiedlungen, die von Leben, von Bautätigkeit, von Kreativität und menschlichen Errungenschaften zeugten. Nach den Flutwellen zeigten die Satellitenbilder derselben Orte nichts anderes als braune, verschwommene Flecken. Man sah die Umrisse der Küste noch, das Land aber war zur Einöde geworden. Wo früher grüne Wälder standen, war nur eine braune, sandige Erdoberfläche zurückgeblieben. Wo früher Häuser standen, waren bestenfalls noch einzelne Umrisse der zurückgebliebenen Ruinen sichtbar. All das, was von Leben, von Vegetation, von bebautem Land und schönen Städten zeugte, war verschwunden. Gebiete wie

Banda Aceh auf Sumatra waren von einer Stunde zur anderen zu kahlen Flecken auf den Landkarten geworden.

Auf unser Leben übertragen meine ich mit dem Stichwort »Tsunami-Effekt«, dass es Ereignisse gibt, die uns so sehr erschüttern, dass die Folgen dieser Ereignisse uns noch lange – manchmal unser ganzes Leben lang – begleiten werden. Es sind Erschütterungen, die uns im Kern unserer Persönlichkeit treffen. Sie hinterlassen in den tiefsten Ebenen unserer Seele Spuren, zwar nicht der totalen Zerstörung, wie das bei den Tsunamiflutwellen der Fall war, sondern vielleicht nur Kratzer. Aber sie sind da. Und sie gehören von nun an zu uns und unserer Geschichte.

Das Erstaunliche und zugleich Tröstliche dabei ist die Tatsache, dass beinahe jede bekannte biblische Persönlichkeit eine solche Erschütterung mit Kurz- oder Langzeitfolgen erlebte. Wenn Sie die Bibel sorgfältig lesen, werden Sie feststellen, dass alle ausführlicher beschriebenen Personen irgendwo in ihrem Leben Scheitern und Zerbrochenheit erlebten. Alle. Es ist ein Mythos zu glauben, unser Leben bilde die große Ausnahme und wir hätten ein Recht darauf, ungeschoren, ohne Grenzen, Versagen und Erschütterungen durchs Leben zu kommen.

Streifen wir kurz das Leben der großen Glaubenshelden und halten wir uns ihre Wunden vor Augen: Von Abraham wissen wir, dass er mehrfach gelogen hat, um seine Haut zu retten. Dabei hat er seine eigene Frau großen Gefahren ausgesetzt. Gott forderte ihn auf, seinen eigenen Sohn zu opfern. Auch wenn es nicht zur Ausführung dieses Opfers kam – ich kann mir nicht vorstellen, dass diese ungeheure Aufforderung Gottes spurlos an seiner Seele vorbeigegangen ist. Mose wurde zum Mörder und war ein Stotterer. Wenn er wichtige Anweisungen weiterzugeben hatte, dann musste sein Bruder Aaron sie überbringen. Gideon war ein Zweifler und Simson ließ sich leicht übers Ohr hauen. David war ein Frauenheld und Ehebrecher. Jeremia war depressiv und wollte sein Leben wegwerfen. Hiob erlebte einen totalen wirtschaftlichen und gesundheitlichen Zusammenbruch. Jona hat vorzeitig seinen Dienst quittiert und versuchte, Gott davonzulaufen. Johannes der Täufer endete als zweifelnder und verzweifelter Mann im Gefängnis. Petrus war ein Großmaul und hat seinen Freund und Herrn verleugnet. Paulus war zuerst ein brutaler Verfolger. Einige Jahre später war sein eigener Körper mit Narben übersäht, sodass er seinen Tod herbeisehnte. Stephanus starb im Steinhagel der Menschen, die er mit seinen Anschuldigungen provoziert hatte. Johannes verlor seine geliebte Gemeinde und seine Freunde und endete in Isolation und Gefangenschaft. Timotheus war ein unsicherer, kränklicher Leiter.

Die Liste ist endlos. Sie zeigt, dass es wohl keinen Menschen gibt, in dessen Leben es keine Spuren von Zerbrochenheit, von Verwundbarkeit und Grenzen gibt.

Jeder Zerbruch stellt einen Wendepunkt in unserem Leben dar. Entweder führt er dazu, dass unser Leben eine neue Dimension von Kraft, Mut und Reife bekommt. Oder er führt dazu, dass wir an Kraft, an Zuversicht, an Reife und geistlichem Wachstum einbüßen. Gordon MacDonald schreibt in seinem Buch *Wenn alles zerbricht:* »In Schmerz, Versagen und Zerbruch vollbringt Gott sein schönstes Werk im Leben von Menschen.«[13]

Zerbrochenheit und Verwundbarkeit können zu Quellen der Reife für uns werden. Sie können aber auch zu Quellen der Verbitterung und Vollmachtslosigkeit werden. Das Resultat ist von der Art und Weise abhängig, wie wir mit Zerbrochenheit und Verwundbarkeit in unserem Leben umgehen.

Wie Sie richtig mit Ihrer Zerbrochenheit und Ihren Wunden umgehen können

Niemand freut sich darüber, wenn etwas in seinem Leben zerbricht. Keiner wünscht sich Wunden und Verletzungen. Aus diesem Grund war ich früher selbst der Ansicht, ich müsse jede Form von Schwachheit und Verwundbarkeit vermeiden. Und ich fand dafür auch gute,

»biblische« Argumente. Als ich später mit meinen Wunden konfrontiert wurde und selber Zerbruch erlebte, war das besonders hart für mich. Als ich der Tatsache nicht mehr ausweichen konnte, dass es in meinem Leben Grenzen, Wunden und Zerbrochenheit gibt, entschied ich mich für eine möglichst radikale Vorwärtsstrategie. Wenn es sich schon nicht mehr verleugnen lässt, dass auch ich ein zerbrochener Mensch bin, dann packen wir's halt an und räumen diese unangenehmen Hindernisse möglichst schnell wieder aus dem Weg. Das ist ein typisches Verhaltensmuster vieler Menschen, die der Tatsache nicht mehr ausweichen können, dass es in ihrem Leben Schmerzen und Wunden gibt: Sie versuchen sie möglichst schnell wieder loszuwerden, denn sie fühlen sich ihnen gegenüber hilflos und ohnmächtig. Unsere Sicherheitssysteme scheinen auf einmal nicht mehr zu funktionieren. Was uns Halt und Orientierung gab, versagt plötzlich seinen Dienst. Wir meinen, wir verlieren die Kontrolle über uns selbst. Es ist, wie wenn ein Fremder in die tiefen Schichten unseres Selbst eindringt, dort unser Kommandozentrum meutert und die Kontrolle über die Steuerung unserer Gefühle, Gedanken, Worte und Gesten übernimmt. Das empfinden wir als unerlaubten Eingriff in die tieferen Schichten unseres Seins, das wir doch niemand anderem als uns selbst überlassen wollen. Solche Erschütterungen und die daraus resultierenden Wunden sind wie Einbrecher, die sich an uns vergreifen und uns das rauben, was uns Sicherheit, Stabilität, einen guten Ruf und Ansehen verschafft hat.

Vor Kurzem wurde im Haus unserer Nachbarn ein Einbruch verübt. Dem oder den Einbrechern gelang es, durch ein Fenster in die Wohnung einzudringen. Sie haben alle Zimmer des Hauses durchsucht und Geld mitgenommen. Aus dem Schlafzimmer. Aus einer Schreibtischschublade. Aus einem Schrank im Wohnzimmer. Unsere Nachbarin schilderte uns das befremdliche Gefühl, das sie bei der Vorstellung überkam, dass sich wildfremde Menschen gewaltsam Zutritt verschafft hatten zu Räumen, in denen sie sich bisher immer sicher gefühlt hatte. Sie hatten keine Skrupel, in ihre Privatsphäre einzudringen. Ihr Haus trahlte für sie Intimität, Sicherheit und Offenheit aus und war ein geschützter Ort. Auf einmal hatte sich das geändert. Jemand hatte die Grenzen des Anstandes und der angemessenen Distanz vor der Privatsphäre des anderen überschritten und mit Füßen getreten. Er hatte Schubladen geöffnet und durchwühlt, die für keine fremden Augen bestimmt waren. Er ist in Bereiche eingedrungen, zu denen er keine Zutrittserlaubnis hatte. Unsere Nachbarin war irritiert, aufgewühlt, fühlte sich verletzt und irgendwie auch ein wenig missbraucht. Jemand war in die persönlichen Schutzräume ihres Lebens eingedrungen, hatte sie beraubt und ein Bild der Gewalt und Zerstörung hinterlassen.

Ich kann die Gefühle unserer Nachbarin sehr gut nachempfinden. Ähnlich fühlt es sich an, wenn wir eines Tages irritiert feststellen, dass durch ein unerwartetes Ereignis in unserem Leben Schubladen und Schränke unserer Seele ungefragt aufgerissen werden und in der Folge ein Chaos darin zurückbleibt. Wir fühlen uns wie Beraubte, denen man ihre Sicherheit, ihre Lebensfreude und ihre Zuversicht geraubt hat. Ohnmächtig stehen wir vor der Tatsache, dass etwas in uns zerbrochen ist und dass es von nun an eine schmerzende Wunde in unserer Seele gibt.

Wir Menschen benutzen je nach Persönlichkeit verschiedene Strategien, um mit dieser Ohnmacht fertig zu werden. Eine erste Strategie besteht darin, dass einige von uns (wie auch ich) versuchen, diese Ohnmacht möglichst schnell wieder loszuwerden. Sie erwarten eine sofortige Heilung und Wiederherstellung von Gott. Sie appellieren an die alles überwindende Kraft Gottes. Sie bitten ihn um ein schnelles Wunder. Peter Scazzero gehörte auch zu diesen Menschen. Er schreibt in *The Emotionally Healthy Church:* »Ich war immer der Meinung, dass Gott meine Zerbrochenheit und meine Verwundbarkeit komplett heilen möchte. Nur wenige Menschen erkennen Zerbrochenheit als Gottes Absicht und Willen für ihr Leben.«[14]

Es ist eine große Herausforderung, im Gespräch mit vertrauten Menschen herauszufinden: Welche meiner Wunden brauchen Heilung? Wo soll ich vertrauensvoll von Gott erwarten, dass sich in diesem Bereich etwas verändert und erneuert? Und wo muss ich erst einmal einfach lernen, diese Wunde zuzulassen? Wie kann ich sie in mein Leben integrieren und bejahen? Welche Bereiche muss ich in meine Beziehung mit Gott integrieren, vor ihm ausbreiten, wo ihn ganz mit einbeziehen?

Um diese Fragen richtig beantworten zu können, brauchen wir echtes geistliches Unterscheidungsvermögen. Manche unserer Wunden möchte Gott heilen. In vielen Fällen tut er es jedoch nicht. Nicht weil er uns nicht heilen möchte. Er tut es nicht sofort, weil Zerbrochenheit und Verwundbarkeit in vielen Fällen unser Leben nicht limitieren, sondern uns dazu befähigen, Gottes Wirken auf eine Weise zu erfahren, die zu einem Mehr an persönlicher Reife und Wachstum in unserem Leben führt.

Ob Gott unsere Wunde nun heilt oder belässt, immer und in jedem Fall sind wir herausgefordert, Gott in unseren Umgang mit dieser Wunde einzubeziehen. Solange wir unseren Schmerz, unsere Fragen und unsere Kämpfe nicht vor Gott ausbreiten und zur Sprache bringen, stagniert unser geistlicher und emotionaler Reifungsprozess. Wo immer wir Gott von einem Bereich unseres Lebens ausschließen, verhindern wir damit, dass Gott seine Ziele darin verwirklichen kann. Und wo Gott bei uns nicht zu seinem Ziel kommt, bleiben wir stehen und auf uns selbst zurückgeworfen.

Eine zweite Strategie besteht darin, dass Menschen ihre Zerbrochenheit und Verwundbarkeit zu verstecken versuchen. Sie schämen sich dieser Schwachheit und versuchen sie zu verheimlichen. Sie tun es, weil uns Ereignisse mit dem Potential eines Tsunami-Effekts immer an die äußersten Grenzen bringen. Da fällt alles von uns ab, was nur Fassade oder antrainiertes, aber nie verinnerlichtes christliches Gedankengut war. Da verlieren wir die Fassung. Da entgleitet uns die Kontrolle. Da ist alle Oberflächlichkeit auf einmal wie weggespült und Menschen sehen uns, wie wir wirklich sind: hilflos, verärgert, irritiert, verzweifelt, zweifelnd, anklagend, am Ende unserer guten Ideen und Argumente. Da treten unsere Sünden zutage. Da stehen unsere Schatten nackt und ungeschminkt vor uns und klagen uns an. Da tritt unser wahres Inneres hervor und macht uns deutlich, wie viele Schichten unserer Seele noch nicht von der Erlösung durch Jesus Christus berührt worden sind.

Wir tun uns schwer, zu diesen dunklen Seiten und schwierigen Momenten in unserem Leben zu stehen. Wer in einem solchen Augenblick nur in der Theorie, aber nicht von Herzen um die alles tragende und ertragende Gnade Gottes in unserem Leben weiß, dem bleibt keine andere Strategie, als sich zu verstecken.

Selbst Menschen, die jahrelang in einer lebendigen, christlichen Gemeinde ein und aus gehen und schon Hunderte von Predigten gehört haben oder dort als verantwortliche Leiter mitarbeiten, können noch immer erfolgreich damit beschäftigt sein, ihr Innerstes vor anderen erfolgreich zu verschließen. Sie schämen sich ihrer Wunden. Sie schämen sich ihrer Unvollkommenheit und ihrer Sünden. Sie schämen sich ihrer Schatten und klammern sie konsequent auch vor ihren Freunden aus. Schon mehr als einmal musste ich hart gegen meine Tränen ankämpfen, wenn ich am Grab eines alten Menschen stand, von dem ich wusste, dass er 60 Jahre lang Christ war und dennoch in all dieser Zeit seine Verwundbarkeit und Zerbrochenheit hinter dem Feigenblatt seiner Scham versteckt hat. Wieder ein Mensch, der seine Geheimnisse mit ins Grab nimmt und die unzähligen Chancen verpasst hat, die Gott ihm geben wollte, damit er zu seiner Zerbrochenheit stehen kann. Wieder ein Mensch, der inmitten seiner Wunden Gottes wohltuende Gnade nicht erfahren hat und gerade dadurch keine emotionale Stabilität und geistliche Reife genießen konnte.

Nirgends in der Bibel, auch nicht im Neuen Testament, hat Gott uns ein von Wunden und Zerbrochenheit unversehrtes Leben versprochen. Aber er hat uns verheißen, sich um unsere Wunden zu kümmern und sie mit seiner heilenden Liebe zu berühren. In Matthäus 11,28 spricht Jesus diese Einladung aus: *Kommt her zu mir, alle ihr Mühseligen und Beladenen. Und ich werde euch Ruhe geben* (Elberfelder). Mit diesen Worten ermutigt uns Jesus, zu unseren Wunden zu stehen. Denn nur wer sich eingesteht, dass es Verletzungen in seinem Leben gibt, geht mit ihnen auch zu Jesus.

Man muss sich vor Augen halten, dass Jesus hier nicht zu einem privaten Gebet einlädt, bei dem sich seine damaligen Zuhörer in aller Heimlichkeit und Stille an ihn wenden und ihn bitten, er möge ihre Wunden heilen. Dieses »Zu-mir-Kommen« ist wörtlich gemeint. Es bedeutet, sich Jesus anzuschließen. Es bedeutet, zu ihm hinzugehen, mit ihm zu sprechen, auf ihn zu hören, seine Berührung zuzulassen. Das war zu der Zeit, als Jesus diese Worte aussprach, ein öffentliches Ereignis. Das geschah nicht in einem stillen Kämmerlein. Es fand vor den Augen beobachtender Nachbarn und skeptischer Kollegen statt. Wer zu Jesus ging, brachte damit vor den Augen aller zum Ausdruck, dass er ein beladener, kranker, zerbrochener, hilfsbedürftiger Mensch war. Das zeigte er nicht nur Jesus gegenüber, sondern auch seinem ganzen persönlichen Umfeld. Zu Jesus kommen bedeutete, öffentlich zur eigenen Zerbrochenheit und zu seinen Wunden zu stehen. Das tat nur derjenige, dem es damit ernst war. Denn eigentlich war es ja ziemlich peinlich, dass nun alle wussten, dass man zu diesen Kranken, Beladenen, Mühseligen gehörte. Ich stelle mir vor, wie ein kräftiger, bärtiger Bauer zu Jesus kommt und die Leute im Dorf den Kopf zusammenstecken und sagen: »Seht ihr dort den Malchäus? Was hat der wohl ausgefressen? Ich wusste gar nicht, dass er ein solches Weichei ist, ein ›Mühseliger‹ und ›Beladener‹. Da sieht man, was hinter der brummigen und harten Fassade noch so alles steckt!«

Zu Jesus kommen, das bedeutete damals ein mutiges Coming-out. Wenn man Jesu Aufforderung nachkommen wollte, war das mit einem öffentlichen Eingeständnis verbunden.

Seine Wunden annehmen und zu ihnen stehen ist also ein öffentlicher Akt. In diesem öffentlichen Akt erfahren wir die Zuwendung von Jesus. Wir erfahren seine heilende, entlastende Berührung. Uns fließen die Liebe und das Erbarmen zu, die uns guttun und entlasten. Denn wir haben das Tuscheln, das Lächeln und »Auf-uns-Herabsehen« der Menschen nicht gescheut. Wir haben ihre Einschätzung von uns nicht wichtiger genommen als den Ruf von Jesus, zu ihm zu kommen, auch wenn damit unser Ansehen in den Augen der anderen sinkt. Wer sich so demütigt vor seinem Gott, der erfährt seine Zuwendung.

Ich glaube, dass die ganz großen Ereignisse in unserem Leben einige Wunden hinterlassen, deren Narben man auch nach vielen Jahren noch sieht. Etwas in unserem Leben bleibt, das wir nie vollständig abstreifen können. Gott lässt das manchmal zu. Warum tut er das? Für mich bleibt das eine der großen, unbeantworteten Fragen. Aber eine Teilantwort kann ich erkennen. Er tut es, damit wir nie aufhören, zu ihm zu kommen und von ihm alles zu erwarten statt von uns selbst.

Es gibt ein Geheimnis im Leben von Menschen, deren Seelen-Landkarte von den Spuren großer Erschütterungen und Stürmen gekennzeichnet ist. Wo sie beginnen, Gott in die Trümmer ihres Lebens hineinzulassen, geschieht plötzlich das Unbegreifliche und Unerwartete: Die Zusammenbrüche werden plötzlich zu Gefährten, Lehrern und Freunden, weil sie uns die größten und wichtigsten Lebenslektionen lehren.

Vom Geschenk, ein begrenzter Mensch zu sein

Wir haben bis jetzt vor allem von Zerbrochenheit und Verwundbarkeit aufgrund von unerwarteten Ereignissen gesprochen, die über unser Leben hereingebrochen sind. Ich möchte noch eine andere Ebene zur Sprache bringen. Es können auch natürliche Begrenzungen und angeborene Schwächen sein. Ich habe am Anfang dieses Kapitels diese Kategorie von Wunden kurz erwähnt.

Vor einigen Jahren bin ich dem folgenden Zitat aus mir unbekannter Quelle begegnet, dessen Weisheit mich seither begleitet: »Jeder Mensch verfügt in seinem Leben über drei große G: Gaben,

Grenzen und Gefährdungen.« Emotionale Stabilität und geistliche Reife entstehen dort, wo ein Mensch in seinem Leben diese drei großen G, Gaben, Grenzen und Gefährdungen, erkennt, annimmt und sich konstruktiv mit ihnen auseinandersetzt.

Ich möchte an dieser Stelle das Augenmerk vor allem auf unsere Grenzen richten. Im Leben jedes Menschen gibt es mehrere kleinere und größere Grenzbereiche. Paulus nennt sie »Schwachheiten«. Besonders im 2. Korintherbrief spricht er auffallend oft und offen über solche Schwachheiten:

Im Blick auf mich selbst prahle ich nur mit meiner Schwäche ... Ich habe unbeschreibliche Dinge geschaut. Aber damit ich mir nichts darauf einbilde, hat Gott mir einen »Stachel ins Fleisch« gegeben: Ein Engel des Satans darf mich mit Fäusten schlagen, damit ich nicht überheblich werde. Dreimal habe ich zum Herrn gebetet, dass der Satansengel von mir ablässt. Aber der Herr hat zu mir gesagt: »Du brauchst nicht mehr als meine Gnade. Je schwächer du bist, desto stärker erweist sich an dir meine Kraft.« Jetzt trage ich meine Schwäche gern, ja, ich bin stolz darauf, weil dann Christus seine Kraft an mir erweisen kann. Darum freue ich mich über meine Schwächen, über Misshandlungen, Notlagen, Verfolgungen und Schwierigkeiten. Denn gerade wenn ich schwach bin, dann bin ich stark (2. Korinther 12,5.7-10).

Bei der Umschreibung »Stachel im Fleisch« von 12,7 übersetzt die englische *Message*-Bibel mit »Gift of a Handicap« – das Geschenk eines Handicaps. Damit wird deutlich, welche herausfordernde und auch etwas verwirrende Aussage Paulus hier macht. Es gibt Begrenzungen, die auf einer tieferen Ebene ein Geschenk Gottes an uns sind. Sie sind nicht einfach lähmende, hindernde, sondern letztlich bevollmächtigende, segnende Handicaps. Ohne sie würde uns eine wesentliche Voraussetzung zu unserer Persönlichkeitsentwicklung und geistlichen Reife fehlen.

Vor einigen Jahren fuhr das Leitungsteam unserer Gemeinde (bestehend aus dem Gemeindevorstand und den pastoralen Mitarbeitern) für ein Wochenende weg. Wir wollten uns Zeit nehmen, um zu beten, uns auszutauschen und neue Ziele für unsere Gemeindearbeit zu erarbeiten. Ein wichtiges Thema war die Frage, welche besonderen Gaben und Fähigkeiten Gott jedem von uns anvertraut hat. Wir wollten darüber mehr Klarheit bekommen, damit jeder von uns sich seinen Gaben entsprechend in den Dienst an unserer Gemeinde einbringen kann. Einen ganzen Nachmittag und Abend lang taten wir nichts anderes, als von jeder anwesenden Person alle Gaben, Fähigkeiten und Fertigkeiten zusammenzutragen, die Gott ihr offensichtlich gegeben hat, und dann gaben wir einander auch eine Rückmeldung zu den Bereichen, in denen uns offensichtlich die entsprechenden Gaben fehlten. Für einige von uns war das durchaus ein schmerzlicher Prozess. Sie entdeckten auf einmal, dass sie von bestimmten Aufgaben, die sie gerne getan hätten, in Zukunft vielleicht doch besser die Finger lassen sollten. Denn sie hatten in diesen Bereichen offensichtlich keine von Gott geschenkten Gaben. Am Ende des Abends holte ich Gläser und Sektflaschen hervor und stellte sie auf den Tisch. Wir schenkten die Gläser ein und ich bat alle, mit mir zusammen auf das Ergebnis dieses Gabenfindungsprozesses anzustoßen, allerdings nicht auf unsere Gaben, sondern auf unsere Grenzen und Schwächen. Ich sagte zu meinen Freunden aus der Gemeindeleitung: »Lasst uns auf jede Gabe und Fähigkeit anstoßen, die wir nicht haben. Jeder von uns soll auf all jene Bereiche anstoßen, für die er nicht begabt worden ist. Lasst uns Gott dafür danken. Lasst uns unsere Begrenzungen feiern!«

Einige aus unserem Kreis schauten mich irritiert und fragend an. Es war für sie unverständlich, dass sie gerade für die Bereiche dankbar sein sollten, in denen sie schwach waren. Da gab es doch gar nichts zu feiern! Das war doch vielmehr ein Grund zur Trauer! Aber ich ließ nicht locker und fuhr fort: »Das ist kein Scherz. Lasst uns auf unsere Grenzen anstoßen und Gott die Ehre dafür geben, dass er unser Leben mit dieser Grenze ausgestattet hat. Denn er hat uns mit ihnen beschenkt, nicht beraubt. Gottes Geschenk besteht darin, dass er uns andere Personen zur Seite stellt, die uns dort, wo wir selber schwach sind, ergänzen und mit ihrer Gabe bereichern.

Damit befreit Gott uns vom Fluch und von der Last, alles selber können und machen zu müssen. Er befreit uns dadurch vom überfordernden Druck, für alles und jedes zuständig sein zu müssen. In jedem Bereich, in dem wir selber unbegabt sind, entlastet uns Gott. Lasst uns auf diese Befreiung anstoßen und Gott dafür danken!«

Und das taten wir auch. Meine Freunde aus der Gemeindeleitung kamen auf mich zu und sagten mir beispielsweise: »Thomas, ich stoße mit dir auf deine Unfähigkeit an, organisieren zu können. Ich stoße mit dir darauf an, dass du handwerklich ungeschickt bist und von Technik nichts verstehst. Gesegnet bist du, dass du die Gabe des Wunderwirkens nicht hast und auch nicht die Gabe des Apostels!« Und so ging es weiter und wir beglückwünschten einander zu den Grenzbereichen unseres Lebens. Das war ein unglaublich befreiender Moment für uns alle! An all diesen Stellen durften wir aufatmen und anderen, besser begabten Menschen Platz machen, damit sie unsere Schwachheit mit ihrer Stärke ausgleichen konnten. Einige von uns bezeichnen diesen Abend heute noch als einen der wichtigsten in ihrer Arbeit als Älteste in der Gemeinde. Es war das erste Mal, dass sie Gott für die Grenzen in ihrem Leben dankten und diese mit Überzeugung bejahten.

Unsere Gefährdungen sind eine andere Art von Schwachheit in unserem Leben. Damit meine ich die Bereiche, in denen wir besonders versucht sind und zur Sünde neigen. Einige Menschen haben die ungute Neigung, viel und unnötig Geld auszugeben. Sie gehen unverantwortlich mit den finanziellen Ressourcen um, die Gott ihnen anvertraut hat. In ihrem Leben entstehen immer neue Begehrlichkeiten. Auch wenn das Auto erst zwei Jahre alt ist – wenn es ein neueres Modell auf dem Markt gibt, müssen sie es haben. Oder einen neuen Computer. Oder schon wieder neue Vorhänge. Ich persönlich habe das ungestillte Verlangen, mehr Bücher zu kaufen, als ich schlussendlich lesen kann. Die Gefährdung für solche Menschen besteht darin, verschwenderisch zu leben, während jeden Tag an anderen Orten dieser Erde Zehntausende von Menschen an Hunger sterben. Diese Neigung stellt deshalb eine Gefährdung dar, da wir in selbstbezogener Weise nach der Erfüllung persönlicher Wünsche streben und uns weigern, mit dem, was für unser Leben notwendig und sinnvoll ist, zufrieden zu sein. Wir verwenden Ressourcen für uns selbst, die Gott zum Weitergeben an bedürftigere Menschen bestimmt hat.

Die Gefährdung anderer Menschen besteht darin, dass sie leicht ihre Mitmenschen manipulieren. Viele Leiter und Pastoren sind dieser Gefahr ausgeliefert. Sie nutzen ihre Stellung, um sich eine Position des Einflusses und der Macht aufzubauen, und halten an dieser Macht fest, selbst wenn dies nicht mehr zum Segen der Menschen geschieht.

Es gibt eine lange Liste weiterer Bereiche, in denen Gefährdungen entstehen können: im Bereich der Sexualität oder wenn es um Erfolg und Ehre geht. Auch das Abschieben von Verantwortung kann zu einer ungesunden Neigung und damit zur Gefährdung werden. Zorn, Härte, liebloses Verhalten, Klatsch, Kritiksucht, Entmutigung, Selbstabwertung, Selbstmitleid und viele andere Verhaltensweisen können sich in unserem Leben zur Gefährdung und zum Nährboden von Sünde entwickeln, wenn wir sie stillschweigend dulden.

Auf Gefährdungen würde ich nicht mit einem Glas Sekt anstoßen. Hier ist die Aufgabe eine andere. Solche Bereiche müssen wir im Auge behalten. Wir müssen Wege und Schutzmechanismen finden, die uns dabei helfen, diese Bereiche zu kontrollieren, damit sie nicht zur Sünde werden.

Ich habe erwähnt, dass meine Liebe zu Büchern für mich zu einer Gefährdung wurde. Das erkannte ich, als ich mir eingestand, dass ich regelmäßig den monatlich eingeplanten Betrag zum Kauf von Büchern überschritt. Weil mir das unangenehm war, begann ich vor meiner Frau Karin, meine neusten Buchtrophäen zu verheimlichen. Wenn ich eine Büchersendung per Post erhielt, schmuggelte ich das Paket unbemerkt an Karin vorbei ins Haus. Es war mir peinlich, dass ich da einiges mehr an Geld ausgab, als mir eigentlich zustand. Wo immer ein Mensch beginnt, gewisse Dinge im Verborgenen zu tun und gezielt zu verheimlichen, hat er ein ernsthaftes Problem. An diesem Punkt war ich auch angelangt. Aus der Liebe zu guten Büchern wurde eine Gefährdung für unser Familienbudget und auch für meine Beziehung zu Karin. Ich wusste, dass ich diese Leidenschaft nur dann unter Kontrolle bringen konnte, wenn ich meine Heimlichkeit durchbrach. Mir fiel es nicht leicht, Karin meine »Büchersucht« zu beichten. Wir vereinbarten, dass ich meine Bücherkäufe in Zukunft transparent machen würde. In manchen Monaten verhängte ich mir selber einen Bücherstopp. Falls ich diesen Bücherstopp brechen würde, bekäme Karin den doppelten Betrag für ihre Bücher- oder Kleiderkäufe. Diese Maßnahme half mir, diesen Bereich meines Lebens wieder unter Kontrolle zu bekommen.

Die beste Art, mit Gefährdungen so umzugehen, dass daraus keine Sünden entstehen, ist, sie vor anderen Menschen offenzulegen.

Das Potential, das in unseren Grenzen steckt

Es hat nicht nur auf unsere eigene Reife einen positiven Einfluss, wenn wir es lernen, mit unseren Wunden und Gefährdungen richtig umzugehen. Was wir aus ihnen für unser Leben lernen, kann Gott auch für andere Menschen nutzbar machen. Letztlich ist das sogar eines seiner wesentlichen Ziele, wenn er uns Lebens-Tsunamis und Grenzerfahrungen zumutet. Sie sollen nicht nur uns selbst weiterbringen, sondern auch die Menschen, die Gott uns anvertraut, damit wir sie anhand unserer eigenen Geschichte prägen.

Jeder Mensch hat die von Gott gegebene Bestimmung, für andere Menschen eine Quelle der Inspiration und des Segens zu sein. Reif zu werden ist kein Selbstzweck. Reife Menschen werden verfügbar für Gottes Ziele mit dieser Welt. Diese Ziele haben immer mit anderen zu tun, die Gott durch unsere Gegenwart, durch unsere Worte und durch Taten der Liebe berühren, ermutigen und aufbauen möchte. Zu Abraham sprach Gott die Worte: *Ich will dich segnen ... und du sollst ein Segen sein* (1. Mose 12,2; Elberfelder). Und Paulus erinnert die Korinther daran, dass es ihre von Gott gegebene Bestimmung ist, andere Menschen zu fördern und aufzubauen: *Strebt danach, dass ihr überreich seid zur Erbauung der Gemeinde* (1. Korinther 14,12b; Elberfelder). Es ist Gottes Ziel, dass Sie und ich in diesem Leben Spuren hinterlassen, die andere Menschen weiterbringen. Auch unsere Lebenswunden und Begrenzungen müssen letztlich diesem Ziel dienen.

Zum einen haben unsere Wunden ein evangelistisches Potential. Wenn wir sie weise einsetzen, können sie für Menschen, die auf der Suche nach Gott sind, eine entscheidende Hilfe sein. Manche Christen versuchen krampfhaft, ihre Begrenzungen und Wunden vor ihren nichtchristlichen Mitmenschen zu verstecken. Sie befürchten, ein »schlechtes Zeugnis« für ihre Umwelt zu sein. Das Gegenteil ist aber der Fall. Wer zu seinen Wunden steht und auf eine hilfreiche Art und Weise mit ihnen umgeht, der sendet suchenden Menschen gegenüber eine wichtige Botschaft aus. Nämlich die Botschaft: »Du brauchst nicht perfekt zu sein, um zu Gott kommen zu können. Mit Gott in Berührung kommen kann man nicht erst, wenn man sich am Riemen reißt und sein Leben in den Griff bekommen hat. Er nimmt uns mit all unseren Wunden, Grenzen und Schwächen an. Er ist der Gott, der die Gescheiterten in seine Arme schließt. Man muss sich nicht vorher ›schön‹ machen, um zu diesem Vater im Himmel kommen zu können.« Was für eine Ermutigung beinhaltet dieses Signal! Es wird auch von Ihnen ausgehen, wenn Sie zu Ihren Wunden stehen, sie vor Gott ausbreiten und vor Ihren Mitmenschen nicht krampfhaft verstecken.

Gott kann unsere Wunden auch im Blick auf unsere Mitchristen einsetzen. Wenn Sie in der Gemeinde und darüber hinaus andere Christen begleiten, beraten, leiten und lehren, dann sollten Sie dabei Ihre Wunden gezielt als ein pädagogisches Mittel betrachten, das Gott Ihnen für diese Aufgabe anvertraut hat. Sie haben richtig gehört: Ihre Wunde kann dazu beitragen, dass Ihre Aufgabe, andere Menschen zu begleiten und zu fördern, um ein Vielfaches an Qualität und Durchschlagskraft gewinnt. Ihre Wunde kann Ihr Potential als Leiter markant erhöhen. In unseren Ohren klingt eine solche Aussage fremd und unlogisch. Wir meinen, für Gott und andere Menschen dann besonders brauchbar zu sein, wenn wir unser Leben im Griff haben und bei anderen einen guten, starken Eindruck hinterlassen können. Diese Überzeugung ist nicht nur falsch, sie ist zutiefst ungeistlich. Vollmacht und geistliche Autorität entstehen nicht dort, wo es uns gelingt, andere Menschen mit unseren Stärken zu beeindrucken. Geistliche Prägung geschieht dort, wo wir anderen an unserer Geschichte mit Gott Anteil geben. Menschen werden durch uns ermutigt und aufgebaut, wenn wir ihnen einen ehrlichen Einblick geben in unsere Kämpfe, Fragen und Herausforderungen und wie wir darin Gottes Gnade erfahren.

Vom Apostel Paulus wissen wir, dass er großen Wert darauf legte, den Menschen, denen er das Evangelium brachte, auch sein persönliches Leben zu öffnen. Es war ihm zu wenig, den Menschen rein lehrhafte, theoretische Wahrheiten zu vermitteln. Er erzählte von seinen persönlichen Kämpfen, seinen Problemen und Schwierigkeiten. Das bringt er in 1. Thessalonicher 2,8 zum Ausdruck, wo er schreibt: *Ich hatte eine solche Zuneigung zu euch, dass ich bereit war, nicht nur Gottes gute Nachricht mit euch zu teilen, sondern auch mein eigenes Leben. So lieb hatte ich euch gewonnen.*

Bei der Formulierung *mein eigenes Leben* heißt es im griechischen Urtext *meine eigene Seele.* Paulus teilte mit den Thessalonichern auch das, was in seiner Seele war. Erinnern Sie sich, was ich an früherer Stelle auf der Grundlage des jüdischen Menschenbildes über die Seele geschrieben habe? Aufgrund dessen, wie der Jude »Seele« versteht, wird klar, dass Paulus den Menschen Einblick gab in seine Wünsche, seine Sehnsüchte, seine Gefühle und seine Stimmungen. Er verheimlichte vor ihnen nicht, was ihn traurig machte oder erfreute, was ihn verletzte, was er liebte, was ihn ungeduldig werden ließ, worüber er vor Gott klagte und was sein Mitgefühl erweckte. Er verband auf eine beeindruckende Art und Weise die Verkündigung des Evangeliums mit einem persönlichen Einblick in die tiefen, normalerweise unsichtbaren Schichten seines Lebens. Auf diese Weise hat Paulus sein Inneres und damit auch seine Wunden pädagogisch eingesetzt und für seinen Dienst an anderen Menschen fruchtbar werden lassen.

Sie werden die Entdeckung machen, dass Sie Menschen viel stärker prägen und fördern werden, wenn Sie mit ihnen die Lebenslektionen teilen, die Gott Sie inmitten von Versagen, Zweifeln und Irrtümern gelehrt hat, als wenn Sie vor ihnen mit Ihren Erfolgsstorys auftrumpfen. Von Martin Luther stammt das hilfreiche Wort: »Die Schwächen der Heiligen trösten uns mehr als ihre Stärken.«

Ich wage noch nicht lange, die mir anvertrauten Menschen bewusst zu prägen, indem ich ihnen an dem Weg Anteil gebe, den Gott mit mir in meinen Wunden geht. Ich war früher der festen Überzeugung, gerade dadurch an Glaubwürdigkeit und Autorität zu verlieren. Stattdessen versuchte ich, sie mit meinen klugen, theoretischen und nicht immer authentischen Wahrheiten zu versorgen. Aber dadurch geschieht im Leben der uns anvertrauten Menschen kaum echte Lebensprägung, -veränderung und Reife. Seit einiger Zeit gebe ich gegenüber den Studenten, die ich unterrichte, und gegenüber den Menschen, denen ich Gottes Wort verkündige, gezielt Einblick in den Weg Gottes mit meiner Seele. Dabei achte ich darauf, dass ich meine Wunden und Schwächen nicht ausklammere, sondern sie bewusst in das, was ich mitteile, einbaue. Ich formuliere die Lektionen, die Gott mich inmitten von Begrenzungen und Versagen lehrt. Und ich versuche meine Zuhörer zu ermutigen, daraus neue Hoffnung für ihr eigenes Leben zu fassen, gerade in den Bereichen, in denen sie selber versagen und an Grenzen stoßen. Immer wieder bin ich von Neuem verblüfft, welche Wirkung diese Art des Lehrens und Verkündigens auf Menschen hat. Früher befürchtete ich, meine Zuhörer würden mich nicht mehr ernst nehmen, wenn sie erführen, welche Kämpfe ich immer noch mit mir selbst und mit Gott ausfechte. Ich befürchtete, sie würden sich von mir abwenden, sobald klar würde, dass ich nicht zu den christlichen Superhelden der Nation gehöre. Das Gegenteil ist der Fall. Das Reden von meinen eigenen Wunden und Kämpfen führt dazu, dass viele meiner Zuhörer zum ersten Mal den Mut bekommen, über ihr eigenes Versagen und ihre Nöte zu sprechen. Auf einmal breiten sie ihre Geschichten aus und suchen zum ersten Mal offen nach Gottes heilender Berührung für ihre Lebenswunden. Tränen der Erleichterung und Befreiung darüber, dass man seine tiefste Not endlich einem Menschen anvertrauen kann, der auch seine Grenzen und Schwierigkeiten hat, sehe ich dann über manche Wange rollen. Diese Beobachtung war für mich so verblüffend, dass ich mir vorgenommen habe, die Geschichte Gottes mit meinen Wunden in seinen Dienst zu stellen, um andere zu ermutigen, zu begleiten und ihnen neue Hoffnung zu geben, dass Gott auch aus ihren Wunden eine Quelle der inneren Reife entstehen lassen kann.

Die Bibel lehrt uns auf eindrückliche Art und Weise, wie wir hilfreich mit unseren Wunden umgehen können. Wunden haben das Potential, uns zu zerstören oder zu entscheidenden Motoren unseres persönlichen Reifeprozesses zu werden. Sie zerstören uns, wenn wir sie verleugnen, unterdrücken und vor Gott ausklammern. Sie werden unser Leben aber vertiefen, wenn wir lernen, auf gesundmachende Weise mit ihnen umzugehen. Neben den in diesem Kapitel beschriebenen Wegen, wie wir mit Wunden und Begrenzungen hilfreich umgehen können, gibt es noch eine weitere Möglichkeit, mit ihnen umzugehen. Ich denke an hilfreiche Formen der Klage und des Trauerns. Davon handelt das nächste Kapitel.

Kapitel 6:

Von der Gabe des Trauerns und Klagens

Ein geplatzter Traum

1991 – Afrika rief! In wenigen Monaten sollte ich im Kongo (damals Zaire) an einer Ausbildungsstätte für einheimische Pastoren und Evangelisten als theologischer Lehrer mitarbeiten. Karin, meine Frau, würde kongolesische Frauen in Fragen der Hygiene und Aufklärung zur Seite stehen. Ein alter Wunsch schien in Erfüllung zu gehen: Ich konnte meine Gaben Menschen in einem Land zur Verfügung stellen, die nicht so privilegiert waren wie wir hier in Europa. Karin und ich waren seit einigen Wochen offizielle Kandidaten einer etablierten Missionsgesellschaft. Hinter uns lagen viele Tests und Gespräche, die unsere Tauglichkeit für eine Arbeit in Afrika und das Leben in einer fremden Kultur auf Herz und Nieren prüfen sollten. Alles hatte gut geklappt – wir waren angenommen! Karin besuchte einen Französischkurs und versuchte, dieser für sie völlig neuen Sprache Herr bzw. Frau zu werden. Ich holte meine alten Französischunterlagen wieder hervor und kündigte meine liebgewordene Stelle als Lehrer an einer Jüngerschaftsschule. Die Missionsgesellschaft arrangierte für uns bereits erste Treffen mit Kirchenführern aus dem Gebiet im Kongo, in das wir ausreisen sollten. Ich bekam Unterlagen und Bilder über den Ort und die Mitarbeiter, mit denen wir intensiv zusammenarbeiten würden. In unserem Inneren wuchs langsam eine spannungsvolle Mischung aus Vorfreude, Unsicherheit, Erwartung und Neugierde heran.

Und dann kam der Telefonanruf aus dem Büro der Missionsgesellschaft. Verschiedene Umstände würden es nötig machen, unseren

Einsatz noch einmal neu zu überdenken. Wenige Tage später trafen wir uns zum Gespräch mit dem Verantwortlichen. Das Gespräch machte deutlich, dass unsere Aufgabe an der Ausbildungsstätte im Kongo infrage gestellt war. Es gab offensichtlich Schwierigkeiten, diese Stelle zu finanzieren. Deshalb galt es nun, neue Möglichkeiten zu prüfen. Man schlug uns vor, eine Tätigkeit in der dortigen Jugendarbeit in Erwägung zu ziehen. Ideal wäre es auch, wenn ein Teil unserer Arbeit im Kongo in der Begleitung bestimmter landwirtschaftlicher Projekte bestehen würde. Für solche Projekte ließen sich in der Schweiz leichter Spendengelder auftreiben. Diese neue Perspektive irritierte uns. Das hatte nun weder mit dem zu tun, worin ich meine Stärken und Gaben sah, noch mit dem, wofür mein Herz schlug. Wir baten um Bedenkzeit. Karin und ich fuhren frustriert und aufgewühlt nach Hause. In den kommenden Tagen fanden viele Gespräche statt mit Personen aus dem Missionsrat dieser Missionsgesellschaft und mit uns vertrauten Menschen, deren Rat wir suchten. Wir stellten bald fest, dass es unter den vor Ort arbeitenden Missionaren und im Missionsrat verschiedene Meinungen gab im Blick auf unsere geplante Tätigkeit im Kongo. Es folgten Tage, in denen wir intensiv um eine Antwort rangen und beteten. Nach Rücksprache mit einigen lieben Freunden zogen wir schließlich unsere Kandidatur zurück. Peng! Von einem Tag auf den anderen sah unsere Zukunft nebulös und unsicher aus. Die alte Stelle war gekündigt und eine neue gab es auf einmal nicht mehr.

In den darauffolgenden Wochen nahmen wir in der Hoffnung, dass wir doch noch nach Afrika reisen könnten, Kontakt mit anderen Missionsgesellschaften auf. Doch diese Hoffnungen zerschlugen sich. Es gab dort die Art von Tätigkeit einfach nicht, zu der ich mich von Gott gesendet sah. Und dort, wo sich eine vergleichbare Aufgabe zeigte, war sie mit einem langen, mühsamen Vorbereitungsweg verbunden. Karin und ich schafften es nicht, innerhalb so kurzer Zeit ein Ja zu einem solchen Umweg zu finden. So blieb uns nichts anderes übrig, als uns nach einer neuen Tätigkeit in der Schweiz umzusehen. Wir zogen zu meinen Eltern und bewohnten dort ein

Zimmer, bis wir eine neue Stelle und ein neues Zuhause gefunden hätten. Ich bekam einen vorübergehenden Aushilfsjob in der Firma, in der mein Bruder arbeitete. So hatten wir wenigstens ein Dach über dem Kopf und konnten ein wenig Geld verdienen. Während dieser Monate öffnete sich für uns eine Türe in Bern. Wir fanden dort eine neue Stelle in der Seminararbeit einer überkonfessionellen Schulungsbewegung. Unser Dienst in einem Land der Dritten Welt war damit aufs Eis gelegt und wir wussten nicht, ob er jemals Wirklichkeit werden würde.

Während sich unser Leben langsam wieder normalisierte, blieben in meiner Seele viele unbeantwortete Fragen und verwirrte Gefühle zurück. Wir hatten während unserer Vorbereitungen auf den Kongo den Eindruck gehabt, dass Gott uns führte und bestätigte. Und dann kam die unerwartete Wende, die alle unsere Pläne zerschlug. Auch Gott schien auf einmal zu schweigen. Warum zeigte er uns nicht einfach, was wir tun sollten? Warum sprach er nicht deutlich in diese verworrene Situation hinein? Wir hätten es doch so dringend nötig gehabt! Und weshalb öffnete er uns nicht einfach eine andere Tür, die auf eine sinnvolle Weise zum selben Ziel führen würde?

Am schlimmsten aber waren meine Selbstvorwürfe. In meinem Inneren hörte ich eine Stimme immer wieder sagen: »Du bist ein gescheiterter Missionar! Du hast Gott das Versprechen gegeben, seinem Ruf zu den Armen zu folgen. Und jetzt bleibst du dennoch in der bequemen Schweiz sitzen. Du bist Gott untreu geworden. Du hast den Weg verlassen, auf den Gott dich senden und auf dem er dich segnen wollte!«

Diese Gedanken und Gefühle lösten eine tiefe Unsicherheit in mir aus. Ich hatte den Eindruck, etwas für meinen Glauben und mein Leben Wesentliches verloren zu haben. Ich verstand und traute Gott und mir selbst nicht mehr.

Diese Phase der Verunsicherung dauerte mehrere Jahre. Rückblickend ahne ich, welches mein größter Fehler in dieser Zeit war. Ich empfand in meinem Inneren eine große Trauer über diesen abrupten Kurswechsel in unserem Leben. Ich erlaubte mir aber nicht, diese Trauer auszudrücken. Ich behielt sie für mich. Ich wagte nicht mehr als ein paar allgemein gehaltene Andeutungen gegenüber Karin. Sonst schwieg ich. Auch gegenüber Gott. Und das machte diesen Prozess so langatmig und schmerzhaft. In mir gab es viel Grund, über dieses seltsame Intermezzo zu klagen. Ich klagte auch; ich klagte an, vor allem mich selbst und im tiefsten Grund meiner Seele auch den unverständlich gewordenen Gott. Aber ich tat es nicht bewusst und damit auch nicht wirklich. Ich erlaubte es mir nicht, offen und konstruktiv vor Gott zu trauern. Ich wagte es nicht, meine Klage bewusst zu formulieren und vor ihn zu bringen. Ein nicht entwirrbares Knäuel aus Verlustgefühlen, Selbstanklage, Unverständnis und Irritation über Gott und mich selbst blieb unausgesprochen. Ich wollte es vor Gott, mir selbst und anderen Menschen verstecken.

Das war ein Fehler. Denn solange ich nicht klagen und trauern konnte, verwehrte ich mir selbst den Weg zur inneren Versöhnung mit diesem Teil meiner Lebensgeschichte.

Warum Christen (nicht) traurig sein dürfen

Heute weiß ich, dass die Fähigkeit, einen Verlust zu beklagen und Kummer zuzulassen, eine wichtige Voraussetzung ist, um ein emotional und geistlich reifer Mensch werden zu können. Es klingt wie ein Widerspruch, aber es ist wahr: Ob ein Christ emotional stabil ist, hat auch damit zu tun, ob er fähig ist, vor Gott zu klagen und zu trauern.

Nun haben gerade glaubende Menschen damit oft ein Problem. Vielen von ihnen wurde in ihrer Erziehung oder in ihrer Gemeinde etwas anderes vermittelt. Sie leben nach Überzeugungen wie dieser: »Das Kennzeichen eines echten, tiefen Glaubens ist, dass ich möglichst schnell überwinde, was mir Kummer macht. Als Christ, der in einer echten, wachsenden Beziehung zu Jesus Christus lebt, sollte ich möglichst nie Grund zum Klagen und zum Trauern haben.« Mit dieser Einstellung im Nacken verbieten sich gerade glaubende Menschen, Kummer- und Verlustgefühle zuzulassen, obwohl genau dies so wichtig wäre.

Richard, ein Bekannter von mir, hat schon am Anfang seines Weges als Christ gelehrt bekommen, dass immer dann, wenn er nicht »im Sieg lebt«, etwas mit seiner Hingabe an Jesus Christus nicht stimmt. Seine Schlussfolgerung lautet: »Jedes Mal, wenn ich Kummer habe, ist das eine Anfechtung, eine Versuchung des Bösen. So will der Teufel mich daran hindern, im Sieg zu leben. Wenn ich Sorgen habe, muss ich sie so schnell wie möglich loswerden oder mir zumindest nichts anmerken lassen.«

Ähnlich ging es Sara, einer anderen Frau aus meinem Bekanntenkreis. Während vieler Jahre befiel sie jedes Mal am Muttertag eine tiefe Traurigkeit. Sie hatte selber nie ein Kind bekommen, obwohl sie sich das so sehr gewünscht hatte. Gleichzeitig fühlte sie sich schuldig, dass dies für sie ein so großes Problem war. Eine Frau, der sie ihre Fragen anvertraute, wies sie darauf hin, dass auch für eine solche Situation das Wort von Paulus gilt: *Freut euch im Herrn ALLEZEIT. Und ich sage es noch einmal: Freut euch!* (Philipper 4,4; eigene Übersetzung). Und dann sagt Gottes Wort ja auch noch: *Wir wissen aber, dass denen, die Gott lieben, alle Dinge zum Besten dienen* (Römer 8,28a; Luther). Und so drängte Sara ihren Schmerz mit solchen Bibelstellen wieder für ein Jahr in den Hintergrund.

Es sind manchmal gerade scheinbar »biblische« Argumente, aufgrund derer wir es uns nicht erlauben, Kummer und Verlustgefühle zuzulassen und zu klagen. Wir meinen, dass es Gott nicht ehrt, wenn wir uns traurig fühlen. Und wenn wir dann erst noch unsere Fragen und unsere Zweifel an der Liebe Gottes artikulieren würden, ja, dann wäre das der Anfang der Auflehnung gegen Gott. Und so gestatten wir es uns nicht, unseren verwirrten Gefühlen Ausdruck zu geben. Und trotzdem sind sie ja da, diese Gedanken, Gefühle und Zweifel. Sie klammern sich in den tiefen, verschlossenen Winkeln unserer Seele fest.

Von C.S. Lewis stammt der befreiende Satz: »Wir sollen Gott sagen, was in uns ist, nicht, was in uns sein sollte.« Erlauben Sie es sich, Ihre Trauer, Ihre Verlustgefühle und Ihre Klagen vor Gott auszubreiten? Wenn Sie es sich nicht erlauben, vor Gott Kummer zu haben und auszudrücken, wenn Sie es sich verbieten, mit ihm zu streiten, mit ihm zu argumentieren und ihm zu widersprechen, wenn Sie meinen, vor Gott nicht zerschlagen oder aufgebracht sein zu dürfen – ja, was machen Sie dann, wenn Sie dennoch Verlustgefühle empfinden und eine tiefe Trauer in sich spüren? Ihnen bleibt nichts anderes übrig, als auch diese Gefühle krampfhaft zu verdrängen. Augen zu und durch!

Es gibt viele Christen, die sich dazu zwingen, sich stur nach vorne zu bewegen, die unfähig sind zu trauern, zu zweifeln, zu weinen. Sie decken ihre Verlustgefühle zu, vielleicht jahrelang. Manche von ihnen leiden unter psychischen oder körperlichen Störungen aus dem einfachen Grund: Sie haben über Jahre hinweg den Schmerz über schwierige Verluste in ihrem Leben zu unterdrücken versucht. Sie haben sich selbst das Trauern über unerfüllte Wünsche und die Klage über unverständliche Wege Gottes in ihrem Leben nie erlaubt. Was Sie verdrängen, verschwindet nicht aus Ihrem Leben. Es ist genauso real da, nur dass Sie es aus Ihrem Bewusstsein verbannen. Was Sie verdrängen, beginnt zu wuchern und gefährdet früher oder später die Gesundheit Ihrer Seele und Ihres Körpers.

Die Fähigkeit, Kummer und Verlustgefühle zuzulassen und sie bewusst zu durchleben, hat viel mit Reife zu tun. Wenn Sie es lernen, zu trauern, Kummer zu empfinden und auszudrücken, entfernen Sie sich dadurch nicht von Jesus Christus. Im Gegenteil: Sie werden ihm dabei ähnlicher! Denn auch Jesus Christus hat getrauert. Auch Jesus hatte Kummer. Auch Jesus hat gelitten und geweint: über das verhärtete Jerusalem (Lukas 13,33-34); über seinen verstorbenen Freund Lazarus (Johannes 11,35), im Garten Gethsemane vor seinem Tod (Matthäus 26,37-38). In Hebräer 4,15 heißt es, dass Jesus aufgrund der Gefühle und Schwierigkeiten, die er selber durchlitt, mit uns mitfühlen kann, wenn wir uns in einer ähnlichen Situation befinden: *Dieser Oberste Priester ist nicht einer, der kein Mitgefühl für unsere Schwächen haben könnte. Er wurde ja genau wie wir auf die Probe gestellt.*

Sie kommen dem Herzen Gottes in dem Maße näher, in dem Sie lernen, über die Verluste in Ihrem Leben zu trauern. Sie haben Gefühle, die auch Gott und sein Sohn Jesus Christus kennen und empfinden!

Es gibt einen weiteren Grund, weshalb es wichtig ist, Ihren Kummer und Ihre Verlustgefühle in Ihre Beziehung zu Gott mit einzubeziehen: Wer Gott seinen Schmerz klagt, der bleibt bei Gott. Er wendet sich an Gott, wenn auch nicht mit schönen, frommen Worten, sondern mit Klage, Anklage, Zweifel, Vorwürfen. Deshalb gilt: Wenn Sie meinen, Sie dürften mit solchen Dingen nicht vor Gott kommen, dann wenden Sie sich damit von Gott ab. Denn dadurch, dass Sie diese Seiten Ihrer Seele vor Gott ausklammern, verschließen Sie einen wichtigen Teil Ihres Lebens vor ihm. In Hebräer 5,7 heißt es: *Als er noch auf dieser Erde lebte, hat Jesus sich im Gebet mit Bitten und Flehen an Gott gewandt, der ihn vom Tod retten konnte; mit lautem Rufen und unter Tränen hat er seine Not vor ihn gebracht. Weil er treu zu Gott hielt, ist er schließlich auch erhört worden.* Treue zu Gott und das offene Klagen und Trauern vor ihm sind kein Widerspruch! Dadurch, dass Sie beginnen, Ihren Kummer vor Gott auszubreiten, drücken Sie ja gerade Ihre Treue ihm gegenüber aus. Gott gegenüber untreu werden Sie dann, wenn Sie Ihre tiefsten Gefühle vor ihm ausklammern.

Genau das war meine Situation, als ich im Zusammenhang mit unserem gescheiterten Versuch, Gott in Afrika zu dienen, meine Gefühle vor Gott nicht zur Sprache brachte. Ich meinte, ich würde mit dem offenen Aussprechen meiner Gedanken meine Beziehung zu Gott gefährden. Erst viel später verstand ich, dass ich dies tatsächlich tat – indem ich sie für mich behielt und nicht offen und ehrlich in meine Beziehung zu ihm einfließen ließ.

Aus dem zwischenmenschlichen Bereich unseres Lebens wissen wir, dass sich die Qualität einer Beziehung maßgeblich darin zeigt, dass diese zwei Personen miteinander auch kontroverse Themen besprechen können. Dass sie miteinander streiten und ringen können. Das gilt auch für unsere Beziehung zu Gott. Wenn Sie vor ihm klagen und mit ihm ringen können, sind Sie auf eine tiefere Ebene der Beziehung mit ihm vorgedrungen.

Wie sieht gesundes Klagen aus?

Mit den Menschen der Bibel klagen lernen

Die Bibel gibt uns viele eindrückliche Beispiele, wie Menschen vor Gott geklagt haben. Denken wir an Hiob. Hiob hat bei einem Unfall alle seine Kinder verloren. Diebe haben seine Herden gestohlen und seinen ganzen Besitz zerstört. Eine Krankheit hat ihn zum Aussätzigen gemacht. Inmitten dieser Situation lässt er seinen Gefühlen und seinem Frust vor Gott freien Lauf:

Es ekelt mich vor diesem ganzen Leben, drum halt ich meine Klage nicht zurück; es muss heraus, was mich verzweifeln lässt! Du kannst mich doch nicht einfach schuldig sprechen! Gott, sag mir jetzt, was wirfst du mir denn vor? Was bringt es dir, dass du so grausam bist? Verachtest du, was du geschaffen hast, und lässt gelingen, was Verbrecher planen? (Hiob 10,1-3).

Hiob spricht klare Worte gegenüber Gott aus. Sie kommen uns beinahe unverschämt vor: »Mich ekelt dieses Leben an!« – »Sorry, mein Gott, aber ich kann mich nicht zurückhalten. Ich muss dir meine Klage vor die Füße werfen!« – »Das kannst du doch einfach nicht mit mir machen!« – »Warum bist du so grausam mit mir? Warum verachtest du mich auf diese Weise?«

Mit solchen Worten wagt Hiob zu Gott zu kommen. Dürfen Sie das auch? Ja, Sie dürfen! Gott hält das gut aus. Ich würde sogar sagen: Gott wünscht es sich so. Er wünscht es sich, dass Sie nicht nur mit Ihren guten Erfahrungen, mit Anbetung und Dank zu ihm kommen. Sondern gerade auch mit Ihrer Not, Ihrem Frust und Ihrem Leid. Wenn Sie damit zu Gott gehen, haben Sie dafür genau den richtigen Ort gewählt. Wenn Sie hingegen Ihren Kummer verdrängen und Ihre Not in die untersten Schichten Ihres Herzens einmauern, dann frisst sich dieser Kummer durch Ihr Herz und Ihre Knochen.

Auch die Psalmen ermutigen uns, unseren Kummer und unsere Klage vor Gott zu bringen. Seit Jahrtausenden sind sie das am meisten gelesene und geliebte biblische Buch für Juden und für Christen. Der Grund dafür ist, dass die Psalmen uns zeigen, dass wir in jeder Lebenssituation zu Gott kommen und ihm alles sagen können. Wirklich alles!

Haben Sie gewusst, dass mehr als ein Drittel der Psalmen sogenannte »Klagepsalmen« sind? Gedichte und Lieder, in denen vor Gott geklagt, gejammert, geweint, geschimpft wird? In diesen Liedern findet die ganze Bandbreite des Lebens seinen Niederschlag. Hier lernen wir: Auch wenn wir mit Gott leben, ist dieses Leben manchmal hart, schwierig und zeitweise sogar unglaublich brutal. Es gibt Momente, da meinen wir, dass Gott weit von uns entfernt ist. Dann empfinden wir dass er alles andere als gut, barmherzig, liebevoll, helfend usw. ist. Wir haben den Eindruck, dass er uns elend im Stich gelassen hat. Genau das – sagen die Psalmen – können wir Gott sagen! Wir dürfen ihm solche Empfindungen vor die Füße werfen. Wir dürfen es tatsächlich!

Lesen Sie einmal den Psalm 88:

Herr, mein Gott und Retter, Tag und Nacht schreie ich zu dir! Lass mein Gebet zu dir dringen, höre meinen Hilferuf! Ich habe mehr als genug gelitten, mit einem Fuß stehe ich schon im Grab. Alle meinen, mit mir sei es aus; die Kräfte schwinden mir, ich kann nicht mehr. Man hat mich aufgegeben wie einen Toten; mir geht es wie den Erschlagenen, die man ins Massengrab geworfen hat – du sorgst nicht mehr für sie, deine Hilfe erreicht sie nicht mehr (Verse 2-6).

Im letzten Vers dieses Abschnitts wagt der Autor dieses Psalms doch tatsächlich, Gott zu sagen: »Gott, mir geht es wie einem, an den du nicht mehr denkst! – Ich fühle mich von deiner Hilfe abgeschnitten und im Stich gelassen!« Und er trägt gleich noch dicker auf:

In den tiefsten Abgrund hast du mich gestürzt, wo ewige Dunkelheit mich einschließt. Dein Zorn drückt mich zu Boden, in schweren Wogen rollt er über mich hin. Meine Freunde hast du mir entfremdet, sie wenden sich voll Abscheu von mir ab. Ich bin im Elend gefangen und finde keinen Ausweg; vor Schmerzen wird mir schwarz vor Augen. Tag für Tag schreie ich zu dir, HERR, und strecke meine Hände zu dir aus! (Verse 7-10).

Auch dieser Abschnitt enthält unglaubliche Vorwürfe an Gott: *Du drückst mich zu Boden; du tust mir weh, du bist gegen mich!* (Vers 8).

Und dann Vers 9 (wiederholt in Vers 19): *Du, Gott, hast meine Beziehungen zerstört!* Das heißt so viel wie: »Du bist schuld daran, dass sich die Leute von mir abwenden.« Aber das ist noch nicht alles. Es kommt noch heftiger.

Warum hast du mich verstoßen, HERR? Warum verbirgst du dich vor mir? Solange ich denken kann, bin ich gequält und dem Tode nah. Du erschreckst mich mit immer neuen Plagen, sodass ich fast an dir irrewerde. Dein Zorn ist über mich gekommen wie ein Feuersturm, deine furchtbaren Angriffe zerschlagen mich (Verse 15-17).

Haben Sie schon jemals so mit Gott gesprochen? Hier tut es einer und seine Worte finden sogar noch Aufnahme in der Heiligen Schrift. Heman, der Autor dieser Verse, drückt es ganz ungeschminkt aus: »Gott, du versteckst dich vor mir; du entziehst dich mir. Du lässt mich völlig im Stich!« Und gleich anschließend: »Ich trage die Zeichen eines von dir Geschlagenen – ich komme mir vor wie einer, dem Gott die Rute überzieht!«

Unglaubliche Vorwürfe erhebt Heman Gott gegenüber! Ist Gott wirklich so brutal, so gemein, so rücksichtslos, wie es dieser Mann hier von ihm behauptet? Um diese Frage geht es hier gar nicht. Die Frage ist nicht, ob Gott so ist oder nicht. Wer seine Bibel kennt, weiß, dass Gott anders ist. Aber, und das ist das Entscheidende: Heman empfindet Gott in seiner jetzigen Lebenssituation so. Bei ihm muss etwas vorgefallen sein, das dazu geführt hat, dass er seinen Gott überhaupt nicht mehr versteht.

Kennen Sie auch solche Momente? Vielleicht stecken Sie gerade in einer solch ausweglosen Situation. Sie hatten große Pläne, nun haben Sie sich zerschlagen. Sie dachten, Ihr Vorhaben decke sich mit dem Willen Gottes für Ihr Leben, doch nun ist etwas Unerwartetes geschehen, das Ihnen den Teppich unter Ihren Füßen wegzieht. Und Sie fühlen sich so, wie Heman sich fühlte: Sie fühlen sich von Gott verlassen, zerschlagen, abgeschnitten, zur Seite geworfen und vernichtet.

Durch die Psalmen und viele andere Stellen der Bibel lässt Gott Sie wissen: Sie dürfen so fühlen. Und Sie dürfen diese Gefühle Gott gegenüber ausdrücken. Sie brauchen Ihren Schmerz nicht mit irgendwelchen Bibelstellen zuzupflastern, die jetzt gerade nichts mit Ihrer aktuellen Situation zu tun haben. Sagen Sie Gott inmitten Ihrer Trauer und Ihres Kummers nicht Dinge, die schön klingen, aber eigentlich nicht echt sind. Sagen Sie ihm, was Sie wirklich fühlen und denken. Seien Sie ehrlich mit Gott. Es gibt zwei wichtige Gründe, weshalb Gott uns erlaubt, vor ihm zu klagen und zu trauern:

Gott liebt es, wenn Sie ehrlich sind

In Psalm 51,8 heißt es: *Du freust dich, wenn ein Mensch von Herzen aufrichtig und ehrlich ist* (Hoffnung für alle). Auch Sie dürfen sich erlauben, so offen wie Heman in Psalm 88 mit Gott zu reden, denn Sie drücken damit aus, dass Sie in einer echten Vertrauensbeziehung mit Gott leben. Diese erträgt die manchmal harte, schmerzhafte Ehrlichkeit, die Kennzeichen einer guten Beziehung ist und sie weiter vertieft. Wo kein Vertrauen ist und keine Liebe – dort erträgt eine Beziehung auch keine Ehrlichkeit. Jörg Zink sagt: »Nur wer nicht liebt, kommt ohne Trauern und Klagen aus.« Lernen Sie also, vor Gott zu klagen. Und halten Sie es aus, wenn Sie mit einem Menschen zu tun haben, der gerade in einer schwierigen Lebenssituation steckt und darin vor Gott klagt und ihn anklagt.

Es geht dabei nicht nur darum, dass Sie Gott gegenüber ehrlich sind. Es geht noch um etwas anderes, wovon wir in den letzten Kapiteln viel gesprochen haben: Wenn Sie trauern und klagen, drücken Sie damit aus, dass Sie sich der Sache, die Sie schmerzt, wirklich stellen.

Gott liebt es, wenn Sie sich dem stellen, was in Ihnen ist

Wenn Sie sich wünschen, dass in Ihnen geistliche und emotionale Reife entsteht, müssen Sie auf dem Weg zu diesem Ziel diese grundlegende Fähigkeit beginnen einzuüben: Lernen Sie innezuhalten, wenn sich in Ihrem Leben etwas Schwieriges ereignet. Schenken Sie dem Verlust oder dem Schmerz, der Sie gerade heimsucht, Ihre Aufmerksamkeit. Gehen Sie nicht darüber hinweg, auch nicht mit scheinbar »frommen« Argumenten. Schauen Sie diesen Verlust an, nennen Sie ihn beim Namen, egal, ob es für Sie ein großer oder kleiner Verlust ist. Schauen Sie dem Schmerz ins Auge. Egal, ob er gestern hervorgebrochen ist oder ob er Sie schon jahrelang begleitet. Wenn er immer noch da ist, schauen Sie ihn an und drücken Sie ihn nicht weg.

Ich habe mir selbst erst nach Jahren erlaubt, über gewisse Verlusterfahrungen in meinem Leben zu trauern, zum Beispiel, als sich die Türen nach Afrika schlossen. Als ich so weit war und mir die nähere Auseinandersetzung mit dem erlaubte, was ich als Verlust empfand, kam mein Herz langsam zur Ruhe. Die Anklage, die Fragen, die Selbstvorwürfe bäumten sich noch einmal so richtig auf. Dann aber begann sich der Sturm zu legen. Indem ich Gott meine Fragen und Klagen immer wieder brachte, kam ein verändernder Heilungsprozess in Gang. Es ist nicht so, dass Gott alle meine Fragen beantwortet hätte. Aber indem ich sie in seine Hände legte, wurde ich selber darüber ruhig und konnte sie mehr und mehr loslassen.

Wenn Sie ein Mensch sind, der Schwierigkeiten hat, sich seiner Schmerzen und Verluste bewusst zu werden, dann hilft es Ihnen vielleicht, wenn Sie sich einen halben oder ganzen Tag an einen Ort zurückziehen, an dem Sie ungestört sind. Versuchen Sie, dabei bewusst über die Ereignisse und Phasen in Ihrem Leben nachzudenken, die besonders schwierig für Sie waren. Schreiben Sie auf, was Ihnen dabei in den Sinn kommt. Beschreiben Sie die Gefühle, Ängste und Schmerzen, die Sie damals empfunden haben und von denen Sie heute noch etwas spüren. Dann fragen Sie sich selbst: »Habe ich es mir eigentlich je erlaubt, über dieses Ereignis richtig zu trauern?« Wenn nicht, dann geben Sie sich selbst die Erlaubnis, zu fühlen, wie es Ihnen im Blick auf diese Sache zumute ist. Halten Sie inne und schauen Sie diese Situation noch einmal genau an. Vergessen Sie nicht: Was Sie da fühlen, bedeutet Gott etwas! Es hat in seinen Augen Gewicht. Und es hat Gewicht im Blick auf Ihr eigenes geistliches Leben und Ihre Zukunft. Schauen Sie sich deshalb die Sache genau an und erlauben Sie sich, darüber zu trauern und zu klagen.

Vielleicht hat es Sie geschmerzt, dass Sie eine bestimmte Schule oder Ausbildung nicht geschafft haben. Noch heute bedauern Sie das. Schauen Sie diesen Verlust an und erlauben Sie sich, darüber zu trauern.

Vielleicht tut es heute noch weh, dass es Ihnen verwehrt war, einen bestimmten Beruf auszuüben. Schauen Sie diesen Verlust an und erlauben Sie sich, darüber zu trauern.

Eine langjährige Freundschaft ist an einer unüberbrückbaren Meinungsverschiedenheit zerbrochen. Schauen Sie dem Verlust in die Augen und erlauben Sie sich, ihn zu betrauern.

Durch Tod oder Scheidung haben Sie früh einen Elternteil verloren. Der Mangel, den Sie dadurch erlitten, nagt bis heute an Ihnen. Schauen Sie diesen Verlust an und erlauben Sie sich, darüber zu trauern.

Ihre Kinder lösen sich immer mehr von Ihnen und geben Ihnen zu verstehen, dass Sie immer weniger auf Sie angewiesen sind. Früher waren Sie eine ihrer wichtigsten Bezugspersonen, jetzt hören

Sie manchmal wochenlang nichts mehr von Ihren Kindern. Auch dieser Verlust ist real. Stellen Sie sich ihm und erlauben Sie sich, auch darüber zu trauern.

In Ihrer Gemeinde verändert sich vieles. Der Gottesdienst, die Lieder, die Menschen – alles wandelt sich. Was früher hochgehalten wurde, ist heute nicht mehr gefragt. Jüngere Menschen sind am Zug und gestalten vieles auf ihre Art und Weise. Auch diesen Verlust dürfen Sie ernst nehmen und sich erlauben, darüber zu trauern.

Bei solchen Dingen geht es nicht darum, nüchtern rechnerisch abzuwägen, welche Art von Verlust nun wirklich tragisch oder nicht so tragisch ist. Verlust ist Verlust. Jeder von uns reagiert verschieden darauf. Wir alle aber dürfen dort, wo uns ein Verlust wehtut, Schmerz empfinden und den damit verbundenen Verlust betrauern.

An dieser Stelle ist eine grundsätzliche Zwischenbemerkung angebracht. Was ich bisher zum Thema Verlust, Trauer und Klage geschrieben habe, gilt in erster Linie für Menschen, die es sich selber bisher verboten haben, überhaupt Kummer- und Verlustgefühle zu empfinden. Sie haben diese Dinge bisher verdrängt und nicht zugelassen. Meine Ausführungen zu diesem Thema sind also weniger für diejenigen unter meinen Lesern gedacht, die seit Jahren und Jahrzehnten einer Sache nachtrauern und aus dem Loch ihrer Verzweiflung, der Anklage und der Mutlosigkeit einfach nicht mehr herauskommen. Wenn das Ihre Situation ist, dann wäre es wenig hilfreich, wenn ich Sie mit diesem Kapitel dazu ermutigen würde, sich weiter diesen lähmenden Gefühlen zu überlassen, die Sie schon so lange in die Tiefe ziehen. Ihre Not besteht dann ja nicht darin, dass Sie sich nicht erlauben, über die schmerzhaften Verluste in Ihrem Leben zu trauern und zu klagen. Ihre Not ist dann die, dass Sie seit Monaten und Jahren in Ihrer Klage und Trauer gefangen sind und nicht mehr herausfinden. Auch zu dieser Situation dürfen Sie stehen. Sie brauchen sich nicht schlecht zu fühlen, wenn dies auf Sie zutrifft. Haben Sie jedoch den Mut, mit Ihrer schon so lange anhaltenden Trauer nicht allein zu bleiben. Sie brauchen jemanden, der

Ihnen hilft, diesen Prozess auf eine gute Weise abzuschließen, damit Sie wieder Mut für die Menschen und Aufgaben haben, die Gott Ihnen über den Weg schickt. Setzen Sie sich mit Ihrem Arzt oder einer professionell arbeitenden Beratungsperson in Verbindung, um einen Ausweg aus der lähmenden Traurigkeit in Ihrem Herzen zu finden.

Tragende Beziehungen sind inmitten von Trauerprozessen sehr wichtig. Je mehr Vertrauenspersonen Sie haben, mit denen Sie über Ihre Verlustgefühle sprechen können, die Sie ermutigen und für Sie beten, umso eher wird Gott in Ihrer Seele das Verwandlungswunder tun, das zu Stabilität und Reife in Ihrem Leben führt. Auf die zentrale Rolle solcher Beziehung gehe ich in einem späteren Kapitel ausführlicher ein.

Trauern – Durchgangsstation auf dem Weg zur Freude

Lassen Sie mich abschließend zwei wichtige Fragen streifen. Warum ist es gut für uns, auf eine gesunde Art und Weise zu trauern und zu klagen? Warum bringt es uns Gott näher?

Aus richtig durchlebter Trauer und Klage entstehen Reife und ein vitaler Glaube, weil dadurch der Schmerz und der Schmutz, die sich in unserem Inneren angesammelt haben, aus unserer Seele herausgeschwemmt werden. Richtig zu trauern und Verluste zu verarbeiten verschafft uns Erleichterung. Sie tragen dazu bei, dass sich kein Seelengift in uns anstaut. Sie verhindern, dass wir dem für uns so schädlichen Verdrängungs-Christentum erliegen. Denn wir haben gesehen: Verdrängen macht uns krank.

Wer seinen Schmerz richtig verarbeitet, der bringt ihn an den rechten Ort, nämlich zu Gott. Wir schließen die Not nicht in unserer Seele ein, wo sie sich krankmachend einnistet, sondern lassen sie heraus und bringen sie dem, der als Einziger wirklich gut damit fertig wird. Ich selber kann es nicht und viele Menschen in meinem unmittelbaren Umfeld sind ebenfalls mit meiner Situation überfordert. Bei Gott ist das ganz anders. Er hilft mir loszulassen, worüber ich so sehr trauern muss. Wenn ich ihm meine Klage bringe, dann ist das der erste Schritt auf dem Weg zu neuer Lebensfreude. Bewusst durchlebte Trauer wird sich eines Tages in neuen Lebensmut verwandeln.

Im Trauern lasse ich los. Ich gebe bewusst und trauernd aus der Hand, was mir genommen oder nie gegeben wurde. Ich schaue in mein Herz, benenne den Verlust, der mich schmerzt, und gebe ihn Gott. Und dabei darf ich klagen und weinen. Wenn dieses Loslassen vollzogen ist; wenn ich ein Ja dazu gefunden habe, dass nicht mehr und vielleicht nie mehr da sein wird, was ich losgelassen habe, dann kommt die Versöhnung. Ich kann annehmen, dass es gut ist, so, wie es ist. Auch versöhne ich mich mit Gott, der besser als ich selbst weiß, was mir guttut, und der mich inmitten schmerzhafter Verlusterfahrungen nicht im Stich lässt.

Das heißt nicht, dass wir alle unsere Wünsche für die Zukunft aufgeben und begraben müssen. Es kann sein, dass es angebracht ist, über etwas zu trauern, das Sie sich gewünscht haben, Ihnen aber bisher versagt geblieben ist. In diesem Fall beziehen sich Ihre Trauer und das Loslassen auf die hinter Ihnen liegende Zeit, in der Sie mit diesem unerfüllten Wunsch leben mussten. Es muss aber nicht heißen, dass Sie nicht hoffen und beten dürfen, dass Gott nicht doch noch wunderbar handeln kann. Sie sollten sich darauf aber nicht fixieren und auch nicht versuchen, Gott zu verpflichten. Wenn in Ihrem Leben die von Gott gewirkte Reife Gestalt annimmt, dann können Sie beides: Sie können den erlittenen Verlust offen mit Gott besprechen und verarbeiten. Und Sie können mit Gott erwartungsvoll in die Zukunft gehen. Vielleicht erfüllt er Ihre Sehnsucht. Vielleicht nicht. Vielleicht erkennen Sie, was genau Gottes Wille in dieser Sache ist. Vielleicht bleibt diese Frage auch noch länger offen. Wie viel Klarheit Gott Ihnen auch gibt, Ihre Reife stellt Sie auf ein zunehmend stabiles Fundament, sodass Sie mit Herz und Seele für Gottes zukünftige Wege bereit sein können.

Teil 2:

Die Säulen einer kraftvollen Spiritualität

Kapitel 7:

Erneuerung des Herzens: eine Gottesbeziehung, die wirklich verändert

Die Gottesbeziehung vertiefen

Im ersten Teil dieses Buches ging es um die Auseinandersetzung mit dem, was sich unter der Oberfläche unseres Lebens abspielt, um den ehrlichen Blick nach innen. Auch wahr- und ernst zu nehmen, was sich in unserer Seele regt und was sie prägt: Gefühle, Gedanken, Motive, Prägungen, Überzeugungen, Verletzungen, Schmerz, Verwundbarkeit und Begrenzungen. Es gibt keine geistliche Reife ohne Gottes ordnendes und heilendes Wirken in diesen tiefsten Sphären unserer Persönlichkeit. Wenn wir das, was wir im innersten Kern unserer Person fühlen und sind, nicht vor Gott zur Sprache bringen können, dann stagniert unser Wachstum. Dann verläuft nicht nur unsere emotionale, sondern auch unsere geistliche Reife im Sand. Es ist unsere Verantwortung, das zu verhindern und die tiefsten Regungen unseres Herzens ernst zu nehmen und Gott zu erlauben, sie zu ordnen, zu durchdringen und überall dort, wo es nötig ist, zu heilen. Wer sein Herz vor Gott ganz öffnen kann, wer das, was sich darin bewegt, nicht länger vor Gott ausklammern muss, der befindet sich auf dem Weg zur Reife. Er öffnet sein ganzes Leben vor Gott und erlaubt ihm, ihn als ganzen Menschen zu berühren und zu verändern. Er spaltet seine innere, emotionale Welt nicht vom Bereich der Jüngerschaft und Nachfolge ab. Er integriert die Vorgänge und Prägungen seiner inneren, emotionalen Welt in die Welt des Glaubens, der Nachfolge und des Christseins.

Ich habe versucht aufzuzeigen, wie wichtig es ist, dass diese beiden Bereiche zu einer Einheit in unserem Leben verschmelzen. Ich habe gezeigt, welche negativen und lähmenden Folgen es hat, wenn wir unsere emotionale, innere Welt von unserem Glaubensleben abspalten.

Im zweiten Teil dieses Buches wenden wir uns der Vertiefung unserer Gottesbeziehung zu. Wir müssen nicht nur unsere emotionale, innere Welt ordnen, sondern auch unser geistliches Leben in der Nachfolge von Jesus Christus, um als Persönlichkeit reifen zu können. Die bewusste Gestaltung unserer Beziehung zu Gott führt zu einer nachhaltigen Neuprägung des Herzens und hat zur Folge, dass unser Leben die Qualität bekommt, die Gott für uns vorgesehen hat.

Folgende Fragen liegen den nächsten Kapiteln zugrunde:

- Was sind die Kennzeichen einer vitalen und erfüllenden Beziehung zu Jesus Christus?
- Wie kommt Gott in meinem Alltag prägend zum Zug?
- Wie wirkt Gott in den Bereichen, in denen ich Veränderung und Neuausrichtung am meisten nötig habe?

Dieses Buch soll die Frage beantworten, wie unser Leben *ganzheitlich* vor Gott neu werden kann. Wir müssen beides ernst nehmen: die Erneuerung unserer Emotionen (die im ersten Teil behandelt wurde) und die Erneuerung unserer Gottesbeziehung. Nur dann erleben wir, was es heißt, ungeteilt Gott zu gehören und ihm zu dienen: *Einige mein Herz, deinen Namen zu fürchten!* (Psalm 86,11; nach der Übersetzung von Martin Buber und Franz Rosenzweig).

Was Spiritualität bedeutet

Ich möchte mich nun also mit den Grundfragen einer lebendigen Spiritualität auseinandersetzen. Ich habe zu Beginn dieses Buches den Begriff »Spiritualität« definiert: Es ist konkrete Alltagsgestaltung mit Gott. Wer über »christliche Spiritualität« redet oder schreibt, berührt in der Regel einen oder mehrere der folgenden Themenkreise: Da ist zum einen der Themenkreis, der sich mit den klassischen geistlichen Disziplinen auseinandersetzt. Damit sind Übungen gemeint, auf die Christen verschiedener Konfessionen und verschiedener Epochen im Blick auf ihr geistliches Wachstum besonderen Wert gelegt haben. Sie sind ein wesentliches Mittel, das Leben auf Gott hin auszurichten. Man lernt, sein Herz Gott gegenüber zu öffnen, um seine Gnade, Liebe und sein veränderndes Wirken besser empfangen und erfahren zu können. Zu den klassischen geistlichen Disziplinen gehören Übungen wie die Meditation der Schrift, das Gebet, das Hören auf Gott, Fasten, Schweigen, Gemeinschaft, Dienen u. a. Umfassende und hilfreiche Einführungen in die wichtigsten geistlichen Disziplinen geben die hervorragenden Bücher von Richard Foster (*Nachfolge feiern: Geistliche Übungen neu entdeckt*) und Dallas Willard (*Das Geheimnis geistlichen Wachstums*).

Ein zweiter wichtiger Themenkreis im Blick auf unsere Spiritualität beschäftigt sich mit dem Zusammenhang zwischen der individuellen Persönlichkeitsprägung eines Menschen und der praktischen Gestaltung seines geistlichen Lebens. Es gibt verschiedene sogenannte »Zugangswege«, wie wir unser Leben Gott gegenüber öffnen und sein Wirken an uns erfahren können. Welche Wege für Sie besonders hilfreich und geeignet sind, hat wesentlich damit zu tun, wie Sie als Person veranlagt und geprägt sind. Es gibt Christen, die sich Gott in intensiven Anbetungszeiten inmitten von möglichst vielen anderen Christen am besten öffnen und hingeben können. Andere brauchen dazu Ruhe, Stille und Abgeschiedenheit. Wieder andere erfahren die Berührung ihres Herzens durch Gott dann am intensivsten, wenn sie ihre Bibel ausführlich studieren und meditieren. Dann gibt es Christen, die ihre Hingabe Gott gegenüber am besten durch Aktivität und Dienst ausdrücken können. Diese Unterschiede haben mit verschiedenen Zugangswegen zu Gott und der Erfahrung seines Wirkens zu tun. Eine hilfreiche Auseinandersetzung mit diesem Thema ist das Buch von Gary L. Thomas: *Neun Wege, Gott zu lieben.*

In den folgenden Kapiteln werde ich weder die geistlichen Disziplinen noch die verschiedenen Zugangswege zu Gott umfassend darstellen. Ich versuche, einen dritten Weg einzuschlagen. Mir geht es um die Frage, ob es über die Auseinandersetzung mit geistlichen Disziplinen und Zugangswegen hinaus einige übergeordnete Prinzipien gibt, die zum unverzichtbaren Kern einer gesunden Spiritualität gehören. Gibt es von der Bibel her definierte Schwerpunkte, die unabhängig von unserer persönlichen Prägung Bestandteil einer lebendigen Gottesbeziehung sind?

Bei dieser Fragestellung habe ich besonders auch die Umsetzung solcher Prinzipien in der postmodernen Welt vor Augen. Wie kann ich heute, inmitten von Arbeit, Konsum, Karriere, Stress und medialer Gesellschaft, mit Gott auf Tuchfühlung bleiben? Welches sind die Grundformen, die es Gott erlauben, sozusagen freie Fahrt hinein in mein Herz und in meinen Alltag zu bekommen?

Ich weiß nicht, wie es Ihnen dabei geht. Für mich gehören diese Fragen zu den wichtigsten meines Lebens. Mein Eindruck ist: Hier muss alles beginnen. Ich kann nicht über einen prägenden Einfluss der Christen auf die Gesellschaft nachdenken, wenn ich nicht zuerst über Gottes prägenden Einfluss in meinem Leben nachgedacht habe. Es ist sinnlos, in die Erneuerung meiner Gemeinde zu investieren, wenn ich Gott nicht zuvor erlaube, mein eigenes Leben zu erneuern. Alles hat seine Reihenfolge. Jeder Einfluss, jedes Prägen, jede Frucht, jeder Segen, der von mir ausgeht, hat seine Wurzeln in Gottes persönlichem Handeln an mir selbst. Vor fast zweihundert Jahren erklärte der schottische Pfarrer Robert Murray McCheyne: »Was meine Gemeindemitglieder am meisten brauchen, ist meine persönliche Heiligung.«

Sie und ich bewegen uns in verschiedenen Bereichen, in denen wir lernen müssen, dem Einfluss Gottes Raum zu geben.

Folgende Lernfelder stehen für mich dabei im Vordergrund und sind für mich so etwas wie die Säulen einer gesunden Spiritualität:

- Ich lerne es, äußerlich und innerlich zur Ruhe zu kommen.
- Ich entdecke und pflege einen lebensverändernden Umgang mit der Bibel.
- Ich beginne, im Gebet ehrlich und mit Tiefgang mit Gott zu kommunizieren.
- Ich lerne es, mich mitten im Alltag vom Heiligen Geist führen und inspirieren zu lassen.
- Ich verstehe und gestalte mein Leben als persönlichen Beitrag zur Verankerung von Gottes Reich in dieser Welt.
- Ich entdecke die tragende Kraft eines Lebens, das eingebettet ist in authentische und förderliche Beziehungen.
- Ich räume der bewussten Formung und Gestaltung meiner Gottesbeziehung höchste Priorität ein.

Ich erhebe nicht den Anspruch, dass dies die einzigen und die einzig richtigen Grundzüge einer lebendigen Spiritualität sind. Ich habe aber Entscheidendes an ihnen gelernt und bin mit ihrer Hilfe mit Gott immer vertrauter geworden. Ich kann mir nicht vorstellen, dass ich losgelöst von ihnen zu einer auf Dauer tragenden Gottesbeziehung gefunden hätte.

Das entscheidende Ziel heißt Veränderung

Bevor ich Sie zur Auseinandersetzung mit dem ersten Lernfeld mitnehme, muss ich noch eine wichtige Frage beantworten. Was ist das eigentliche Ziel, wenn wir in die Entwicklung unserer Spiritualität investieren? Die Antwort lautet: Wir werden uns immer mehr in das

Vorbild von Jesus Christus verwandeln. Spiritualität ist kein Weg, den wir gehen müssen, damit Gott uns vergibt und uns seine Gnade und das Vorrecht einer Beziehung zu ihm schenkt. Das neue Leben wird uns losgelöst aller menschlichen Bemühungen und Verdienste geschenkt. Unsere Errettung ist ein souveräner Akt Gottes, zu dem wir selbst nichts anderes beitragen können, als uns dafür zu öffnen und dieses Geschenk anzunehmen. *Eure Rettung ist wirklich reine Gnade, und ihr empfangt sie allein durch den Glauben. Ihr selbst habt nichts dazu getan, sie ist Gottes Geschenk. Ihr habt sie nicht durch irgendein Tun verdient; denn niemand soll sich mit irgendetwas rühmen können* (Epheser 2,8-9).

Wenn also ein Mensch zu Christus gehört, ist er schon eine »neue Schöpfung«. Was er früher war, ist vorbei; etwas ganz Neues hat begonnen (2. Korinther 5,17).

Die Neuschöpfung unseres Lebens durch Gott geschieht unabhängig und losgelöst von unseren Bemühungen um eine ganzheitliche Spiritualität. Diese beiden Worte von Paulus beantworten die für unser Leben fundamentale Frage: »Wem gehöre ich?« Die Antwort lautet: Wenn Gott mich befähigt hat, seine Gnade und Vergebung anzunehmen, dann gehört mein Leben ihm. Dann beginnt ein neues Leben unter seinem Einfluss und unter seiner Führung. Dann bin ich sein Kind. Ich bin sein Jünger, sein Lehrling, sein Schüler. Das ist *der Boden und die Voraussetzung* einer lebendigen Spiritualität.

Über *das Ziel und die Rolle* unserer Spiritualität spricht Paulus an einer anderen Stelle im 2. Korintherbrief. Dort geht es um eine ganz andere Frage, nämlich: Welche Art von Person werde ich? *Wir alle sehen in Christus mit unverhülltem Gesicht die Herrlichkeit Gottes wie in einem Spiegel. Dabei werden wir selbst in das Spiegelbild verwandelt und bekommen mehr und mehr Anteil an der göttlichen Herrlichkeit. Das bewirkt der Herr durch seinen Geist* (2. Korinther 3,18).

Die biblische Antwort auf diese Frage lautet: Mein Charakter wird so geprägt und geformt, dass ich Jesus Christus immer ähnlicher werde. In der Beziehung zu Christus werde ich verändert – mein ganzes Leben lang. Mein Reden, mein Denken, mein Fühlen und Verhalten wird verwandelt – in sein Spiegelbild. In diesen Kontext gehört die Auseinandersetzung mit dem Thema »Spiritualität«. Denn eine lebendige Spiritualität will auf genau dieses Ziel hinführen und uns auf dem Weg dahin helfen. Das Ziel einer lebendigen Spiritualität ist es, uns für Gottes Wirken zu öffnen, damit seine Kraft unser Leben nachhaltig transformieren und verändern kann. Das Ziel dieser Veränderung wiederum ist, dass wir Jesus Christus immer ähnlicher werden.

Dallas Willard, ein bekannter Autor zu diesem Thema, nennt diesen lebenslangen Prozess »die Erneuerung des Herzens«. Mein Charakter wird so geprägt und geformt, dass der Charakter von Jesus Christus immer mehr erkennbar wird.

An dieser Stelle entsteht sehr oft ein Missverständnis. Viele nicken bei solchen Worten und verstehen sie dennoch falsch. Sie denken beim Thema »Veränderung« an das äußerliche Verhalten, das sich ändern und dem allgemeingültigen christlichen Kodex anpassen soll. Das drückt sich dann in solchen Überzeugungen aus: Wer zu Christus gehört, raucht nicht. Wer glaubt, trinkt keinen Alkohol – oder dann nur in homöopathischer Dosierung. Ein Christ geht regelmäßig in die Kirche. Er liest die Bibel. Er schickt die Kinder in die Sonntagsschule. Er betet am Tisch. Er hört sich christliche Musik an und kauft sich eine Körperlotion mit Mineralien aus dem Toten Meer.

Es kann sein – und oft ist das der Fall –, dass ein solches Verhalten nichts anderes ist als eine rein äußere Verhaltensanpassung: Ich tue von nun an einfach das, was man so allgemein von einem Christen erwartet. Es kann aber sein, dass ich all das tue, ohne dass dabei eine einzige Faser meines Herzens von Gott verändert und erneuert wird. Ich kann mich 100% christenkonform verhalten und gleichzeitig ein unverändertes, unbekehrtes Herz haben. (Ich habe bereits in der Einleitung dieses Buches von der falschen Fixierung auf Äußerlichkeiten geschrieben, dort im Zusammenhang mit der Abspaltung unseres geistlichen Lebens von der inneren, emotionalen Welt.)

Bei der *Verwandlung in sein Bild*, die hier von Paulus beschrieben wird, geht es nicht um eine äußere Veränderung, sondern zuerst einmal um unser Inneres: um eine umfassende Erneuerung des Herzens, nicht um eine Renovation der Außenfassade meines Lebens. In mir drin wird etwas verändert bzw. verwandelt. Und zwar meine Überzeugungen, meine Motive, meine Gefühle und meine Gedanken. Mein Herz. Und als Folge dieser inneren Transformation wird sich dann auch da und dort mein äußeres Verhalten verändern.

Es gibt einige Bereiche in meinem Leben, in denen ich das dringend nötig habe. Schon ziemlich früh auf meiner Lebensreise mit Gott begann ich in gewissen Situationen Gott darum zu bitten, nicht auf mich zu hören. Sie haben schon richtig verstanden: Ich bat ihn in gewissen Momenten, *nicht* auf mich zu hören. Das scheint all den Stellen, vor allem in den Psalmen, zu widersprechen, in denen Menschen laut zu Gott rufen: »Erhöre mich doch, achte auf mein Schreien; verschließe deine Ohren nicht vor meiner Not!« Manchmal sind das auch meine Worte, wenn ich mit Gott rede. Aber ab und zu bitte ich Gott, nicht auf mich zu hören. Warum tue ich das? In mir gibt es die Neigung, besondere Taten Gottes in meinem Leben mir selbst zuzuschreiben. Ich neige dazu, mir etwas auf die Fähigkeiten einzubilden, die Gott mir gegeben hat, und denke dann im Stillen, was für ein toller Mensch ich doch bin. Wenn Menschen positiv auf das reagieren, was ich ihnen weitergebe und was ich sie lehre, dann strecke ich mich innerlich weit nach vorne, wenn es um das Verteilen der Lorbeeren geht. Dann denke ich nicht nur: »Das hast du gut gemacht, Thomas!« (das erlaube ich mir nämlich inzwischen), sondern auch gleich noch: »Mensch, fühl dich gut, du bist jemand; du kannst etwas; du hast Grund, dich gut zu fühlen und stolz auf dich selbst zu sein.« Nicht jeder, der so denkt, wird dabei zum Sünder. Ich schon. Denn in solchen Momenten schaufle ich ganz dreist alle Anerkennung auf mein eigenes Konto und verliere dabei den Blick für Gott. Auf einmal will ich es nicht mehr wahrhaben, dass alle meine Fähigkeiten von Gott stammen. Ich habe vergessen, wie ich Stunden vorher noch um seinen übernatürlichen Segen gerungen habe, weil ich mich so unfähig und unwürdig gefühlt habe. Auf einmal ist all das, was nur Gott tun konnte, mein eigener Verdienst. Das sind die Momente, in denen ich Gott bitten muss, nicht auf mich zu hören. Vor einer besonders herausfordernden Aufgabe sage ich dann zu Gott: »Lieber Vater, jetzt fühle ich mich noch völlig von dir und deinem Segen abhängig. Ich fühle es richtig, dass ich diese Aufgabe nicht ohne dich schaffe. Aber ich ahne, dass ich nachher anders als jetzt darüber denken werde, vor allem, wenn du mir Gelingen und Segen schenkst. Dann buche ich das Ganze wieder unter dem Stichwort ›Eigenverdienst‹ ab. Ich bitte dich darum, dass du dann, wenn dieser Moment kommt, nicht auf mich hörst. Was ich dann denke und fühle, ist falsch, absurd und entspricht nicht der Tatsache. Ich erkläre es jetzt schon für ungültig, selbst wenn ich dann doch so denken werde. Bitte höre nicht auf mich, falls ich mich im Eigenlob suhlen sollte. Nimm die Ehre für dich. Nimm die Anerkennung für dich, denn sie gehört dir, selbst wenn ich sie für mich beanspruche.«

Ich komme mir immer etwas seltsam vor, wenn ich so bete. Aber das ist mein Präventivschlag geben Stolz und Überheblichkeit. Denn so viel habe ich vom Evangelium verstanden: Jesus verfolgt in meinem Leben das vorrangige Ziel, dass ich frei werde von den Lügen über mich selbst und über Gott. Der tiefste Sinn einer Beziehung mit Gott ist der, dass ich den entscheidenden Halt in Gott habe und nicht in mir selbst. Gott führt mich aus dem Kreisen um mich selbst hinaus und befähigt mich, für ihn und seine Ziele zu leben. Als Jesus begann, Jünger in seine Nachfolge zu rufen und ihnen zu sagen: *»Kehrt um, und glaubt an das Evangelium!«* (Markus 1,15; Einheitsübersetzung), da war das der Anfang vom Ende ihrer Selbstbezogenheit und der Beginn ihrer Jesusbezogenheit in allem, was sie dachten und taten.

Spiritualität ist nichts anderes als die lebenslange Fortsetzung dieser Umkehrbewegung in meinem Herzen. Weg von mir – hin zu Gott. Hin zu Gott, weil ich erst dort mich selbst finde und ich selbst werde: wertvoll, begabt, gesegnet, geliebt dank Gott, von dem alles Gute kommt, was in mir steckt. Es geht um Veränderung! Dieses

Beispiel berührt nur einen Bereich meines Lebens. Es gibt noch viele andere Stellen, wo ich diese Art von Erneuerung brauche.

Was geschieht, wenn wir uns verändern

Veränderung, wie sie Jesus bei mir und bei Ihnen bewirken will, ist etwas sehr Praktisches und Konkretes. Sie umfasst die Art und Weise unseres Denkens, Fühlens und Verhaltens im ganz gewöhnlichen Alltag. Veränderung hinterlässt Spuren. Sie hat Folgen. Zum Beispiel diese:

- Durch Jesus Christus innerlich veränderte Menschen beginnen, ihre größten Gegner und niederträchtigsten Feinde zu lieben und zu segnen, wie Jesus uns in Lukas 6,35-37 auffordert.
- Im Herzen tatsächlich veränderter Menschen verschwinden nach und nach Ärger oder Bitterkeit. Stattdessen nehmen in ihrem Inneren gute und wohlwollende Gedanken zu.
- Von Gottes Geist verwandelte Menschen hören nach und nach damit auf, sich selber anzuklagen, abzuwerten und zu bemitleiden. Stattdessen wächst ihre Freude darüber, dass es sie gibt und dass Gott sie liebt.
- Im Herzen veränderter Menschen verschwindet nach und nach, was mit Stolz und Überheblichkeit zu tun hat. Stattdessen weist ihr Charakter zunehmend Eigenschaften wie echte Demut und Dankbarkeit auf.
- Der Glaube veränderter Menschen stützt sich immer weniger auf ihr Wissen über Gott. Der Kern ihres Glaubens besteht viel mehr darin, dass sie Jesus auf einer tiefen, persönlichen Ebene vertrauen.

Gerade der letzte Punkt ist entscheidend, denn das Ziel und das Zentrum des geistlichen Veränderungsprozesses könnte man in diesen beiden Worten zusammenfassen: Jesus vertrauen. Jesus in allem vertrauen – vor allem im Blick auf die große Schwierigkeit und Not, mit der Sie eventuell gerade konfrontiert sind. Jesus in allem vertrauen, vor allem inmitten der Stürme Ihres Lebens – das tun Sie, wenn Ihr Herz durch Gottes Kraft umgewandelt und verändert wird.

Eine lebendige Spiritualität steht also ausschließlich im Dienst der Veränderung. Sie zielt auf eine neue innere Qualität und nicht darauf, bloße Informationen darüber zu vermehren, wer Gott ist und wie Sie sich zu verhalten haben. Ihr Inneres soll eine neue Qualität bekommen und von folgenden Eigenschaften geprägt sein: Liebe, Geduld, Freundlichkeit, ein weiches Herz, Vergebungsbereitschaft, innere Stärke, Güte, Freude, Zufriedenheit, Gelassenheit, Vertrauen, Ermutigung. In Ihrem Leben entsteht die Frucht des Heiligen Geistes, wie sie Paulus in Galater 5,22-23 beschreibt.

Es kann sein, dass Sie beim Lesen dieser Zeilen innerlich resigniert stöhnen und denken: »O nein, da muss ich ja ein perfekter Mensch sein!« Nein, es geht bei der *Verwandlung in sein Bild* nicht um Perfektionismus. Es geht, wie Dallas Willard es formuliert, um die Veränderung Ihres Lebens zum Besseren. Das hat nichts mit Perfektionismus zu tun. Es geht ganz einfach darum, dass Sie damit beginnen, das als erstrebenswert zu betrachten, was für Jesus erstrebenswert war – und dies auch umzusetzen. Es geht darum, dass Sie ein Herz bekommen, in dem sich das Gleiche regt wie im Herz Ihres Meisters Jesus Christus. Und dass Sie darin stetig wachsen, solange Sie leben.

Mehrere Autoren, die sich mit diesem Thema intensiv auseinandersetzen, haben mit Recht darauf hingewiesen, dass dieses Ziel und der damit verbundene Veränderungsprozess in der evangelischen Christenheit lange ausgeklammert und vernachlässigt wurden. Man hatte Angst davor, gesetzlich zu werden. Man wollte die Menschen damit nicht unter Druck setzen. Man fürchtete, damit die Botschaft von der bedingungslosen Gnade Gottes zu verwässern. Diese Angst hat zu einer bedenklichen Entwicklung geführt. Einseitig gelehrte Christen haben freudig die Gnade Gottes und seine Vergebung in

Anspruch genommen, während sie die alten, unveränderten Persönlichkeiten geblieben sind.

Wo dies auch heute noch geschieht, hat das gravierende Folgen. Es wird dann zur still geduldeten Normalität in unseren Gemeinden, dass die große Mehrheit der Mitglieder zwar eifrig die angebotenen kirchlichen Veranstaltungen besucht, dabei aber im Verlauf ihrer Lebensjahre nicht liebevoller, gnädiger, freundlicher, gütiger und herzlicher wird, sondern vielmehr sturer, liebloser, selbstbezogener, misstrauischer, anklagender, verurteilender, fordernder und enger. Die Leute bekennen zwar, dass sie an Jesus Christus glauben und er ihr Herr ist. Dennoch ist in ihrem Leben herzlich wenig davon erkennbar. Diese Realität empfinde ich als besonders schmerzhaft und sie wird mir manchmal zur schmerzhaften Anfechtung: Wie kann es sein, dass jemand sein Leben lang den Kirchenstuhl wärmt und gleichzeitig ein immer härterer, anklagender und kritiksüchtiger Mensch wird?

Vor einiger Zeit hatte ich ein Gespräch mit einem langjährigen Christen. Wir sprachen über die Veränderung unseres Lebens durch Christus. Auf einmal sagte er in einem abschätzigen Ton: »Sie reden immer davon, dass man sich auch im Alter noch verändern könne. Das ist Quatsch! Ich kann nun mal nicht aus meiner Haut. Ich bin halt so und damit müssen meine Mitmenschen leben!«

Was sagt diese Person damit letztlich aus? Ihre Worte sind: »Ich kann nicht ...!« Aber eigentlich meint sie: »Ich will gar nicht. Ich bestehe auf dem Recht, ein verbitterter, liebloser, anklagender Mensch zu sein, und ihr müsst das eben aushalten!«

Ich denke, diesem Menschen fehlt nicht nur die Bereitschaft, sein Herz von Gott erneuern zu lassen. Er ist auch das Opfer einer jahrzehntelangen, einseitigen Verkündigung. Man hat ihn wahrscheinlich nie gelehrt, dass Gott in seinem Leben einen lebenslangen, geistlichen Veränderungsprozess in Gang bringen will.

Dieter Zander, ein Pastor, sagt dazu Folgendes: »Manche Menschen sind nicht nur gerettet durch die Gnade, sie sind auch gelähmt durch die Gnade. Sie befürchten nämlich, dass jede Art von Tun sofort ein gesetzliches Werk sei.«[15]

Es gibt tatsächlich eine falsch verstandene evangelische Betonung der Gnade, welche uns lähmt, von innen veränderte Menschen zu werden. Sie hindert uns daran, gute Taten auch wirklich zu tun und auf die tatsächliche Umgestaltung unseres Lebens hinzuarbeiten.

Darum ist eine neue Betonung des Themas »Veränderung« so wichtig: Es ist und bleibt das Ziel für jeden Einzelnen von uns, dass wir in einem lebenslangen Prozess Jesus Christus immer ähnlicher werden. Die Auseinandersetzung mit dem Thema Spiritualität gehört in diesen Kontext. Ihr Ziel ist es, dem verändernden Wirken der Gnade Gottes in unserem Leben bewusst und gezielt Raum zu geben.

Sind Sie bereit für eine lebenslange Reise, die auf eine umfassende Erneuerung Ihres Herzens zielt?

Kapitel 8:

Wer stillt den Sturm in mir? Innerlich und äußerlich zur Ruhe finden

Unruhige Nächte

Es ist nachts um 3 Uhr. Die Straßen sind menschenleer. Das orange Licht der Beleuchtung bewirkt zusammen mit der Stille eine fast gespenstische Stimmung. Ich bin mit dem Fahrrad unterwegs. Wieder einmal fahre ich zu einer Zeit, in der alle anderen schlafen, durch die Dörfer. Wieder einmal kann ich nicht schlafen, komme nicht zu Ruhe und halte es in meinem Bett einfach nicht mehr aus. Ich brauche Bewegung. Der Wind, der durch meine Kleider weht, nimmt mir ein wenig die beklemmende Enge einer weiteren, schlaflosen Nacht. Endlich, zwei Stunden später, sinke ich erschöpft ins Bett. Es bleiben mir noch knapp zwei Stunden, bevor der Wecker erbarmungslos klingeln wird ...

Wenn ich heute an diese Zeit zurückdenke, fühle ich noch einmal einen Hauch der Hilflosigkeit und des Schmerzes, der Kämpfe und der inneren Zerrissenheit, denen ich damals ausgesetzt war. Es war eine der schwierigsten Zeiten meines Lebens. Ich habe ganz am Anfang dieses Buches darüber berichtet: Ein Übermaß an Arbeit und ein ungeordnetes, unruhiges Herz hatten mir buchstäblich die Ruhe aus den Knochen gesogen. Nächtelang lag ich wach. Entweder konnte ich nicht einschlafen, oder ich erwachte nach ein, zwei Stunden und wälzte mich bis zum Morgen im Bett herum. Dank der

Geduld und Hilfe meiner Frau habe ich damals den Boden unter den Füßen nicht ganz verloren.

Es war eine demütigende Erfahrung. Ich, der ich über Vertrauen, Stille, Ausrichtung auf Gott predigte und lehrte, hatte selber verloren, was ich anderen beibringen wollte. Doch als ich mir endlich eingestehen musste, dass ich ein ernsthaftes Problem hatte, begann der zaghafte Beginn einer Neuorientierung. Neben dem ehrlichen Blick unter die Oberfläche meines Lebens musste ich auch ganz neu lernen, körperlich zur Ruhe zu kommen. Ich ahnte damals nicht, welch ein langer und mühevoller Weg mir da bevorstand und wie viele schmerzliche Rückschläge ich erleben musste. Auch heute noch ist innere und äußere Ruhe für mich nichts Selbstverständliches. Es ist nicht etwas, das ich einfach so abrufen kann. Ich muss sie suchen, erkämpfen und einüben.

Der Weg, der mich zur Ruhe zurückgebracht hat, ist eng verbunden mit meiner Spiritualität. Hier hat sich meine Unruhe auch zuerst bemerkbar gemacht. Meine Stille vor Gott war schon lange nicht mehr so still. Ich ließ mich ablenken von tausend Gedanken und Ideen, die in meinem Kopf herumpurzelten. Das Wort Gottes, das ich las, lief an meinem Herzen hinab wie an einem Regenmantel. Meine Zeiten mit Gott wurden immer spärlicher und unbefriedigender. Darum war mir schnell bewusst: Wenn es in meinem persönlichen Umgang mit Gott keine Ruhe, keine Stille, keine Fähigkeit zur Konzentration und zum Hören gibt, dann finde ich auch für mein restliches Leben keine Ruhe und Entspannung. Denn Unruhe und Verspannung blockieren die Sinne, in denen es zur Gottesbegegnung kommt.

Es musste also im innersten Kreis eine Veränderung geschehen, am inneren Menschen. Ich wollte es wieder lernen, in der Gegenwart meines himmlischen Vaters zur Ruhe zu kommen. Und tatsächlich erweist sich für mich dieser Weg als Lösung: Wo immer ich vor Gott zur Ruhe komme, fließt diese Ruhe auch in mein Arbeiten und in meinen Alltag hinein.

Äußere und innere Wurzeln unserer Ruhelosigkeit

In seinem Buch *Vorschule des Betens* bezeichnet Romano Guardini das Zur-Ruhe-Kommen als wesentliche Voraussetzung für eine gesunde Spiritualität. Beten, auf Gottes Reden hören, Gottes Wort ins Herz aufnehmen kann nur, wer sich sammeln kann: »Von der Sammlung hängt alles ab. Keine Mühe, die darauf verwendet wird, ist vertan.«[16]

Warum ist es für uns Christen eine solche Herausforderung, ruhig zu werden, um Gott begegnen zu können? Ist es eine Langzeitfolge der industriellen Entwicklung, die Stress und Lärm zur Normalität hat werden lassen? Ganz bestimmt ist das ein wesentlicher Faktor. Das Leben in unseren Städten und Dörfern ist voller Bewegung, Unruhe, Eile und Zeitknappheit. Dazu kommt die Lebensgeschwindigkeit, die uns das Kommunikationszeitalter beschert: Bilder- und Informationsflut, ein Überangebot an Freizeit und Aktivitäten.

Das hinterlässt seine Spuren. Spuren, die man feststellen kann, wenn man durch eine Stadt geht und beobachtet, mit welchem Schritttempo und mit welcher Mimik die Menschen über die Bürgersteige eilen und wie sie ihren Kaffee herunterschütten. Christian Morgenstern hat dazu treffend bemerkt: »Der Körper ist der Übersetzer der Seele ins Sichtbare.«

Dennoch hatte der Mensch zu allen Zeiten diese Neigung, sich von Unruhe und Hektik gefangen nehmen und lähmen zu lassen. Der Schreiber des 42. Psalms ruft in Vers 6 und 12 frustriert: *Meine Seele, warum bist du betrübt und bist so unruhig in mir? Harre auf Gott; denn ich werde ihm noch danken, meinem Gott und Retter, auf den ich schaue* (Einheitsübersetzung).

Ruhelosigkeit, die es uns unmöglich macht, vor Gott still zu werden, ist ein Ausdruck unseres Hungers. Ein Ausdruck unserer inneren Suche nach etwas, das wir noch nicht gefunden haben. Unserer Suche nach dem, was uns stillt, beruhigt, sättigt und zutiefst befriedigt. Denn wo der Mensch dies findet, wird er ruhig und entspannt:

Ich ließ meine Seele ruhig werden und still; wie ein kleines Kind bei der Mutter ist meine Seele still in mir (Psalm 131,2).

Es ist die inmitten der unendlichen Konsumangebote und Aktivitäten immer noch unerfüllte, ungestillte Seele, die den ganzen Menschen in Ruhelosigkeit versetzt und ihn immer weiter in die falsche Richtung treibt. Je unerfüllter die Seele des Menschen ist, umso mehr treibt sie ihn in die Aktivität, in die Zerstreuung oder ins Essen. Durch sie versucht der Mensch seinen Hunger zu kompensieren. Guardini schreibt, dass der Ruhelose nicht fähig ist, zu verweilen und sich zu vertiefen. Er verbraucht Menschen, Dinge und Worte ohne Zahl und bleibt doch immer unerfüllt.[17]

Das war eine der schmerzlichsten Entdeckungen auf der Suche nach den Wurzeln meiner eigenen Ruhelosigkeit. Ich musste mir eingestehen, dass die Ursachen für meine zunehmende Unfähigkeit, vor Gott still zu sein, mich zu entspannen und nachts zu schlafen, nicht außerhalb meiner selbst lagen. Es waren in erster Linie nicht die mühsamen Menschen oder die Arbeit, die mir zu schaffen machten. Ich selbst war das Problem und ich bin es bis heute, wenn die Ruhe mich verlässt. Es waren ungeordnete Neigungen in mir, Wünsche, Motive, ungesundes Bestreben und Absichten, die mir Stress verursachten und mich daran hinderten, mich zu entspannen.

David musste es sich selbst geradezu befehlen: *Sei still vor dem Herrn und harre auf ihn!* (Psalm 37,7; Einheitsübersetzung). Und der Prophet Zephanja ruft es dem Volk Gottes zu: *Schweigt vor Gott, dem Herrn!* (Zephanja 1,7; Einheitsübersetzung).

Einer solchen Aufforderung kann ein ruhelos gewordener Mensch nur nachkommen, wenn er sich mit den inneren Ursachen seiner Unfähigkeit, still zu werden, beschäftigt. Aus diesem Grund habe ich im ersten Teil dieses Buches so ausführlich über die Notwendigkeit geschrieben, dass wir uns dem ehrlich stellen, was sich in den Tiefen unserer Seele abspielt. Hier lag die Wurzel meiner eigenen Unruhe. Hier musste meine Neuorientierung beginnen – ein paar Entspannungsübungen reichten da nicht mehr aus. Dieser ungeschminkte

Blick in das hässliche Gesicht eines ungeordneten, unreifen Männerherzens war herausfordernd und schmerzhaft. Da tummelte sich eine ganze Schar ungesunder Neigungen: der Wunsch nach Anerkennung, nach Erfolg, nach Bewunderung, nach Bedeutung und Bestätigung durch andere. Hier lagen die Gründe, warum ich ununterbrochen engagiert war und mir keine Ruhepausen gönnte. Sodass ich diese Ruhe auch dann nicht mehr fand, wenn ich sie tatsächlich suchte, weil mein ganzer Körper die Unruhe meiner Seele aufgenommen und sie nun nicht mehr loswerden konnte.

Ergänzend zu den in Kapitel drei beschriebenen Möglichkeiten, uns selbst auf die Spur zu kommen, können uns die folgenden Fragen eine zusätzliche Hilfe sein:

- Was befürchte ich zu verlieren oder zu verpassen, wenn ich nicht ständig unterwegs oder beschäftigt bin?
- Welchem Ideal von mir selbst jage ich nach und versuche ich durch meinen außerordentlichen Einsatz zu erreichen?
- Welcher innere Schmerz, welche unerfüllten Wünsche, welche unangenehmen Fragen lassen sich durch ständiges Unterwegssein und Arbeiten optimal verdrängen?
- Wie will ich, dass andere mich sehen? Was will ich, dass sie über mich denken und sagen? Versuche ich, mich durch das, was ich tue, in einem bestimmten Licht darzustellen?
- Welche Erwartungen von anderen oder mir selbst sitzen mir im Nacken und treiben mich an, mich pausenlos zu verausgaben?
- Wie viel bin ich eigentlich wert? Einfach so als Mensch, losgelöst von meinem Tun oder meiner Ausbildung? Habe ich den Eindruck, ich genüge so, wie ich bin, oder muss ich ständig daran arbeiten, meinen Wert zu steigern?

Wenn Sie über solche Fragen ganz offen und ungeschützt mit Gott und einem Menschen sprechen können, dann kommen Sie den psychischen Wurzeln Ihrer Unruhe auf die Spur. Wenn Sie diese verborgenen Mechanismen nicht reflektieren, bleiben die folgenden

Hilfestellungen äußerliche Maßnahmen. Obwohl sie hilfreich sein können, kratzen sie nur an der Oberfläche und vermögen Ihr eigentliches Problem nicht zu lösen. Der Mensch muss von innen her gesunden. Denn die zur Ruhe gekommene Seele wird die gefundene Ruhe an den Körper weitergeben.

Wenn beides zur Ruhe kommt, Seele und Körper, sind wir offen für die Begegnung mit Gott und seinem Wort. Dann sind wir bereit für ein ehrliches, offenes Gespräch mit ihm – für lebendiges, authentisches Gebet. Dann ist es möglich, das Flüstern und Führen seines Heiligen Geistes wahrzunehmen. Dann sind wir auch offen für die Impulse und Hinweise, die Gott uns durch andere Menschen geben möchte.

Meine Schritte in die Ruhe

Ruhe, wie ich sie in unserem Zusammenhang verstehe, umfasst die Bedeutung von drei verschiedenen Begriffen: Der Begriff »Ruhe« im herkömmlichen Sinn steht im Gegensatz zu Bewegung. Er umfasst den motorischen Bereich, zum Beispiel meinen Körper. Eine zweite Bedeutung ist »Stille«. Stille steht im Gegensatz zu Lärm und Geräusch. Sie umfasst den akustischen Bereich.

»Schweigen« schließlich meint die Stille nach innen. Ich schweige, wenn es nicht nur äußerlich still ist, sondern auch bei mir und in mir, in meinen Gedanken und Gefühlen.

Wenn ich mich mit Menschen über dieses Thema austausche, wird mir meist bestätigt, was auch meine eigene Erfahrung ist: Es ist nicht einfach, Ruhe zu finden, und noch herausfordernder, die Stille. Zu schweigen im oben genannten Sinn ist die höchste und schwierigste Stufe. Viele Christen haben die Fähigkeit dazu ganz verloren bzw. noch nie gefunden. Daher begegnen sie auch Gott nicht wirklich beziehungsweise nur oberflächlich.

Ich habe für mich zunächst zwei wichtige Hilfen entdeckt, die mir helfen, ruhig zu werden:

Ich plane feste Ruhezeiten ein

Nach Wochen und Monaten, in denen ich mir keine Ruhe mehr gönnte, sondern immer mit irgendetwas »Wichtigem« beschäftigt war, wurde mir klar, dass ich es nötig habe, in Absprache mit meiner Familie Ruhezeiten gezielt einzuplanen und zu reservieren: einen Abend, einen halben oder ganzen Tag, ein Wochenende. Das muss und kann ich im Voraus tun. Wir finden es nicht ungewöhnlich, unsere Essenszeiten einzuplanen und einzuhalten. Die Begegnung mit Gott ist auch eine Art der »Nahrungsaufnahme«; eigentlich eine ebenso zentrale wie das wirkliche Essen und Trinken. Das spricht dafür, auch diesen Zeiten einen festen Platz in unserem Alltag einzuräumen.

Wenn mir diese Ruhezeit vor Gott wirklich wichtig ist, werde ich sie mir durch keine anderen Anfragen, Aktivitäten und Anliegen rauben lassen. Heute steht in meiner Agenda, wann ich bewusst längere Zeiten mit Gott verbringe. Ein gewisser Anteil meiner Tageszeit gehört der Stille. Am Anfang der Woche plane ich ein, wann und wie viel das sein wird. Ein Tag pro Monat gehört dem Alleinsein mit Gott. Zusammen mit einem Freund ziehe ich mich für einen Tag zurück. Demselben Zweck dienen zwei oder drei Wochenenden im Jahr. Am Jahresanfang trage ich sie ein. Mit Kugelschreiber, damit ich sie nicht mehr ausradieren kann. Dasselbe gestehe ich meiner Frau zu und übernehme in dieser Zeit die Kinder, damit auch sie ihre Rückzugsmöglichkeiten hat. Es geht um eine Grundentscheidung, ob ich solche Zeiten mit Gott will oder nicht. Von ihr hängt es ab, ob wir unsere Vorsätze in die Tat umsetzen. Dallas Willard sagt: »Wir wollen wohl das Gute, aber wir scheuen uns davor, so zu leben, dass es in unsere Reichweite kommt.«[18]

Fragen Sie sich, welche Formen und Zeiten des Rückzugs, der Einsamkeit und Stille Ihnen helfen würden, den Fluss der Unruhe in Ihrem Leben zu durchbrechen. Haben Sie den Mut, hier eine konkrete Entscheidung zu treffen? Sind Sie bereit, den vielen Gründen, die gegen einen solchen Schritt sprechen, zu trotzen und konkrete Maßnahmen zu ergreifen, von denen Sie wissen, dass Sie für Ihr Leben hilfreich und notwendig sind?

Ich übe mich darin, ruhig zu werden

Ich plane bewusst Momente ein, um äußerlich und innerlich ruhig zu werden. Die Herausforderung besteht darin, Beschwerendes, Aufregendes, Verwirrendes loszulassen und empfänglich für Gott zu werden. Ganz für ihn da sein zu können.

Ein idealer Einstig ins Ruhigwerden ist für mich das Tagebuchschreiben. Wenn es mir nicht gelingt, mich innerlich auf Gott auszurichten, nehme ich mir zehn Minuten Zeit, ordne meine Gedanken und formuliere eine Standortbestimmung. Während des Schreibens komme ich langsam zur Sache. Mein Tempo reduziert sich. Die Gedanken hüpfen nicht unkontrolliert herum, sondern werden gebündelt. Der Inhalt meiner Eintragung kann auch das Ziel oder der Vorsatz sein, die ich mir für diese Zeit mit Gott gefasst habe. Oder ein schriftliches Gebet. Ich entscheide mich für jeweils eine Seite, damit mir genügend Zeit für die weiteren Schritte bleibt.

Anschließend versuche ich, mir bewusst zu machen, was ich gerade an Ungelöstem mit mir herumtrage. Ich frage mich, wo ich innerlich und äußerlich verspannt und aufgewühlt bin. Wenn der Körper unruhig bleibt, kann auch die Seele nicht zur Ruhe kommen. Umgekehrt gilt dasselbe. Solange meine innere Unruhe anhält, wird sich das in meinem Körper niederschlagen. Bevor Psychotherapeuten den Begriff »Psychosomatik« kreierten, wussten die Menschen des Alten Testaments, dass Seele und Körper direkt aufeinander wirken. Denn das Äußere und Innere unserer Person ist Teil einer Persönlichkeit und kann nicht getrennt werden. Wie soll die Seele ruhig und entspannt sein, wenn der Körper verkrampft ist?

Wenn ich also unruhig und verspannt bin, nehme ich im Sitzen eine Haltung ein, in der möglichst viele Muskeln gelöst werden können. Ich setze mich gerade und bequem hin. Nun konzentriere ich mich auf meinen Körper und werde mir bewusst, wo Verkrampfungen sind: zunächst die Füße, dann Rücken, Arme, Schultern,

Nacken und Kiefer. »Jede Verkrampfung ist eigentlich ein Ausdruck eines mangelnden Grundvertrauens«, schreibt Graf Dürckheim.

Ein Bereich, der mir sehr schnell verrät, ob ich entspannt bin oder nicht, ist der Schulter- und Nackenbereich. Sind die Schultern angespannt hochgezogen, oder entspannt? Neben der Schulter sind es vor allem die Hände und das Gesicht, an denen sich körperliche Anspannung zeigt. Ich versuche, die Muskeln zu entspannen, mich in Gottes Hand fallen zu lassen.

Nun achte ich auf meine Atmung. Manche Christen halten diesen Punkt für überflüssig. Alle, die »von Natur aus« gesund atmen, können diesen Punkt tatsächlich überspringen. Andere – ich gehörte zu ihnen – haben es verlernt, richtig zu atmen. Wer längere Zeit unter Anspannung und Druck gelebt hat, der hat sich in der Regel auch angewöhnt, unnatürlich und ungesund zu atmen.

Nun sind Atemübungen ein wichtiger Bestandteil aller östlichen Meditationsformen. Sie verwenden jedoch praktisch immer den Vier-Takt-Rhythmus: Einatmen – Pause – Ausatmen – Pause. Dieser Rhythmus führt aber zu einer ungesunden Belastung des Herzens, da beim Einatmen Druck auf das Herz entsteht. Wichtig ist aber, dass man lernt, »es atmen zu lassen«. Das bedeutet, sich nicht auf ein verkrampftes Rhythmus-Atmen zu versteifen, sondern möglichst natürlich zu atmen. Dabei wird der Schwerpunkt auf das Ausatmen gelegt. Mein Ausatmen wird dann gleichzeitig zu einem Bild für das Loslassen, Abwerfen, Hinauslassen dessen, was mich bedrückt und anspannt. Nach dem Ausatmen folgt eine Pause, die so lange dauert, bis man wie von selbst wieder einatmet. Beim Einatmen ist darauf zu achten, dass man nicht übermäßig die Luft einzieht. Man lässt sie ganz ruhig einfließen bis an den Punkt, wo sie wieder ausströmen will. Damit ergibt sich im Gegensatz zu den Atemübungen in den östlichen Meditationen ein Drei-Takt-Rhythmus: Ausatmen – Pause – Einatmen; Ausatmen – Pause – Einatmen; Ausatmen ... So atmet man natürlich und unverkrampft.

Es macht Sinn, sich diese Weise zu atmen auch im Alltag anzugewöhnen. In Momenten der Aufregung, der Angst, der Erregung und Anspannung kann man bewusst solches Atmen »einschalten«. Denn in solchen Situationen ist man praktisch immer körperlich verkrampft und atmet nur flach oder stockend. Schon nach ein paar Augenblicken mit richtiger Atmung beginnt man sich zu entspannen und ruhiger zu werden.

Friso Melzer beschreibt diesen Vorgang so: »Atmend lösen und lösend atmen, bis man beides beherrscht und unwillkürlich vollzieht.«[19]

Am Anfang wirkt solches Atmen noch künstlich, vor allem dann, wenn man bis dahin ganz anders geatmet hat und sich nun umgewöhnen muss. (Auch z. B. dann, wenn man bisher nicht über das Zwerchfell, sondern über den Brustkorb geatmet hat.) Es ist schwierig, sich auf etwas anderes zu konzentrieren. Hier muss man beharrlich üben. Ich selbst habe jahrzehntelang falsch geatmet und musste mühsam umlernen. Auf einmal wird das Neue aber normal und natürlich. Man ist frei, sich auf das Eigentliche zu konzentrieren. Die Begegnung mit Gott. Das Hören auf ihn und das Flüstern des Heiligen Geistes. Das Atmen ist »nur« Mittel zum Zweck: Es soll uns helfen, uns innerlich zu sammeln. Nun sind die körperlichen und auch schon die ersten innerlichen Voraussetzungen geschaffen, um ganz da zu sein für Gott und vor Gott.

So richte ich als Nächstes meine Aufmerksamkeit ganz auf den heiligen Gott. Ich rufe mir ins Bewusstsein, dass ich mich unmittelbar vor ihm, seinem Sohn Jesus Christus und in der Gegenwart des Heiligen Geistes befinde.

Es gibt mehrere Möglichkeiten, dieses Bewusstsein für die Gegenwart Gottes zu bekommen: Ich denke an Jesus. Ich rufe mir eine bestimmte Begebenheit aus den Evangelien in Erinnerung und stelle mir vor, ich wäre selbst dabei und erlebte live mit, was Jesus tat und sagte. Ich begebe mich also innerlich in diese Situation hinein, lasse sie bewusst an mich heran und werde ein Teil von ihr.

Eine andere Möglichkeit ist, sich an ein Landschaftsbild zu erinnern, das die Größe, Macht und Schönheit Gottes ausdrückt. Ich kann ein Anbetungslied singen oder hören und innerlich ganz mitgehen. Es gibt Menschen, denen es hilft, einen Gegenstand zu betrachten: eine Blume im Glas, eine brennende Kerze, ein Bild. Oder ich richte meine Aufmerksamkeit auf einen einzelnen Vers aus der Bibel. Ich kann auch ein kurzes, vielleicht vorformuliertes Gebet sprechen, bei dem ich ganz bei der Sache bin, indem ich jedes Wort bewusst nachvollziehe.

Hier einige Vorschläge:

- »Mein Herr und mein Gott!« (Thomas zu Jesus in Johannes 20,28).
- »Ich sehne mich nach dir von ganzem Herzen« (nach Psalm 42,1).
- »Im Schatten deiner Flügel berge ich mich« (Psalm 17,8).
- »Herr, ich nehme dich mit Freude in mein Haus auf!« (vgl. Lukas 11,6).
- »Danke, lieber Vater, dass du bei mir bist.«
- »Jesus Christus, erbarme dich meiner!« (Jesusgebet der orthodoxen Kirche).
- »Gott ist gegenwärtig, lasset uns anbeten und in Ehrfurcht vor ihn treten« (nach der ersten Strophe des bekannten Liedes von Gerhard Tersteegen).

In dieser Ausrichtung auf meinen Herrn verharre ich einen Moment. Es geht nicht darum, viele Worte zu machen. Ich schweige und freue mich dankbar, dass Gott mir das Vorrecht schenkt, ihm so nahe zu sein. Auch ist es nicht Ziel dieser Ausrichtung auf Gott, bestimmte Gefühle zu erwarten. Mark Gibbard schreibt: »Gefühle sind wichtig, aber für sich alleine unzuverlässig.«[20] Sie geben nicht zwingend den Stand, die Tiefe und Echtheit einer Beziehung an.

Nach einiger Zeit des geduldigen Übens werden Sie an dieser Stelle erleben, wonach sich Ihre Seele und Ihr Körper so gesehnt haben: Sie sind zur Ruhe gekommen. Ihr ganzes Herz nimmt wahr, dass Sie in Gottes Gegenwart sind. Nun ist alles gut. Sie sind bei Gott aufgehoben. Er trägt Sie. Er begegnet Ihren Mängeln. Sie können dies jetzt annehmen und wissen tief in Ihrem Inneren: Mein Herr versorgt mich. Ich bin sein Freund. Ich bin sein geliebtes Kind. In seinen starken Armen kann ich mich entspannen.

Von der Ruhe zur Konzentration

Das ist die beste Ausgangslage, um in Gottes Wort zu lesen. Oder meine Gebetsanliegen vor ihn zu bringen. Oder ihn während einer längeren Zeit anzubeten. Jetzt bin ich bereit. Der ablenkende Ballast der Unruhe und der Zerstreuung ist weggeblasen. Nun hat mich Gott ganz für sich. Ich bin bereit zu hören und mir das zeigen zu lassen, was ich heute an Führung, Korrektur oder Ermutigung nötig habe.

Das Ruhigwerden, die Sammlung, dient der Konzentration. Es ist also kein Selbstzweck, sondern eine notwendige Vorbereitung, denn sich konzentriert, wach, aufmerksam und empfangsbereit einer Sache zuwenden kann man nur aus der Ruhe heraus.

Was meine ich mit Konzentration? Konzentration umfasst mehrere Dinge. Zum einen bedeutet Konzentration, dass ich meine Aufmerksamkeit auf *eine* Sache lenke. Ich kann mich nun voll und ganz einer der geistlichen Disziplinen (Gebet, Bibellese, Hören auf Gott, Studium, Schweigen etc.) widmen. Zum Beispiel dem bewussten, aufnahmebereiten Meditieren der Bibel. Wie ein zur Ruhe gekommenes Herz Gottes Worte aufnehmen und verinnerlichen kann, davon handelt das nächste Kapitel. Oder ich möchte beten. Wo mich die Unruhe lähmt, vergesse ich ständig, worüber ich gerade mit Gott gesprochen habe. Meine Gebete werden flach und ichbezogen. Auch auf diesen Bereich kommen wir noch zu sprechen.

Sich auf eine Sache konzentrieren schließt Verzicht ein. Ich werde nicht die Bibel studieren, meine ganze Bekanntschaft durchbeten und auch noch auf Gott hören. Ich konzentriere mich auf *eine* Sache und auf diese dafür richtig. Alles andere führt zu erneuter Zerstreuung. Das heißt nicht, dass die anderen Elemente nicht auch einfließen dürfen. Das tun sie. Aber sie stehen dieses Mal nicht so sehr im Mittelpunkt.

Vielleicht lerne ich daraus auch etwas für mein Leben überhaupt. Ich kann mein Leben und meinen Dienst gar nicht zufriedenstellend bewältigen, wenn ich nicht lerne, mich auf gewisse Aufgaben und Schwerpunkte zu konzentrieren und dabei bewusst auf anderes zu verzichten. Das in unserer Gesellschaft manchmal vermittelte Ziel, möglichst vieles gleichzeitig zu tun, zu erleben und mitzubekommen, macht uns immer oberflächlicher und überfordert uns letztlich. Ich brauche darum Klarheit über meine Gaben, Fähigkeiten und über meine von Gott mir zugedachte Bestimmung. Dann konzentriere ich mich darauf und lasse anderes bewusst sein bzw. überlasse es anderen.

Auf diesem Weg habe ich es gelernt, wieder ruhig zu werden. Ich muss gestehen: Es hat Monate, nein, Jahre gedauert, bis sich in meinem Inneren und in meinem Körper wieder so etwas wie ein einigermaßen konstanter, ruhiger Grundzug eingestellt hat. Das passierte nicht über Nacht. In meinem Leben und während der Arbeit hatte ich zu lange wie auf Kohlen gesessen. Unangenehmen Fragen über mich selbst und meine Lebensweise war ich aus dem Weg gegangen. Es braucht Zeit und Geduld, bis hilfreiche neue Gewohnheiten ihre spürbaren und anhaltenden Folgen haben.

Es ist 4 Uhr morgens. Ich liege wach im Bett. Manchmal kommt es vor, dass ich immer noch nachts erwache. Meist nur für ein paar Minuten, dann schlafe ich wieder ein. Seit meiner letzten nächtlichen Fahrradtour ist einige Zeit vergangen. Manchmal vermisse ich es sogar ein wenig, unsere Stadt und die umliegenden Dörfer in die Ruhe der Nacht eingehüllt zu erleben. Aber das ist auch schon alles, was ich vermisse. Ich danke Gott für jeden Tag, an dem ich in der von ihm neu geschenkten Ruhe leben kann. Und ich übe weiter, damit sie mir nicht zu schnell wieder geraubt wird.

Kapitel 9:

Werde, was du liest – wie Gottes Wort mein Innerstes verändert

Ein neuer Zugang zur Bibel

Ich war ratlos. Seit etwas mehr als einem Jahr (also noch einige Jahre bevor ich ernsthaft an die Grenzen meiner physischen und psychischen Kräfte kam) befand ich mich nun in einem »Fulltime-Job« für Gott und hatte schon jetzt das Gefühl, meine geistlichen Vorräte seien verpufft. Dabei hatte ich eine Aufgabe gefunden, die wie auf mich zugeschnitten schien. Ich unterrichtete an einer Jüngerschaftsschule biblische Fächer und begleitete Freizeiten mit Andachten und Inputs. Aber gerade das führte wohl dazu, dass ich schon nach kurzer Zeit meine von der Ausbildung mitgebrachten Ressourcen aufgebraucht hatte. Ich erinnere mich, wie ich bei den Vorbereitungen für Andachten und Predigten, die ich auf einer Freizeit halten sollte, stundenlang verzweifelt in meinem Büro auf und ab ging. Was nur sollte ich diesen Menschen weitergeben? Ich zog dieses und jenes Buch aus dem Regal und suchte den großen Inspirationskick. Vergeblich. Es schien mir so hohl, einfach irgendwelche nachgekauten Gedanken weiterzugeben. Aber was dann? In mir war eine zermürbende Unsicherheit: Was war dran? Was wollte Gott? Was brauchten diese Menschen? Dass ich darauf keine Antwort fand und oft mit Verlegenheitslösungen operieren musste, nagte immer stärker an mir.

Zwei Wochen später: Ich saß im schwülen Dachzimmer bei meinem geistlichen Begleiter, mit dem ich mich regelmäßig traf. Nachdem ich ihm mein Dilemma, das inzwischen fast zur Verzweiflung geworden war, geschildert hatte, sagte mir mein Seelsorger ein paar Worte, die für mein geistliches Leben so etwas wie eine kleine Reformation bedeuteten. Noch heute staune ich bei dem Gedanken, dass ein paar Worte eines Menschen im Leben eines anderen Menschen so viel verändern und in Bewegung setzen können.

Wie reagierte mein geistlicher Begleiter auf meine Situation? Er gab mir keinen Rat im üblichen Sinn. Keine Anleitung zur effektiven Vorbereitung von Andachten und Lektionen. Keinen Hinweis auf hilfreiche Literatur mit tollen Predigten und geistlichen Inputs. Mein Seelsorger sprach mit mir über die Art und Weise, wie ich meine persönliche Beziehung zu Gott gestaltete. Er fragte mich, wie viel Zeit ich in meine Gottesbeziehung investierte. Er wollte wissen, wie ich für mich ganz persönlich in der Bibel las. Wie ich auf Gottes Stimme hörte. Lauter unangenehme Fragen! Schon bald war klar, worauf er hinauswollte: Wer von Gott zu reden hat, aber Gottes Reden selber kaum erlebt, der hat bald nichts mehr zu sagen.

Als ich von diesem Gespräch nach Hause fuhr, war ich erschlagen. Würde ich es schaffen, am Morgen früher als gewohnt aufzustehen, wie mein Seelsorger es mir vorgeschlagen hatte, ohne dass diese Übung zu einer selbstquälerischen Aktion würde, die letztlich doch nichts brachte? Würde ich wirklich Gottes Reden hören, wenn ich anders als bisher sein Wort las und mit Gott redete? Ich war voll neuer Fragen, leiser Zweifel und doch auch ein wenig Hoffnung.

Die darauffolgenden Monate wurden ein unerwartet spannendes Abenteuer. Ich machte mich auf die Suche nach einem Weg, wie meine persönliche Spiritualität neu erwachen und mehr Tiefe bekommen könnte. Was ich dabei entdeckte und neu einzuüben begann, ließ mich finden, was ich so sehr nötig hatte und bisher zu oft einfach nicht erlebt hatte: Ich konnte nachhaltige Begegnungen mit Gott haben und sein Reden zu mir auf einer tieferen Ebene erleben. Es war ein Durchbruch auf meinem bisher rund zehnjährigen Weg als Christ.

Parallel dazu verschwand auch mehr und mehr die Unsicherheit, was ich anderen Menschen als Verkündiger und Lehrer weitergeben sollte. Ich erlebte wieder Gottes eindrückliches Reden durch sein

Wort. Nach dem Rat meines Seelsorgers machte ich es mir zur Gewohnheit, genau das mit den mir anvertrauten Menschen zu teilen, was Gott mir neu gezeigt hatte. Ich war selber erstaunt, was das auslöste. Dort, wo ich selber als Ergriffener mitteilte, was mein eigenes Herz berührt hatte, erlebte ich, wie die Herzen anderer Menschen ebenso berührt wurden.

Seit jener Zeit sind beinahe 15 Jahre vergangen. Rückblickend stelle ich fest, dass diese Erfahrung folgende Bereiche meiner persönlichen Spiritualität nachhaltig verändert und geprägt hat: meinen Umgang mit der Bibel, mein Gebetsleben, mein Hören auf Gott, aber auch die Art und Weise, wie ich zur Ruhe komme, um von Belastungen und Stress frei zu werden. Dieser Weg war nicht geradlinig, sondern mit vielen Rückschlägen und teilweise schmerzhaften Einbrüchen verbunden. Aber gerade diese Krisen brachten mich letztendlich wieder einen kräftigen Schub vorwärts. Es hatte etwas Neues angefangen, und ich wollte es mir auf keinen Fall wieder rauben lassen.

Am spannendsten war für mich die Suche nach einem neuen Umgang mit der Bibel und ich möchte Sie in diesem Kapitel an dem, was ich gefunden habe, teilhaben lassen. Ihre Situation ist vielleicht eine ganz andere als meine. Sie sind nicht Pastor oder Lehrer. Ihre tägliche Herausforderung besteht darin, im Chaos eines Familienhaushaltes nicht unterzugehen. Oder sich von früh bis spät um pflegebedürftige Menschen zu kümmern. Vielleicht sind Sie dafür zuständig, dass eine Firma rentabel bleibt und sich auf dem Markt behaupten kann. Wenn Ihre Aufgaben auch ganz anders aussehen als meine; etwas verbindet uns, wenn Sie Ihr Leben mit der Hilfe Gottes bewältigen wollen: der Wunsch nach seinem prägenden Einfluss inmitten unserer alltäglichen Herausforderungen und Schwierigkeiten. Das ist der Grund, warum Sie und ich uns mit der Bibel beschäftigen und dabei fragen, was Gott uns ganz persönlich zu sagen hat. Wir möchten, dass Gottes Gesetzmäßigkeiten unser tägliches Handeln, Denken, Beurteilen und Entscheiden prägen. Das ist nur möglich, wenn wir Menschen der Bibel werden. Menschen, die mit offenem Herzen die Wahrheiten Gottes bewegen, meditieren und ins Herz aufnehmen, sodass sie beeinflussen, was wir tun, wie wir es tun und wie wir denken.

In diesem Kapitel nehme ich Sie mit auf meine persönliche Entdeckungsreise. Sie erfahren, wie ich einen neuen, lebensverändernden Zugang zu den Worten der Bibel und damit zu Gott selbst gefunden habe. Mein Wunsch ist, dass mein Weg Sie motiviert, Ihren eigenen Zugang zu Gottes Wort zu finden; der auf Sie zugeschnitten ist und der Spuren in Ihrem Alltag hinterlässt. Wenn dieses Kapitel in Ihnen den Wunsch weckt, ein »Bibelfreak« zu werden, dann kann das der Beginn einer Bewegung sein, die auch in Ihrem Leben eine kleine Reformation in Gang bringt.

Damals, als ich selber auf der Suche nach einem neuen, für mich befriedigenden und motivierenden Zugang zur Bibel war, ging es mir in erster Line darum, einen Weg zu finden, wie Gottes Wort wieder unmittelbar und konkret in mein Leben hineinsprechen und mich prägen konnte. Ich wollte frei werden davon, die Bibel rein wissenschaftlich zu studieren und im Blick auf meine Aufgaben hin zu »bearbeiten«. Dabei wurde mir schnell bewusst, dass es um mehr als um eine andere Methode ging. Es ging zunächst um die Notwendigkeit, eine neue Grundhaltung zu finden.

Die Grundfrage: Was erwarte ich von Gottes Wort?

Während meiner theologischen Ausbildung hatte ich gelernt, mit der Bibel zu arbeiten. Eine wundervolle, spannende Angelegenheit! Da erschlossen sich Welten. Doch leider hatte ich mir dabei angewöhnt, Gottes Wort ähnlich wie ein Handwerker zu bearbeiten, der mit Material wie Holz oder Metall umgeht. Er nimmt es und macht etwas damit. Es entsteht dank seiner Fertigkeit etwas Brauchbares daraus. So ähnlich ging ich mit der Bibel um. Ich bearbeitete ihre Texte exegetisch, philologisch und dogmatisch. Ich behandelte die Worte der Bibel als »Text«. Das lateinische Wort »textus« bedeutet: »Gewebe«. Ja, ich bearbeitete mein biblisches »Gewebe« wie ein Teppichweber. Ich gab ihm Bedeutung, Inhalt, Form und Farbe. Ich hatte es verlernt, dass es andersherum sein sollte. Die Worte der Bibel sollten *mich* bearbeiten, nicht umgekehrt. Sie sollten mich formen und prägen können. Bei mir hatte sich die Zuordnung von Subjekt und Objekt verschoben. Was ich also brauchte, war eine neue Einstellung, eine neue Grundhaltung den Worten der Bibel gegenüber. Und so formulierte ich für mich zwei Grundsätze, die meine Einstellung der Bibel gegenüber neu bestimmen sollten:

Mein erster Grundsatz:
Das Wort Gottes hat für mich nicht denselben Stellenwert wie andere Worte und Texte

Die Bibel soll für mich mehr sein als ein schriftlicher Text zwischen zwei Buchklappen. Die Worte, die sie enthält, stehen nicht auf gleicher Stufe wie die Fülle von Worten, denen ich jeden Tag ausgesetzt bin durch Werbeplakate, Zeitungen und Informationsbroschüren, durchs Radio, durchs Fernsehen, in Liedern, im Internet, in Lehrbüchern und Romanen. Ich erlebe durch diese Medienflut eine unglaubliche Inflation der damit transportierten Worte und Bilder. Bibelverse, die ich am Frühstückstisch schnell in homöopathischer Losungs-Dosierung zu mir nehme, sind dann nicht mehr als ein paar schnell verdampfende Worte neben vielen anderen, die mich kaum mehr beschäftigen und prägen als anderes. Damit will ich mich aber nicht zufriedengeben. Gottes Wort ist für mich auch nicht weiter ein »Text«, mit dem ich arbeite. Es ist von Gott an mich gerichtet, gesprochen von einer Person an seine Geschöpfe. Da will mir einer etwas sagen, was für das Aufblühen meines Lebens entscheidend wichtig ist! Ich werde persönlich angesprochen! Gottes Wort ist auch nicht weiter bloß das Objekt meines Analysierens und Studierens. Ich will die Bibel selbstverständlich gründlich und sachgemäß interpretieren und auslegen. Dabei bleibt aber Gottes Wort an mich formgebendes Subjekt und ich bin das zu formende

Objekt. Es geht darum, dass ich zurücktrete und mich in Demut unter Gottes Wort stelle, nicht darüber. Beschämend, wie oft ich es andersherum angepackt habe ...

Mein zweiter Grundsatz:
Das Wort Gottes will mich in den Tiefen meines Herzens erreichen und umgestalten

Diese Einsicht war für mich die folgenschwerste. Erich Schick schreibt in seinem Buch *Heiliger Dienst*, das 1935 erschienen ist: »Die Menschen unserer Zeit sind vor lauter seelischer Überanstrengung nicht mehr gewohnt, sich geistlich zu mühen um die wesenhaften Erkenntnisse und einen bleibenden inneren Besitz.«[21]

Ich erkannte, wie viel dieser Satz mit mir persönlich zu tun hatte. Ich fühlte mich richtiggehend ertappt, als ich ihn das erste Mal las: Der schreibt ja von mir! Ich war in meinem Dienst für Gott an meine Grenzen gekommen, weil mein Umgang mit wichtigen Fragestellungen und gerade auch mit der Bibel oft so oberflächlich geblieben war. Ich kam mir beim Lesen in der Schrift manchmal vor wie einer, der zwar an einem Glas nippt, aber es nicht austrinkt. Ich nahm immer wieder einen Happen, aber ich aß nicht richtig und konnte deshalb nicht davon satt werden. Und deshalb fehlte es mir so oft an dieser wesenhaften Erkenntnis, von der Erich Schick schrieb.

Es mangelte mir an einem inneren Besitz, der sich aus dem Evangelium nährt. Ein innerer Besitz, der weit mehr ist als intellektuelles Wissen und Verstehen. Wesenhafte Erkenntnis wird mir dann geschenkt, wenn ich das Wort Gottes nicht nur höre und zur Kenntnis nehme, gedanklich einordne und registriere, sondern wenn es wirklich in mein Herz gelangt, sodass mein innerer Mensch davon geformt und umgestaltet wird. Dazu muss ich die Worte der Bibel viel bewusster mit meinen Augen und Ohren aufnehmen. Wir haben uns bereits damit beschäftigt: Herz, das meint den innersten Kern meines Wesens, meiner Person. Da, wo meine geheimsten Gedanken ruhen, wo mein Verstand arbeitet und meine Gefühle ihren Grund haben. Das Wort Gottes will in diese Bereiche vorstoßen, dort Wurzeln schlagen und mich als ganze Person durchdringen. Sodass ich dabei zu einem anderen Menschen werde. Es geht um Lebensveränderung! Um die Veränderung *meines* Lebens! Darum, dass sich bei mir die Dinge zum Besseren hin entwickeln.

Diesen Gedanken kennt schon das Alte Testament: *Und ihr sollt diese meine Worte auf euer Herz und auf eure Seele legen und sie als Zeichen auf eure Hand binden, und sie sollen als Merkzeichen zwischen euren Augen sein* (5. Mose 11,18; Elberfelder).

In meinem Herzen habe ich dein Wort verwahrt, damit ich nicht gegen dich sündige (Psalm 119,11; Elberfelder).

Im Neuen Testament wird diese Haltung mit dem sinnigen Stichwort »wohnen« wiedergegeben: *Lasst das Wort Christi reichlich unter euch wohnen!* (Kolosser 3,16; Luther).

Was zutiefst in mir ist, was bei mir so zu Hause ist, dass es in mir wohnt, das dringt schließlich durch meine Gedanken, Worte und mein Verhalten nach außen. Vor allem Krisensituationen zeigen das: Hier offenbart sich, was wirklich in mir ist, welche Gefühle, Meinungen und Festlegungen mich prägen. Damit mein Leben, Reden und Handeln wirklich von Christus geprägt, kontrolliert und erneuert wird, muss dieser innerste Kern meiner Persönlichkeit von Christus und seinem Wort erreicht werden. Sonst bleibt jede Veränderung in meinem Leben eine bloße Renovierung meiner Fassade, antrainiertes Verhalten und Reden, das nicht wirklich in meinem Herzen verwurzelt und zu Hause ist.

Der indische Sadhu und Christ Sadhu Sundar Singh (1889–1929) ist ein faszinierendes Vorbild, wenn es um das Leben aus einer tiefen und konsequenten Spiritualität geht. Während eines Europabesuchs, auf den er sich sehr gefreut hatte, weil er aus der Wiege der Reformation wichtige geistliche Impulse für sich persönlich erwartete, schrieb er ernüchtert und enttäuscht Folgendes:

> »Eines Tages saß ich im Himalaja am Ufer eines Flusses; ich zog einen schönen, runden und harten Stein aus dem Wasser

und zerschlug ihn. Das Innere war ganz trocken. Dieser Stein war lange Zeit im Wasser gelegen, aber das Wasser war nicht in den Stein eingedrungen. Ebenso ist es mit den Menschen hier in Europa: Jahrhundertelang sind sie vom Christentum umflutet, sind ganz und gar eingetaucht in seine Segnungen. Sie leben im Christentum, aber das Christentum ist nicht in sie eingedrungen und lebt nicht in ihnen. Die Schuld liegt nicht am Christentum, sondern an der Härte der Herzen. Materialismus und Intellektualismus haben die Herzen hart gemacht. So wundere ich mich nicht darüber, dass viele Menschen hierzulande nicht verstehen können, wer Christus ist.«[22]

Dieses Zitat hat mich erschüttert und es trifft mich noch heute immer wieder. Ich fühlte mich ertappt und treffend beschrieben. Auch mir mangelte es an diesem innerlichen Durchtränktsein mit dem Evangelium, wie es in der Bibel steht. Und so begann ich nach Wegen zu suchen, auf denen mich das Wort Gottes auf neue, umfassende Art im Innersten meiner Person erreicht und formt. Ich ahnte: Wenn das geschieht, werde ich in Begegnungen mit Menschen, im Verkündigungs- und Lehrdienst, im Gespräch mit mir anvertrauten Menschen, in der Kleingruppe usw. auf eine ganz neue Art etwas zu sagen haben. Etwas, das aus meinem Innersten kommt. Ein Wort, das echt ist, das selber durchlebt und erprobt ist. Und ich werde meine Vorbereitungszeiten für eine Predigt oder einen Input nicht mehr damit verbringen, bloß wohlklingende christliche Sätze aus meinem Gedächtnis und aus der *Wuppertaler Studienbibel* herauszupressen. Ich begriff bei der Lektüre einiger Bücher von Friso Melzer (ein weiterer Autor, der meinen neuen Umgang mit der Bibel nachhaltig geprägt hat): Nur was aus meinem Innersten kommt, von dort, wo es mich selber geformt hat, trifft andere Menschen auch in ihrem Innersten, sodass sie selber geformt werden. Nur was von der eigenen Personmitte kommt, erreicht den anderen in seiner Personmitte.

Nach der Entscheidung, meinen Umgang mit der Bibel von dieser neuen Grundhaltung her bestimmen zu lassen, stellte sich mir die nächste Frage: Was heißt das konkret? Welche Konsequenzen hat das für das methodische Vorgehen in den Zeiten, in denen ich mich bewusst dem Reden Gottes durch sein Wort aussetzen will? Wie lerne ich diesen anderen, tiefer gehenden Umgang mit der Bibel? Wie kann ich die Botschaft Gottes an uns so lesen, dass sie mich formt und verändert und ich sie nicht bloß gedanklich erfasse und wieder vergesse? Wie komme ich zu einem bleibenden inneren Schatz, aus dem ich zehre, wenn ich anderen Menschen etwas weiterzugeben habe? Wie kann ich erreichen, dass mich inmitten meiner alltäglichen Herausforderungen und Entscheidungen biblische und damit lebensfördernde Prinzipien leiten und nicht mein eigener Bauchnabel?

Ich stellte bald fest, dass die für mich gültige Antwort auf diese Fragen keine neue ist, sondern eine uralte. Nachdem ich die Bibel unter diesen Fragestellungen untersucht hatte, wurde mir Folgendes klar: Gott selbst hat bereits das Volk Israel gelehrt, wie es mit seinem Wort umzugehen hat, sodass dieses im Leben des Einzelnen mehr hinterlässt als die Kenntnis einer Lehre, die aus klugen Gedankengebäuden besteht. Und die religiösen Juden halten sich größtenteils bis heute daran. Wie hat man zu biblischen Zeiten also ganz praktisch das Wort Gottes gelesen und aufgenommen?

Jüdisches Bibelmurmeln

Die Menschen der Bibel haben von klein auf gelernt, das Wort Gottes auf eine bestimmte Weise zu lesen. Sie haben gelernt, nicht einfach nur zu lesen, sondern Gottes Wort auf eine bestimmte Weise zu bewegen und zu meditieren. Wie das aussah, wird uns anschaulich in Josua 1,8 gezeigt: *Dieses Buch des Gesetzes soll nicht von deinem Mund weichen, und du sollst Tag und Nacht darüber NACHSINNEN, damit du darauf achtest, nach alle dem zu handeln, was darin geschrieben ist; denn dann wirst du auf deinen Wegen zum Ziel gelangen, und dann wirst du Erfolg haben* (Elberfelder).

Dem hier verwendeten Wort »nachsinnen« liegt das hebräische »hagah« zugrunde. An anderen Stellen des Alten Testaments hat dieses Wort eine scheinbar ganz andere Bedeutung. Da ist in Jesaja 31,4 vom *»Knurren (hagah) des Löwen«* oder in Jesaja 38,14 vom *»Gurren (hagah) einer Taube«* die Rede. »Hagah« bezeichnet also nicht einen intellektuellen Denkprozess. In Josua 1,8 wird Josua aufgefordert, das Wort Gottes bzw. das Gesetz laut oder halblaut zu lesen, sodass es sich anhört, wie wenn eine Taube gurrt oder wenn ein Löwe knurrt! Tatsächlich ist im Judentum die Übung des ständigen, halblauten Murmelns und Wiederholens der Thora weit verbreitet. Der fromme Jude will sich dadurch das Wort Gottes tief einprägen, wie auch in Psalm 1,2 dazu aufgefordert wird: *Wohl dem Mann ... der Freude hat an der Weisung des Herrn und über seine Weisung nachsinnt (hagah – also: murmelt) bei Tag und Nacht* (Einheitsübersetzung). Hier wird deutlich, dass unsere deutschen Bibelübersetzungen solche Zusammenhänge nur schwer wiedergeben können. Unserer Sprachkultur fehlt der Gedanke, dass man sich die Heilige Schrift murmelnd und laut einprägen kann.

Für mich hatte diese Entdeckung Konsequenzen. Ich habe mir angewöhnt, meine Bibel auf diese andere Art und Weise zu lesen. Das heißt: Ich nehme einen zentralen Vers oder Abschnitt aus meiner täglichen Bibellese und lese bzw. sage ihn ein paar Mal während des Tags laut vor mich hin. Ich bewege ihn, ich kaue ihn, ich kreise mit meinen Gedanken um ihn, ich richte Fragen an ihn, ich wiederhole ihn. Ich bade meine Gedanken in diesem Wort. Dabei hilft mir der Vergleich mit der wiederkäuenden Kuh. Nachdem eine Kuh das Gras eher flüchtig abgefressen und heruntergeschluckt hat, legt sie sich in aller Ruhe hin und beginnt mit dem Wiederkäuen. Sie tut das sehr gemächlich und sehr gründlich. Aber gerade durch dieses mehrmalige Kauen desselben Futters wird ein Optimum an Nährstoffen freigesetzt. Die Kuh schöpft die Nahrung, die sie zu sich nimmt, richtig aus.

Ich kann es lernen, mit dem Wort Gottes auf eine vergleichbare Weise umzugehen. Dass diese Praxis des Umgangs mit Gottes Reden in biblischen Zeiten normal war, zeigt die Reaktion von Maria, der Mutter von Jesus, nachdem Gott durch den Engel zu ihr gesprochen hat: *Maria aber bewahrte alle diese Worte und erwog sie in ihrem Herzen* (Lukas 2,19; Elberfelder). Was man auf diese Weise ins Herz eingehen lässt, aufnimmt und dort bewegt, findet Zutritt in meine Personmitte und nimmt dort Wohnung. Gerhard Tersteegen beschreibt es in seinem Lied »Gott ist gegenwärtig« mit diesen Worten: »Herr, komm in mir wohnen; lass mein Herz auf Erden dir ein Heiligtum noch werden. Komm, du nahes Wesen; dich in mir verkläre, dass ich dich stets lieb und ehre. Wo ich geh, wo ich steh, lass mich dein gedenken, mich in dich versenken.«[23]

Wenn diese Grundhaltung vorhanden ist, ergreift das Wort Gottes mein Inneres und gestaltet es um und damit mich selbst als ganze Person. Was Gott mir sagen will, ergreift mein Herz und bleibt nicht auf die Verstandesebene beschränkt. Den biblischen Autoren ist diese Betonung so wichtig, dass sie sie immer wieder zur Sprache bringen. *Mein Sohn, auf meine Worte achte, meinen Reden neige dein Ohr zu! Lass sie nicht aus deinen Augen weichen, bewahre sie im Innern deines Herzens! Denn Leben sind sie denen, die sie finden, und Heilung für ihr ganzes Fleisch. Mehr als alles, was man sonst bewahrt, behüte dein Herz! Denn in ihm entspringt die Quelle des Lebens* (Sprüche 4,20-23; Elberfelder).

Der Jude öffnet dem Wort Gottes also nicht in erster Linie die Verstandestüre, sondern die Herzenstüre. Er will nicht in erster Linie mehr wissen und besser begreifen, sondern er will verändert und geprägt werden. Deshalb geht er äußerlich und innerlich anders an das Wort Gottes heran.

Praktische Konsequenzen: Wie es zu einer Begegnung mit dem Wort Gottes kommt

Seit diesen für mich so wichtigen Entdeckungen sind einige Jahre vergangen. Ich habe seither in meinen Zeiten mit Gott manches ausprobiert und manches auch wieder aufgegeben. Was die Jahre überdauert hat, sind einige einfache, praktische Gewohnheiten, an denen ich bis heute festhalte. Je mehr meine Aufgaben und Verantwortungen in meinem Beruf gewachsen sind, umso mehr wurden diese praktischen Schritte für mich zu einer Frage des geistlichen Überlebens. Als ich vor rund zehn Jahren feststellte, dass ich im Dienst für Gott über meine Verhältnisse gelebt und meinen Körper an den Rand eines Zusammenbruchs manövriert hatte, da begann ich noch konsequenter als bisher auf tägliche und ausführliche Zeiten in Gottes Gegenwart zu achten. Ich merke nun: Je verantwortungsvoller meine Aufgaben sind, umso mehr Zeit brauche ich alleine mit Gott. Ich kann und will es mir nicht erlauben, mich den Menschen zuzumuten, ohne dass ich dabei ständig von Gottes Wort geprägt und von Gottes Geist verändert werde. Ich kann keinen Menschen weiter führen, als ich selbst bin. Wenn ich oberflächlich und inkonsequent im Umgang mit Gottes Wort bin, brauche ich mich nicht zu wundern, dass sich diese Oberflächlichkeit in meinen Beziehungen und auch in der Qualität meiner Arbeit niederschlägt. Was ist meine eiserne Ration, auf die ich heute nicht mehr verzichten will?

Ich erwarte eine echte Begegnung

Ich will nicht »stille Zeit machen«, ich will eine Begegnung mit Gott! Ich erwarte in diesen Momenten, in denen ich bewusst mein Herz Gott öffne und Zeit mit ihm verbringe, dass er mir wirklich begegnet. Begegnung zielt nicht auf die bloße Vermehrung von Wissen über den Glauben. Eine Begegnung spricht das Herz an und bildet es um. Das Ziel ist Veränderung. Friso Melzer beschreibt, was es heißt, einer Person wirklich zu begegnen:

> »So geschieht Begegnung: Du stehst vor mir, ich stehe vor dir. Du sprichst mich an, und ich öffne mich deinem Wort. Ich sehe und höre deine Eigenart und lasse dein Bild und Wort in mich ein. Du rufst mich an, und ich antworte dir.
>
> So ergibt sich ein Gespräch, ein Zwiegespräch, auch ein Ringen der Geister, und das wird umso fruchtbarer, je mehr

jeder sein Bestes einsetzt. Nach solch einer Begegnung ist keiner der beiden so, wie er vorher war.«[24]

Gott ist eine Person. Sein Wort ist personhaftes Reden, das mich in eine Begegnung hineinführen will. Gottes Wort will nicht im Hirnarchiv Nr. 1894 aufgenommen und gespeichert werden. Es will in mein Herz, in die Mitte des eigentlichen Menschseins, hineintreten, mich in die Auseinandersetzung mit Gott bringen und mich verändern. Erst eine solche Begegnung erlaubt es dem Wort Gottes, mein Herz zu bilden und umzuformen. Mein Herz, das nach dem biblischen Menschenbild meine ganze Person umfasst: meine Gefühle, mein Verlangen und Begehren, meine Vernunft und mein Denken, mein Wollen und Planen. Ich kann mich bei der Meditation des Wortes Gottes fragen: Was lief bei mir in den vergangenen Stunden und Tagen in diesen Bereichen meines Herzens ab? Welche Regungen und welches Bestreben waren darin dominierend? Was beschäftigt mich gerade jetzt am meisten? Welches sind meine größten Sorgen? Welche Sache dominiert im Moment meine Gefühle und Gedanken? Genau dort hinein will Gottes Wort kommen, mich ansprechen und wenn nötig verändern. Auch wenn der Bibeltext, den ich gerade lese, keine direkte Antwort auf meine Fragen gibt – er will mich so prägen und formen, dass mein Verhalten in meiner aktuellen Lebenssituation von Maßstäben geprägt ist, die dem Wesen von Jesus Christus und den Absichten Gottes für mein Leben entsprechen.

Ich lese als Beteiligter

Das heißt: Ich lese das Wort Gottes laut (außer ich sitze gerade in einem überfüllten Zugabteil). Friso Melzer nennt das leise Lesen ein »stummes Beäugen von bedrucktem Papier«. Ich mache die Erfahrung, dass ich bei leisem Lesen leicht mit den Gedanken abschweife. Ich vergesse auch viel schneller, was ich gelesen habe. Lautes Lesen dagegen dringt tiefer in mich hinein. Das Wort kann besser »Wohnung in mir nehmen«. Ich bin als ganze Person beteiligt: Augen, Ohren, Mund, der Stimm- und Atmungsapparat sind aktiv. Es entsteht eine Resonanz im Brustkorb. Ich bin wirklich bei der Sache. Das laute Lesen ist eine wesentliche Konsequenz meiner Entscheidung, mit Gottes Wort anders umzugehen als mit einem Zeitungsartikel oder mit den Hunderten von Werbeslogans, die tagtäglich auf mich einstürmen. Ich will, dass Gottes Wort mich mehr und anders prägt als diese. Darum lese ich es laut und protestiere damit auf meine Weise gegen den Versuch unserer Konsum- und Informationsgesellschaft, die mir »wesentliche geistliche Erkenntnis und einen bleibenden inneren Besitz« (Erich Schick) unmöglich machen will.

Ich bemühe mich, den richtigen Sinn zu erfassen

Ich bin mir bewusst, dass dieses auf mein persönliches Leben bezogene Lesen von Gottes Wort mit einer bestimmten Gefahr verbunden ist: der Gefahr des geistlichen Subjektivismus. Man sucht in Gottes Wort dauernd nach spezieller, direkt auf die eigene Situation zugeschnittener Offenbarung Gottes. Man verwechselt schnell einmal Gottes wirkliches Reden mit eigenen Wünschen und Erwartungen. Biblische Aussagen, die eigentlich ganz andere Dinge bedeuten, als ich aus ihnen herauslese, werden als Gottes direktes Reden verstanden. Ich beobachte, dass die Bibel für manche Christen nicht viel mehr ist als ein Orakelbuch, aus dem sie sich Bestätigung für eigene Gedanken und Entscheidungen erhoffen. Ich kenne diese Neigung auch bei mir selber. Es ist deshalb wichtig, dass ich mir dieser Gefahr bewusst bin, denn sie führt in dieselbe Sackgasse wie ein rein rationales, wissenschaftliches und technisches Arbeiten mit der Bibel. Ich selber »mache etwas« mit Gottes Wort, anstatt dass Gott durch sein Wort an mir handelt. Es ist ein Ausdruck meiner Bereitschaft, mich unter die Autorität Gottes zu stellen, wenn ich beim Lesen der Bibel die Grundlagen einer gesunden Bibelinterpretation beachte. Ich frage also beim Lesen und Bewegen von Gottes Wort nicht: Was will ich hören? Was sagt mir meine eigene, subjektive Interpretationsbrille?

Um verstehen zu können, was Gott mir sagen möchte, muss ich

bei dem bleiben, was der biblische Autor sagen wollte. Gottes Wort an mich wird sich in der Regel nicht von dem unterscheiden, was der jeweilige biblische Autor seinen Lesern vermitteln wollte. Wer hier unsicher ist, dem hilft vielleicht ein Buch, das mit Regeln und Leitlinien zum Verstehen der verschiedenen Literaturformen der Bibel vertraut macht, wie etwa der Bedeutung und Anwendung von Geschichtsberichten im Alten Testament, der Prophetie, alttestamentlicher Gesetze, Briefe im Neuen Testament, Gleichnisse, Bildworte oder der Offenbarung als Apokalypse. Ich empfehle Ihnen dazu das hilfreiche und gut verständliche Buch von Gordon D. Fee und Douglas Stuart: *Effektives Bibelstudium: Die Bibel verstehen und auslegen.*

Ich übe mich im Lesen und »Wiederkäuen«

Nun beginne ich Gottes Wort zu bewegen und wiederzukäuen. Ich halte still und lasse das gelesene Wort auf mich wirken. Ich öffne mich innerlich weit und erlaube es Gott, mich durch sein Wort persönlich zu treffen und anzusprechen. Ich lasse mir Zeit; ich höre gut hin. Ich lese es noch einmal und vielleicht noch einmal laut; ich koste dabei jedes einzelne Wort aus. Dann warte ich weiter hörend und erwartend. In einem seiner Andachtsbücher gibt der Indienmissionar E. Stanley Jones (1884-1973) den weisen Rat: »Lies nicht zu schnell. Jedes Wort ist kostbar. Denke nach; nimm es in dir auf. Wenn jemand durch einen Wald eilt, sieht er nur wenige Vögel und Tiere. Sie verstecken sich. Wenn er sich aber hinsetzt und wartet, dann kommen sie zum Vorschein. So wird es auch dir gehen.«[25]

Ich mache die Erfahrung, dass ich unter Druck und Stress beim Hören auf Gottes Reden oft bei mir selbst und meinen klugen oder weniger klugen Gedanken stehen bleibe. Wenn ich aber wirklich zur Ruhe gekommen bin, dann kann ich die leisen Töne und feinen Nuancen von Gottes Reden zu meiner Seele wahrnehmen.

Deshalb habe ich eine weitere Konsequenz für mich gezogen: Ich lese und meditiere bewusst in kleinen Portionen. So habe ich es mir zur Gewohnheit gemacht, mir bis zu einem Jahr Zeit zu nehmen für ein einzelnes biblisches Buch. Ein Jahr Matthäusevangelium, ein

Jahr der 2. Brief an die Korinther oder das Buch Hosea. Ich bleibe eine Woche lang beim selben Abschnitt. Ich meditiere sieben Tage die Woche dieselben 10 bis 20 Verse. Unglaublich, was sich da auftut, wenn ich mir wirklich Zeit nehme, zu verinnerlichen, was da steht!

Es war für mich nicht ganz einfach, auf diese Art des länger verweilenden Bibellesens umzusteigen. Ich musste mich vom Leistungsdruck befreien, unter dessen Diktat ich mir einredete, ich müsse in möglichst kurzer Zeit möglichst viel lesen und weit kommen. Das suggerieren mir ja einschlägige Veröffentlichungen auf dem Buchmarkt, mit denen ich mit nur zehn Minuten Aufwand pro Tag zwei Mal im Jahr die ganze Bibel durchlesen kann ... Tatsache ist, dass ich zwar quantitativ weiterkomme, wenn ich möglichst viel auf einmal lese, dafür aber umso mehr an Qualität, die mein Leben nachhaltig prägt, verloren geht. Darum widerstehe ich standhaft dem Dogma der Neuzeit, das da lautet: Schneller, weiter, höher! Ich bleibe bei meinen 10 bis 20 Versen pro Woche. Der größte Gewinn dabei besteht für mich darin, dass auf diese neue Weise »durchgeackerte« Bücher und Verse beinahe unauslöschlich in mein Bewusstsein eingebrannt sind und mich wie treue Freunde durch mein weiteres Leben begleiten.

Ich schreibe auf, was mir Gottes Wort persönlich sagt

Spätestens gegen Ende der Woche halte ich schriftlich fest, was Gott mir im aktuellen Wochenabschnitt bewusst gemacht hat. Ich nenne dies das »Einbringen der Ernte«. Ich erinnere mich, wie wir auf meinem elterlichen Bauernhof jeweils am Abend Wagen voller Heu oder Weizen oder Kisten voller Äpfel und Kirschen nach Hause in die Scheune fuhren. Das war jedes Mal eine zutiefst befriedigende Angelegenheit. Nun gehörte es wirklich uns, was wir da geerntet hatten! Vorher war die Ernte, obwohl sie auf unserem eigenen Land heranreifte, noch immer dem Risiko ausgesetzt, durch Unwetter oder Trockenheit kaputtzugehen. So ist es mit den Einsichten und Wahrheiten, welche mir Gottes Wort vermittelt. Sobald ich das

Reden Gottes schriftlich festhalte, nehme ich es in meinen persönlichen Besitz; ich halte es fest, damit es bei mir bleibt und nicht wieder verloren geht.

Es gibt Menschen, die bei diesem »Einbringen der Ernte« kreativer sind als ich. Sie komponieren ein Lied, malen ein Bild, basteln oder dichten, tanzen oder erstellen Diagramme. Mein Weg ist das Schreiben. Was Gott mir aufzeigt, ist wert, festgehalten zu werden. Diese Notizen sind dann gleichzeitig meine ersten rohen Gedanken, falls ich später zu diesem Thema einmal eine Predigt oder eine Andacht vorbereite. Wie gesagt, ich gehe vom Grundsatz aus: Was mein Herz berührt hat, vermag auch das Herz anderer zu berühren.

Ich nehme Gottes Wort als für mich bestimmte Weisung mit in den Tag

Das, was ich während meiner Bibelmeditation aufschreibe, hat auch noch einen anderen Zweck: Ich lege meine Notizen in meine Agenda. Tagsüber halte ich da und dort in meiner Arbeit inne und sehe sie mir wieder an. In diesen kurzen Pausen frische ich auf, was Gott mir am Morgen zugesagt und aufgezeigt hat. Schon zwei, drei Minuten reichen, um noch einmal »wiederzukäuen« und den Gedanken Gottes für mich erneut Raum zu geben. Ein Gebet kann dieses Wiederkäuen begleiten. Entweder danke ich Gott für das Geschenk seines Redens oder ich bitte ihn, er möge mich an einem bestimmten Punkt in meinem Leben weiter verändern und neu prägen. Auf diese Weise ist es mir möglich, Gottes Zuspruch durch sein Wort in meinen Alltag hineinzuretten. Die Begegnung mit ihm kann anhalten und in kurzen Alltagsoasen wieder aufgefrischt werden.

Über diese tägliche Übung hinaus:
Ich versuche konstant und kapitelübergreifend die Bibel zu lesen

Etwa zwei Mal pro Jahr ziehe ich mich für mindestens zwei Tage zurück. Während dieser Zeiten und hier und da auch an freien Tagen lese ich Gottes Wort bewusst in größeren Portionen. Ein biblisches Buch auf einmal; vielleicht auch zwei Mal hintereinander. Ich tue das als »ergänzende Kost« zur sonst gewohnten Konzentration auf kleinere Abschnitte und einzelne Verse. So gehen mir die großen Zusammenhänge auf oder ich stoße unmittelbar auf noch nicht entdeckte »Goldadern«, die ich mir für ein konzentriertes Meditieren vormerke.

Ich lerne von anderen

Ich bin ein Mensch, der gerne Biographien liest. Ich lese sie als Lernender, weil ich etwas vom Geheimnis der Menschen verstehen möchte, durch die Gott offensichtlich wirken konnte. Ein besonderes Augenmerk lege ich dabei auf die Frage: Wie hat diese Person seine Gottesbeziehung gestaltet? Wie sah seine Spiritualität aus? Wie hat er die Bibel gelesen? Es ist meiner Meinung nach unmöglich, das Wirken eines von Gott gesegneten Menschen zu wiederholen oder zu kopieren. Aber man kann bei ihnen gewisse geistliche Prinzipien entdecken, gerade auch was ihren persönlichen Umgang mit Gott und seinem Wort betrifft.

Vor Kurzem las ich, dass Billy Graham in seinen persönlichen Zeiten mit Gott die Bibel nach einem bestimmten Muster meditiert. Er liest jeden Tag fortlaufend zwei Psalmen und ein Kapitel aus den Sprüchen. Er begründet diese Auswahl damit, dass er durch die Psalmen lernt, wie er mit Gott umgehen soll. Durch die Sprüche lernt er, wie er mit Menschen umgehen soll. Ich bin gerade dabei, dieses »Billy-Graham-Experiment« selber auszuprobieren, und mache sehr ermutigende Erfahrungen damit.

Manchmal frage ich auch Freunde und geistliche Vorbilder, wie sie ihre Zeit mit Gott gestalten. Ich höre ihnen gut zu und frage mich, was ich dabei für mich selber lernen kann. Auf diesem Weg habe ich schon unzählige wertvolle Anregungen bekommen, die ich in mein eigenes Leben integriert habe.

Ich habe dieses Kapitel bewusst fast ausschließlich in Ichform geschrieben, da mich manchmal Leute fragen: »Muss ich auch so wie du die Bibel lesen, damit ich mehr von Gottes Wirken und Reden in meinem Leben erfahren kann?« Nein, keiner muss das. Es ist *mein* Weg geworden und ich möchte nicht mehr darauf verzichten. Durch diesen auf mich zugeschnittenen Weg hält mich Gott geistlich frisch und gibt mir immer wieder neue Impulse für mein Leben und meine Aufgaben. Andere Menschen führt Gott anders. Er tut es *ihrer* Persönlichkeit entsprechend und wie es für sie das Beste ist. Aber eines gilt wohl für jeden von uns: Wir müssen diesen Weg suchen und entdecken, der es jedem von uns möglich macht, ein anhaltendes Leben in der Gegenwart Gottes zu führen. Wir müssen uns um einen Zugang zur Bibel bemühen, der uns entspricht und durch den Gottes Wahrheiten unser Herz erreichen. Entschuldigen Sie, wenn ich an dieser Stelle von einem »Muss« schreibe. Ohne gesetzlich werden zu wollen, bin ich davon überzeugt, dass Ihr geistliches Überleben und Ihre Reife als ganze Person eng mit Ihrer Empfänglichkeit für Gottes Wahrheiten in der Bibel verknüpft sind. In Sprüche 23,23 heißt es: *Wahrheit und Weisheit, Einsicht und Herzensbildung sind es wert, dass du sie dich etwas kosten lässt.* Lassen Sie darum nicht locker und suchen Sie nach Formen und Möglichkeiten, sich durch Gottes Wort in einer Weise prägen zu lassen, die Ihnen entspricht.

Wir haben gesehen: Das Bewegen und Meditieren von biblischen Wahrheiten ist nicht eine Sache, die man tut, um dabei im klassischen Sinn etwas zu lernen. Es geht um Impulse, die zur Erneuerung der Freundschaft zwischen Gott und einem selbst beitragen. Ein wesentlicher Bestandteil dieser Freundschaft ist ein offener und von Herzen kommender Gedanken- und Gefühlsaustausch zwischen dem Schöpfer und seinen geliebten Kindern. Wie dieses Gespräch mit Gott, unser Gebet, sich entwickeln und reifen kann, darum geht es im nächsten Kapitel.

Kapitel 10:

Abschied von der Gebetsmühle – Gebetsschritte in die Tiefe

Wie betet man »richtig«?

Ich erinnere mich noch gut daran, wie mich der Erfahrungsbericht eines Pastors aus den USA verärgert und gleichzeitig verunsichert hat. Der Artikel berichtete von seinen neuen Erfahrungen mit dem Gebet. Nachdem er an einer Gebetskonferenz teilgenommen hatte und die Biographie des britischen Waisenhausvaters George Mueller (1805–1898) gelesen hatte, entschloss er sich zu folgendem Schritt: Von nun an wollte er sich täglich drei Stunden Zeit fürs Gebet nehmen. Jetzt, zehn Jahre später, hielt er Rückschau. Was hatte sich verändert? Nun, die Liste ließ sich sehen: Die Gemeinde war von 200 auf 1800 Mitglieder gewachsen. Eine neue Qualität von Liebe und Einheit unter den Mitgliedern war entstanden. Die Gemeinde begann mutiger und effektiver zu evangelisieren.

Ehrlich gesagt: Solche Berichte machen mich skeptisch. Wieder ein Pastor aus fernen Landen, der den Schlüssel zum Erfolg und zum Gemeindewachstum gefunden haben will. Wenn ich also von nun an drei Stunden täglich bete, lösen sich meine Probleme, und die Gemeinde floriert! Das erinnert mich doch eher an einen religiösen Kuhhandel als an eine seriöse, an biblischem Denken orientierte Spiritualität.

Gleichzeitig löste dieser Artikel aber auch ein leises Gefühl der Unsicherheit und der Ohnmacht in mir aus. Da wurde eine Sehnsucht in meinem Herzen angesprochen, die mich immer wieder begleitet: die Sehnsucht nach mehr Zeiten für das intime, vertraute Gespräch mit Gott. Aber drei Stunden täglich? Unmöglich! Schon eine Stunde ist nicht drin. Ich bin nicht in der vorteilhaften Lage dieses Pastors, der wahrscheinlich noch fünf andere Co-Pastoren hat, die ihn entlasten, sodass er Freiraum für solche Abenteuer hat. In meiner Situation würde auch nur eine Stunde weniger, in der ich produktiv arbeite, mehr Druck und Stress erzeugen. So dachte ich.

Einige Monate später erinnerte ich mich wieder an diesen Artikel. Ich kam gerade zurück von unseren Campingferien. Eines Nachts im Zelt – ein Hund hatte mich mit seinem Gebell geweckt und ich konnte nicht mehr einschlafen – glaubte ich, dass Gott mir etwas sagen wollte. Es war ein ganz einfacher, schnörkelloser Impuls, der mich völlig unvorbereitet traf: »Wie wäre es, Thomas, wenn du dir in Zukunft pro Arbeitstag eine Stunde Zeit fürs Gebet nehmen würdest?« Ich will hier nicht ausführen, wie ich damals dort auf dem Campingplatz mit Gott gerungen und hundert Ausreden dafür gesucht habe, dass dies unmöglich Gottes Stimme gewesen sein konnte (»Gott ist doch kein gesetzlicher ›Minutenzähler‹!« – »Das kommt bestimmt aus deinem Unterbewusstsein: Du meinst wieder einmal, nicht zu genügen mit dem, was du bist und tust ...«). Schließlich konnte ich nicht anders. Ich musste Gott eine Chance geben. Und ich wollte nach einem halben Jahr einen festen Beweis in der Hand haben, warum so etwas bei mir einfach nicht funktionieren konnte.

Schmunzelnd halte ich heute Rückschau auf mein Experiment. In meiner Gemeinde ist keine Erweckung ausgebrochen. Vielmehr habe ich den Eindruck, dass kurz nach der Umsetzung dieses Impulses die vielleicht herausforderndste Zeit meiner Arbeit als Pastor und Leiter begonnen hat. Heute denke ich, dass ich ohne die stärkende Wirkung des Gebets viele dieser Schwierigkeiten, Konflikte, Engpässe nicht überstanden hätte. Auch hatte ich nicht mehr Stress, weil ich auf Kosten wertvoller, produktiver Arbeitszeit betete. Natürlich hatte ich viel zu tun, aber Stress aufgrund meines Gebets ist nie entstanden. Eher aufgrund anderer Faktoren wie z. B., dass ich immer noch nicht so gut Nein sagen kann, wie ich gerne möchte. Ich habe es auch nicht jeden Tag geschafft, eine volle Stunde zu beten. Aber ich bin deswegen nicht frustriert. Wahrscheinlich würde ich mir etwas darauf einbilden, wenn es mir gelungen wäre. Daher habe ich mich entschlossen, weiterhin bewusste Gebetszeiten einzuplanen. Manchmal sind es ein paar konzentrierte Minuten. Manchmal eine halbe Stunde. Manchmal auch mehr. Es tut einfach gut, mit Gott im Gespräch zu sein und ihm die Unmöglichkeiten meines Lebens und meiner Aufgaben vor die Füße zu werfen!

Wenn ich auf die 23 Jahre, die ich nun mit Gott lebe, zurückblicke, stelle ich fest: Erfahrungen mit dem Gebet sind prozesshaft. Ich bete heute anders als noch vor fünf, zehn oder zwanzig Jahren. Nicht unbedingt besser. Einfach anders. Das Gebet wächst mit dem Glauben und den Lebensphasen mit. Man entdeckt neue Formen und Schwerpunkte.

Vor fünfzehn Jahren noch führte ich sehr gewissenhaft ein Gebetstagebuch. Ich betete am Montag für Missionare, am Dienstag für Politiker, am Mittwoch für meinen Nachbarn usw. Ich lernte damals im Blick auf das Gebet treu und beständig zu sein. Später entdeckte ich ein anderes hilfreiches Raster, das mich lehrte, nicht meine selbstbezogenen Wünsche ins Zentrum meines Betens zu stellen. Man gliedert seine Gebetszeiten in drei Teile:

Erstens: AUFBLICK. Zuerst bete ich Gott an. Ich danke ihm für seine Gaben und Segnungen, egal, wie ich mich gerade fühle. Ich bekenne ihn neu als meinen Herrn, meinen Vater, meinen Freund und Erlöser. Ich zähle auf, was ich gerade Gutes aus Gottes Hand empfange: Essen, Trinken, Kleidung, ein Bett, eine Familie, eine Arbeit, Freunde usw.

Zweitens: EINBLICK. Ich bringe Gott mein Versagen, meine Zweifel, meine Sünden. Ich kehre um von meinen verkehrten Wegen, ich bitte um Vergebung und Erneuerung. Ich breite meine größten Schwachpunkte vor Gott aus und bitte ihn, seine Gnade über mich zu breiten und mich dort, wo es nötig ist, zu verändern.

Drittens: AUSBLICK. Ich bringe Gott meine Anliegen und Bitten. Ich bete für meine Frau und meine Kinder. Ich bete für Freunde und Bekannte. Ich breite meinen Tag vor Gott aus und bitte ihn, mich in der Planung und Gestaltung verschiedener Vorhaben mit seinem Heiligen Geist zu leiten. Ich bitte um seine Impulse und um Weisheit, wo ich Entscheidungen treffen muss.

Der Vorteil dieses Rasters ist, dass es auf jeden fürs Gebet zur Verfügung stehenden Zeitrahmen passt, egal ob ich zwei Minuten bete oder einen Gebetstag gestalten will. Die Verwendung dieses Aufbaus hat wesentlich dazu beigetragen, dass mein Gebet ganzheitlicher wurde. Das Bitten entwickelte sich vom alles bestimmenden Part zu einem verhältnismäßig geringen Anteil meiner Gebetszeit. Anbetung, Dank, Sündenbekenntnis, Hören auf Gott wurden hingegen immer wichtiger. Irgendwann musste ich mir diese Struktur nicht mehr bewusst in Erinnerung rufen. Sie hatte sich verinnerlicht.

Die letzten Jahre waren wieder von neuen Entdeckungen geprägt, was das Gebet betrifft. Darin ging es weniger um die grundsätzliche Ordnung des Gebets. Jetzt ging es einen Schritt weiter. Ich lernte drei wichtige Grundsätze über das Gebet, die mir wesentlich dabei helfen, konstruktiv mit den Herausforderungen und Schwierigkeiten fertig zu werden, die mein Leben und meine täglichen Aufgaben heute mit sich bringen. Diese drei Entdeckungen haben zu tun mit dem Ehrlichwerden vor Gott, mit der Gelassenheit, die durch die Auslieferung meines Lebens entsteht, und mit dem segnenden Gebet für Menschen, mit denen ich Schwierigkeiten habe. Ich glaube, dass reifer Glaube sich darin ausdrückt, dass ein Mensch lernt, in diesen drei Bereichen offen und ungeschützt mit Gott zu kommunizieren.

1. Ehrlich werden

Im Rückblick auf mein Gebetsleben wird mir bewusst, wie »schön« ich früher gebetet habe. Ich versuchte Worte zu finden, die Gott gegenüber angebracht sind. Eben ausgewählte, schöne, angemessene Worte. Ich schnitt im Gebet nur Themen an, bei denen ich mir sicher war, dass sie nicht in Widerspruch zu Gott stehen würden. Dass gerade mein »schönes«, »richtiges« Beten Gott nicht unbedingt gefiel, war mir natürlich nicht bewusst.

Nach ausgewählten Worten suchen, nur ja nicht ins Fettnäpfchen treten, ja nichts Verkehrtes sagen, das alles ist dort wichtig, wo eine Beziehung entweder sehr formal oder instabil ist. Wenn zwei Menschen sich eigentlich nicht so richtig trauen können, dann achten sie sehr sorgfältig darauf, was sie einander sagen und was nicht und wie sie es tun.

Ich habe gelernt, ungeschützter zu beten. Direkter, riskanter, mutiger. Heute wage ich es, Gott auch mal Vorwürfe zu machen, ihn anzuklagen, mit ihm zu streiten. Was ich früher ausgeklammert und verdrängt habe, weil es mir ungeistlich erschien, ist heute Bestandteil meiner Gebete. Ein Vorbild ist mir hier der Prophet Jeremia. Er schreit seine tief verletzten Gefühle offen heraus. Er macht Gott sogar für sein Elend verantwortlich und klagt ihn an. Lesen Sie einmal Jeremia 20 oder Klagelieder 3. Unglaublich, was dieser Mann Gott zu sagen wagt! Gerade darin aber bringt er zum Ausdruck, wie sehr er Gott auf ewig verfallen ist und dass er keine andere Hoffnung kennt als diesen geheimnisvollen Gott. Wie Jeremia habe ich gelernt, vor Gott ehrlicher zu werden und mich mit allem zu zeigen, was in mir ist, nicht nur mit meinen frommen Sonnenseiten.

Ich wage das, weil Gott selbst uns in seinem Wort dazu auffordert, vor ihm echt zu sein. In 1. Mose 17,1 tritt Gott eines Tages vor Abraham und trägt ihm eine erstaunliche Bitte vor: *Als Abram neunundneunzig Jahre alt war, erschien ihm der Herr und sprach zu ihm: Ich bin Gott, der Allmächtige. Geh deinen Weg vor mir und sei rechtschaffen!* (Einheitsübersetzung). Wörtlich übersetzt heißen die letzten Worte hier: *Wandle vor mir und sei ganz!* Oder: *Lebe als Ganzer; lebe ungeteilt vor mir!* Gott bittet seinen erwählten Diener Abraham, auf eine neue, tiefere, echtere Art und Weise vor ihm zu leben. Er ruft ihn zu einer neuen Form der Hingabe auf: *Lebe als Ganzer vor mir!* Was meint Gott damit? Zuerst einmal: Es geht nicht um moralische Qualität. Gott meint nicht: »Von jetzt an sollte es in deinem Leben keine Fehler und Sünden mehr geben!« Was Gott sich von Abraham wünscht, ja sogar fordert, ist ein Leben in totaler Ehrlichkeit und Transparenz vor Gott: »Abraham, zeig und gib dich mir als ganzer Mensch! Sei vor mir mit *allem*, was du bist: mit deinen Stärken, mit deinem Glauben; vor allem aber mit deinen Schwächen. Zeige dich mir auch mit deinen Sünden und mit deinen Abgründen. Versteck sie nicht länger vor mir. Sei ein Ganzer vor mir.«

Nach 25 Jahren Wegstrecke als von Gott Berufener kennt Abraham sich selbst um einiges besser als damals, als er aus Haran aufbrach. Zu jener Zeit war er voller Mut und Idealismus. Voller Stärke und Glauben. Dann hat er viel erlebt. Er hat unterwegs gravierende Fehler gemacht. Er war nicht immer der Starke im Glauben. Manchmal hat er kläglich versagt. Abraham weiß nun, dass er in seiner Seele einige Abgründe mit sich herumträgt. Da gibt es Schatten. Ungereimtheiten. Dunkle Tiefen und folgenschweres Versagen. Wenn Abraham zu sich selbst ganz ehrlich ist, findet er in seinem Herzen nicht nur Glaube und Frömmigkeit. Er findet auch diese anderen, dunklen Seiten, die der tiefere Grund für sein Versagen sind. Gott möchte Abraham nun genau dahin führen, sich diesen anderen Seiten zu stellen: *Sei ein Ganzer vor mir!* – Komm, Abraham, es ist Zeit, dass du vor mir auch das offenlegst und ausbreitest, was da an Dunklem, Unverarbeitetem in dir drin ist! Zeig mir nicht länger nur deine frommen Sonnenseiten! Zeig dich mir ganz, wie du *wirklich* bist!

Abraham ist an einem Scheideweg seiner Gottesbeziehung angelangt, vor dem jeder Christ früher oder später einmal steht. Da geht es um die Frage, ob ich bereit bin, meine eigene Dunkelheit und meine unschönen Seiten in mir wahrzunehmen und auf den Tisch zu legen, oder ob ich sie weiter vor Gott verstecke und ausklammere. Im ersten Teil dieses Buches habe ich einiges zu diesem Thema geschrieben.

Das Unangenehme in uns vor Gott zur Sprache zu bringen gehört nicht gerade zu den angeborenen Tugenden von uns Menschen. Unser Umgang mit Gott ist oft von folgender Strategie geprägt: Wir verstecken alles vor ihm, was in uns krank ist. Wir zeigen Gott und anderen Menschen nur die schönen, gesunden Seiten. Hier ist wohl der tiefste Grund dafür zu suchen, weshalb viele sogenannte Christen wenig von dem ausstrahlen, wozu das Evangelium uns befähigen will. Es gibt in ihrem Leben nur wenig Freude, wenig Glück, wenig Vergebungsbereitschaft und dafür umso mehr Verbitterung, Angst, Unversöhnlichkeit, Kritik und fromme Engstirnigkeit. Warum? Weil sie sich den dunklen Seiten in ihrer Seele nie gestellt haben. Sie verstehen sich als Christen und als Kinder Gottes. Gleichzeitig aber blenden sie fein säuberlich alles Hässliche in ihrem Herzen von ihrem Christsein aus. Sie verdrängen es aus ihrem Bewusstsein ins Unterbewusste hinab. Warum tun sie das? Weil ihnen die Vorstellung, dass sie dunkle Gedanken und Erlebnisse in sich tragen, unangenehm ist. Sie schämen sich der destruktiven Gefühle, die sich da in ihrem Inneren tummeln. Sie schämen sich, weil sie gelehrt wurden, dass ein Christ solche Sachen nicht denken und fühlen darf. Sie schämen sich, weil sie sich nicht in der Lage fühlen, damit fertig zu werden. Und so wird alles verdrängt, als wäre es nicht da. Aber es ist trotzdem da. Und es frisst sich in unsere Seele hinein und vergiftet sie Woche für Woche; Jahr für Jahr. All das Unheilige in uns wuchert ungehindert weiter. Und es macht uns zunehmend härter und unzugänglicher.

Und dann geschieht, was geschehen muss: Im Leben eines solchen Menschen entsteht mehr und mehr ein tiefer Widerspruch zwischen dem, was er sagt und im Kopf glaubt, und dem, was wirklich in ihm ist und was er ausstrahlt. In den ganzen engen Familienbeziehungen, in Grenzsituationen, in Konflikten und Schwierigkeiten bricht all das Unverarbeitete plötzlich heraus.

Ich habe mir selber eine lange Zeit nicht erlaubt, vor Gott und engen Freunden zu all dem zu stehen, was da an Kaputtem und Dunklem in mir drin ist. Ich brauchte die schmerzliche Erfahrung, dass ich in meinem persönlichen Leben in eine Sackgasse geraten war. Ich brauchte den unangenehmen Moment, der mich zwang, meine Lebensweichen zu stellen. Auch wenn ich mich damals zuerst einmal kräftig gegen diese aufgezwungene Weichenstellung wehrte, heute bin ich zutiefst dankbar dafür. Mich zu verstecken brachte keine Heilung. Als ich aber endlich begann, mit Gott über meine dunklen Seiten, geheimen Sünden und verletzten Gefühle zu sprechen, erlebte ich etwas von der Freiheit und Entlastung, die in der überwältigenden Gnade Gottes für mich bereitlagen.

Wandle vor mir und sei ein Ganzer! – Wenn ich beginne, endlich als Ganzer vor Gott zu leben, erfahre ich Heilung. Genau dafür ist Christus am Kreuz gestorben. Er hat dort alles getan, damit auch die traurigsten und dunkelsten Bereiche deiner Seele Heilung erfahren können.

Was spricht dagegen, dass Sie einmal versuchen, ganz offen mit Gott zu sprechen? Wie wäre es, Sie würden nichts mehr von dem verstecken, was gerade Ihre Gedanken und Gefühle durchzieht? Sie werden staunen, wie gut Ihnen das tut. Und wie gut Gott mit Ihrer ungeschützten Ehrlichkeit zurechtkommt. Er sehnt sich geradezu danach, dass Sie ganz und ungeteilt vor ihm sind.

2. Gelassen werden

Es gibt ein weiteres Thema, das meine Gebete heute vermehrt durchzieht. Es hat mit der Auslieferung und Hingabe meines Lebens an Gott zu tun. Meine Erfahrung ist, dass sich dort, wo ich mich Gott bewusst und ganz ausliefere, meine Einstellung gegenüber schwierigen Situationen und Menschen verändert.

Meine ungeduldige, aufbrausende Reaktion auf schlechte Nachrichten und auf unerwartete Probleme ist fast immer ein Hinweis darauf, dass ich die Kontrolle über mein Leben und meine Aufgaben behalten möchte. Ich bin vom Bedürfnis bestimmt, nicht zu kurz zu kommen. Darum ärgere ich mich, wenn man meinen Einsatz für die Familie und für die Gemeinde nicht genügend honoriert. Ich will, dass die Dinge sich nach meiner Vorstellung entwickeln. Meine Ideen und meine Absichten müssen Beachtung finden und zum

Zug kommen. Auch als Christ ist es möglich, dass ich im tiefsten Inneren meines Herzens nach solchen menschlichen Grundmustern funktioniere. Ich kann hingebungsvoll Anbetungslieder singen, mich im Reich Gottes engagieren und gleichzeitig vor allem eigene Ziele verfolgen. Es ist nicht schwer, sich selbst in den Mittelpunkt zu stellen, und es gibt Strategien genug, diese selbstsüchtigen Spuren »geistlich« zu tarnen ...

Die Entthronung des eigenen Ichs als ausschlaggebende Kraft meines Lebens ist das entscheidende Geschehen in der Nachfolge von Jesus Christus. Und gleichzeitig das, was im christlichen Leben regelmäßig misslingt. Paulus hat darum gewusst. Deshalb hat er wohl den Teil des Römerbriefs, der von der praktischen Umsetzung des Glaubens im Alltag handelt, mit diesen Worten begonnen: *Angesichts des Erbarmens Gottes ermahne ich euch nun, meine Brüder, euch selbst mit Leib und Seele als ein lebendiges und heiliges Opfer Gott darzubringen, das Gott gefällt; das sei euer wahrer und angemessener Gottesdienst* (Römer 12,1; eigene Übersetzung).

Selbstauslieferung, Hingabe des dominanten Ichs, Freiwerden vom Anspruch, die Dinge müssten sich nach meinen Vorstellungen entwickeln, Gott über das Eigene stellen, ihn als ausschlaggebende Quelle für all mein Sein und Tun begreifen, das alles ist ein Prozess. Man kann ein Herz, das sich jahrelang selbst ins Zentrum stellte, nicht über Nacht umpolen. Es braucht mehr als eine tägliche Verzichtserklärung auf den Anspruch, selbst die oberste Instanz meines Denkens, Fühlens und Wollens zu sein. Römer 12,1-2 ist eine Anleitung dazu, wie man diesen Prozess in Gang bringen kann. Ich habe es mir darum angewöhnt, diese Verse regelmäßig, in gewissen Zeiten sogar täglich, zu beten. Ich beginne dann meine tägliche Gebetszeit mit Worten, die sich an denen von Paulus orientieren:

> »Mein Vater, du hast mir schon so oft deine Liebe und dein Erbarmen gezeigt. Auch heute sind deine Treue und deine Gnade neu für mich da. Darum stelle ich dir jetzt erneut mein ganzes Leben zur Verfügung. Da ist mein Körper; da

ist meine Seele. Da sind meine Ambitionen, meine bewussten und meine unbewussten Motive, meine Sehnsüchte und Wünsche. Ich bringe sie dir als ein Opfer. Ich liefere sie dir aus und verzichte damit auf den Anspruch, dass sich mein Leben ihnen gemäß entwickeln muss. Vielmehr sollen dein Einfluss und deine Autorität in den Regungen meines Herzens zur Geltung kommen. Du bist heute die ausschlaggebende Autorität in all meinen äußeren und inneren Lebensumständen. Ich gehöre dir und deinen Zielen mit mir und mit dieser Welt. Amen!«

Das ist nicht ein Gebet, das man einmal betet. Genauso wie ich heute täglich um die Erfüllung mit dem Heiligen Geist bete, bete ich dieses Hingabegebet immer wieder von Neuem. Mit der Zeit durchdringt die hinter diesen Worten stehende Grundhaltung auch meine anderen Gebete, meine Fürbitte, meine aktuellen und täglichen Anliegen. Langsam, aber stetig setzt sich so eine neue Art, das Leben zu verstehen und in Angriff zu nehmen, durch. Ich versöhne mich mit dem Gedanken (und heiße ihn sogar willkommen), dass meine Lebensumstände sich nicht so entwickeln müssen, dass sie zur Erfüllung meiner Vorstellungen und Erwartungen beitragen. Ich lege meine Situation und meine Wünsche in Gottes Hände und bitte ihn, sie nach seiner Absicht zu beeinflussen.

Was verändert dieses Gebet? Es macht mich vor allem gelassen. Vor einiger Zeit verloren wir in der Gemeinde einen wertvollen Mitarbeiter. Aus familiären Gründen wollte er seine Aufgabe als Leiter abgeben. Er war eine typische Schlüsselperson. Ihn zu verlieren bedeutete, dass ein neu aufgebauter Arbeitszweig, der noch auf wackeligen Füßen stand, wieder zusammenzubrechen drohte. Ich konnte mir nicht vorstellen, wie es ohne ihn weitergehen sollte. Ich versuchte darum mit allen Mitteln, ihn zu behalten. Dann kam der Punkt, an dem ich einsah, dass ich seine Entscheidung zu akzeptieren hatte. In diesem Moment wurde mir das Gebet, in dem ich mich selbst ausliefere, zu einer entscheidenden Hilfe. Ich übergab diesen

Leiter und seinen Arbeitszweig neu Gott. Ich löste mich von der Vorstellung, es dürfe dort keinen Einbruch geben. Ich machte mich frei von meinen Vorstellungen und Erwartungen für diese Arbeit. Bald stellte sich eine tiefe Gelassenheit bei mir ein. Das, worum es in dieser Arbeit geht, ist Gottes Sache. Diese Gemeinde ist seine Gemeinde, nicht meine. Er lässt diesen Engpass zu und kann uns auch wieder hinausführen. Ich kann ihm vertrauen, dass er selbst dann, wenn die Umstände ganz anders aussehen, keinen Fehler macht.

Das ist das Geheimnis der Selbstauslieferung. Je mehr sie zu einer Lebenshaltung wird, umso gelassener bleiben wir in Situationen, in denen alles schiefläuft, in denen man uns kritisiert oder anfeindet. Wir verlieren das Vertrauen und die innere Ruhe nicht mehr, wenn unerwartete Schwierigkeiten auftauchen. Es ist ja Gott, der über allem steht. Es reicht, wenn er die Kontrolle hat, ich kann deshalb darauf verzichten. Er kennt den Ausweg und wird sich als der Herr erweisen.

Man berichtet von Martin Luther, dass er oftmals von Sorgen über die Entwicklung der Kirche geplagt wurde. Seine bekümmerten Gedanken raubten ihm den Schlaf. In solchen Momenten stand Luther vom Bett auf, trat ans Fenster, öffnete es und rief in die Nacht hinaus: »Mein Gott, ist das deine Kirche oder ist es meine? Ach so, es ist deine! Also dann: Gute Nacht!« Sprachs, schloss das Fenster und konnte einschlafen.

3. Schwierige Menschen segnen

Ich arbeite Teilzeit als Dozent an einer theologischen Ausbildungsstätte. Dort verfolge ich immer mit Interesse, welchen Weg unsere zumeist jungen Absolventen nach der Ausbildung einschlagen. Dabei fällt mir etwas auf: Fast alle, die ihre Tätigkeit in einer Gemeinde nach weniger als fünf Jahren aufgeben, tun es aufgrund einer Konfliktsituation. Wenn ich sie erzählen höre, dann geht es fast immer um Meinungsverschiedenheiten, um Vorwürfe und Missverständnisse in der Beziehung zu Vorgesetzten, zu anderen vollzeitlichen Mitarbeitern oder zu Gemeindegliedern. Ich erlebe es ja am eigenen Leib, wie sehr Konflikte und zwischenmenschliche Schwierigkeiten den Gemeindealltag und den Dienst von Leitern prägen. Es dauerte mehrere Jahre, bis ich mich mit der Tatsache versöhnt hatte, dass keine Woche vergeht, ohne dass ich als Leiter direkt oder indirekt in irgendeinen Konflikt verwickelt bin.

Wenn das selbst in Gottes Gemeinde so ist, wie viel mehr gilt es dann in jedem anderen Bereich, in dem Menschen zusammenkommen und gemeinsam arbeiten. Ich denke an die Familie, an den Arbeitsplatz, an Parteien und Vereine. Wie wir die dort auftauchenden Konflikte anpacken und lösen, hat viel mit Sozialkompetenz und Charakter zu tun. Ich glaube aber, dass Christen einen Konflikt maßgeblich durch ihr Gebet bestimmen können. Ich habe es mir zur Gewohnheit gemacht, für Menschen, mit denen ich Schwierigkeiten habe, intensiv zu beten. Ich tue das nicht, um eine sachgemäße, offene Konfliktlösung zu umgehen. Ich tue es, damit eine solche überhaupt erst möglich wird.

Wo es in Beziehungen hapert, geschieht immer wieder dasselbe. Viele Menschen beginnen in Konflikten, die Worte und das Verhalten des anderen als gegen sie persönlich gerichtete Aktionen zu interpretieren. Sie legen ihre Deutungen in den anderen hinein, die von ihrem Misstrauen bestimmt sind. Dahinter stehen oft eine tiefe Selbstverunsicherung und hartnäckige Minderwertigkeitsgefühle. Wer sich selbst nicht traut, der misstraut auch den anderen. Wenn wir unserem Mitmenschen nicht trauen, dann verstärkt sich in uns die Vermutung, dass der andere eigentlich gegen uns ist und gegen uns vorgeht. Aus der Vermutung wird immer mehr eine Gewissheit: Der andere akzeptiert mich nicht. Er arbeitet gegen mich. Das Beweismaterial für diese Schlussfolgerungen finden wir in den Worten und dem Verhalten des anderen uns gegenüber, die wir akribisch röntgen. Und wir werden natürlich fündig: Dort hat derjenige wieder etwas Verletzendes gesagt. Hier ist er mir wieder aus dem Weg gegangen. Dort hat er mich wieder übergangen. Lauter Beweise, die uns bestätigen, was wir ja schon lange geahnt haben.

Was tun wir unwillkürlich, wenn wir in diesen Teufelskreis hineingeraten? Wir ziehen uns zurück. In Gesprächen oder in gemeinsamen Sitzungen reagieren wir verschlossen und gereizt. Und in manchen Situationen bricht es dann aus uns heraus und wir überschütten den anderen mit unkontrollierten Vorwürfen und Anklagen.

Die meisten Konflikte beruhen auf Missverständnissen; auf unseren falschen Interpretationen von Worten und Taten unserer Mitmenschen. Ich glaube darum, dass das Gebet für die Menschen, mit denen ich Schwierigkeiten habe, den Ausgang eines Konflikts entscheidend beeinflusst.

Wie kann ich die Menschen umbeten, mit denen ich Mühe habe oder bei denen ich ahne, dass sie mit mir nicht zurechtkommen? Schon die Entscheidung, für diese Personen zu beten, ist ausschlaggebend. Damit entscheide ich mich nämlich, den zerstörerischen Kreislauf meiner Deutungen und negativen Gedanken über den anderen zu durchbrechen. Und das bedeutet, dass ich in dieser Angelegenheit eine gute Lösung suche. Wenn ich beginne, für den Anderen und für die Situation zu beten, lasse ich Gott in die Spannung zwischen mir und meinem Gegenüber hinein. Ich kann nicht für jemanden intensiv beten und ihn gleichzeitig länger als meinen Gegner oder sogar Feind betrachten. Das geht einfach nicht. Vielleicht fordert uns Jesus deshalb auf, für unsere Feinde zu beten (Matthäus 5,44). Denn für seine Feinde beten heißt, sie als Feinde zu verlieren.

Im Gebet versuche ich nun, den Menschen, mit dem ich gerade Schwierigkeiten habe, mit Gottes Augen anzusehen. Was braucht er? Welches sind seine tiefsten seelischen Bedürfnisse? Wonach hungert er? Er sucht letztendlich nach denselben Dingen, ohne die auch ich selbst nicht leben kann: Liebe, Anerkennung, Ermutigung, Bestätigung, Freundschaft. Ich beginne deshalb Gott zu bitten, ihn mit diesen Dingen zu segnen. Ich bitte Gott, das Herz dieses Menschen mit seiner Liebe, seinem Frieden und seiner Gnade zu erfrischen.

Ich bitte Gott, ihm wohlzutun; ihm Segen, Glück, Wohlbefinden, Zuversicht und Freude zu geben. Ich bitte Gott, dass er diese Person in ihre Bestimmung hineinführt. Dass sie Jesus mit ganzem Herzen dienen kann. Dass Gott sie gebraucht und zum Segen für andere setzt.

Mit diesem Gebet wird der Kreislauf des negativen Denkens, der leisen Vorwürfe, der Interpretationen und Unterstellungen durchbrochen. Ich erwarte und erbitte für den andern das Gute und unterstelle ihm nicht länger das Schlechte. Gleichzeitig ist es selbstverständlich wichtig, Gott zu bitten, dass er mir zeigt, was mein Anteil an der Situation ist. Ich muss vor mir selbst ehrlich werden und bereit sein, den anderen für die Fehler, die ich eventuell begangen habe, um Verzeihung zu bitten.

Können wir einem Menschen, für den wir anhaltend auf diese Weise beten, mit schlechten Gefühlen begegnen? Langfristig kaum, denn dieses Beten verändert unsere Haltung dem anderen gegenüber grundlegend. Gottes gute Ziele und Gedanken über seinem Leben beginnen unsere Einstellung zu prägen. Das bedeutet nicht, dass wir unsere Meinungsverschiedenheiten unter den Tisch wischen. Im Gegenteil. Aber die Art und Weise, wie wir darüber sprechen und wie ich den anderen mit seinem vielleicht falschen Verhalten konfrontieren werde, ist dann nicht mehr von der Absicht bestimmt, ihn fertig zu machen und zu besiegen. Ich werde das offene Gespräch mit ihm so gestalten, dass wir einander verstehen. Mein Ziel ist es nicht mehr, mich zu rächen. Mein Ziel ist es, zu klären. Dem anderen bewusst zu machen, was ich fühle und wie ich ihn erlebe. Und ich werde mich gleichzeitig bemühen, seine Gedanken und Gefühle mir gegenüber zu verstehen.

Meine Erfahrung ist, dass sich fast alle Konflikte konstruktiv lösen lassen, wenn ich den Menschen, der mir Mühe bereitet, bewusst und anhaltend auf diese Weise umbete. Meine Vermutung ist, dass derjenige, der durch ein solches Gebet am meisten verändert wird, nicht der andere ist, sondern ich selbst. Gott verwandelt die defensive, auf Vergeltung und auf das Besiegen des anderen ausgerichtete Grundhaltung meines Herzens in den Wunsch, dass der andere genauso gesegnet und erfolgreich ist wie ich selber. Selbst dort, wo wir auf der Sachebene nicht übereinstimmen, können wir einander wohlwollend und wertschätzend begegnen, positiv übereinander denken und einander Gutes wünschen. Das Gebet, das den Gegner segnet, für ihn Wohlergehen und Heil erbittet, hat eine unglaubliche Transformationskraft. Dieses Gebet hilft mir, den immer neuen Konflikten in meinem Alltag nicht aus dem Weg zu gehen, sondern ihnen mutig und geistlich zu begegnen.

Vielleicht ist Ihnen beim Lesen jemand in den Sinn gekommen, mit dem Sie in der letzten Zeit Schwierigkeiten hatten. Ihre Gefühle und Gedanken für diese Person sind negativ belegt. Versuchen Sie in den nächsten Tagen einmal, ihn segnend und wohlwollend zu »umbeten«. Und dann haben Sie den Mut, diese Beziehung zu klären, indem Sie dieser Person nicht weiter aus dem Weg gehen, sondern ein offenes Gespräch mit ihr suchen.

Weitere hilfreiche Gebetsformen

Die drei genannten Schwerpunkte aus meiner eigenen Gebetserfahrung sind wichtige Entdeckungen der letzten Jahre. Durch sie ist mein Gespräch mit Gott authentischer und lebendiger geworden. Darüber hinaus gibt es ein paar ganz praktische Hilfestellungen, die mein Gebetsleben bereichern. Es gibt einige Gebetsformen, die mich seit Jahren begleiten. Sie bewahren mich davor, im Gespräch mit Gott ins Oberflächliche und Banale abzugleiten. Dazu gehören Gebetsformen wie diese:

Vorformulierte Gebete

Ich bin im Allgemeinen nicht der Typ, der gerne anhand von vorformulierten Gebeten aus Gebetbüchern betet. Aber es gibt zirka ein Dutzend Gebete, denen ich im Verlauf der Jahre begegnet bin, die mein Herz so angesprochen haben, dass ich sie aufbewahrt habe und immer wieder in mein Gespräch mit Gott einbeziehe. Dazu gehört zum Beispiel das Gebet von Niklaus von der Flüe:

Mein Herr und mein Gott,
nimm alles von mir,
was mich hindert zu dir.
Mein Herr und mein Gott,
gib alles mir,
was mich führet zu dir.
Mein Herr und mein Gott,
nimm mich mir
und gib mich ganz zu eigen dir.

Ein anderes Gebet, in dem sich mein Herz immer wieder neu findet, stammt von Charles de Foucauld[26]:

Mein Vater,
ich überlasse mich dir,
mach mit mir, was dir gefällt.
Was du auch mit mir tun magst,
ich danke dir.
Zu allem bin ich bereit,
alles nehme ich an.
Wenn nur dein heiliger Wille sich an mir erfüllt
und an allen deinen Geschöpfen,
so ersehne ich weiter nichts, mein Gott.
In deine Hände lege ich meine Seele,
ich gebe sie dir, mein Gott,
mit der ganzen Liebe meines Herzens.
Weil ich dich liebe
und weil diese Liebe mich treibt,

mich dir hinzugeben,
mich in deine Hände zu legen,
ohne Maß,
mit einem grenzenlosen Vertrauen –
denn du bist mein Vater.

Die Bitte um Erfüllung mit dem Heiligen Geist
In sturer Regelmäßigkeit bitte ich Gott darum, mich mit seinem Heiligen Geist zu erfüllen. Im nächsten Kapitel, in dem es um den Heiligen Geist geht, erkläre ich ausführlicher, weshalb und wie ich das tue.

Schriftliches Beten
In Momenten, in denen mir das Beten besonders schwerfällt und ich mich schlecht konzentrieren kann, bete ich schriftlich. Ich schreibe dann mein Gebet an Gott Wort für Wort auf ein Blatt Papier oder in mein Tagebuch. Das hilft mir, mich zu konzentrieren und ganz bewusst zu beten.

Bibeltexte in Gebete verwandeln
Es gibt viele Bibeltexte, die sich sehr gut in Gebete umformen lassen. Einer meiner Klassiker diesbezüglich ist die Gebetsversion von Kolosser 1,9-11:

Herr Jesus Christus,
ich bitte dich, dass du mich mit
aller Weisheit und Einsicht erfüllst,
wie sie dein Heiliger Geist schenkt.
Lass mich dadurch erkennen,
was dein Wille ist.
Befähige mich, so zu leben,
wie es dir Ehre macht,

und hilf mir zu tun, was dir gefällt.
Bringe in meinem Leben als Frucht
gute Taten aller Art hervor.
Wirke, dass ich darin fortschreite
durch die immer tiefere Erkenntnis dessen,
was du für mich getan hast.
Stärke mich mit deiner ganzen Kraft
und göttlichen Macht,
geduldig und standhaft zu bleiben
in allem, was ich zu ertragen habe,
und mach mich darin dankbar und voller Freude.

Ich kann ein solches Gebet auch, wie Paulus es macht, auf andere Menschen anwenden. Mit solchen Worten bitte ich für mich oder andere um umfassende Erneuerung und Reife. Weiter dafür geeignete Texte sind Epheser 1,17-19.22-23 oder Epheser 3,14-21.

Freies Bibelbeten

Diese Gebetsform ist ähnlich wie die letztgenannte, nur freier. Ich verwende sie oft, wenn ich für andere Menschen bete. Anstatt mühsam nach Worten zu ringen, wähle ich einfach einen Bibeltext und benutze ihn als Inspiration und Vorlage für meine Fürbitte. Dafür gut geeignet sind die Psalmen (zum Beispiel Psalm 25), Epheser 3, Kolosser 1, Römer 12 usw.

Wenn ich für die Gemeinde bete, orientiere ich mich oft an Texten aus der Apostelgeschichte oder an Epheser 4. Hier kommen Themen zur Sprache, die für eine Gemeinde essentiell sind. Sie bereichern und erweitern meinen eigenen Gebets-Themenschatz um wichtige Schwerpunkte, die ich sonst gerne aus den Augen verliere. Vor allem die Apostelgeschichte macht Mut, visionär und erwartungsvoll zu beten, dass Gott unsere Gemeinden heute ebenso kraftvoll bewegt, wie er es damals getan hat. Da verschwindet auf einmal der Gebetsmief in meinen Knochen, der von allgemeinen und harmlosen Gebeten her stammt, und ich beginne wieder, Großes von Gott zu erwarten.

Vielleicht ist jetzt der Moment gekommen, wo Sie dieses Buch für einen Moment zur Seite legen und sich Gedanken darüber machen, welche Gebetsschwerpunkte und -formen Ihr Gespräch mit Gott bereichern würden. Was würde Ihre Freundschaft mit Gott vertiefen und beleben? Jede Investition in die wichtigste Beziehung Ihres Lebens ist zugleich ein Schritt hin zu persönlicher Reife und Mündigkeit.

Kapitel 11:

Der Heilige Geist: Gottes Kraft für müde Krieger

Zwischen den Fronten

Mein ganzer Körper war bis zum Zerreißen gespannt. Um mich herum saßen rund vierzig Personen dicht aneinandergedrängt im Wohnzimmer eines alten Hauses. Etwas Elektrisierendes lag in der Luft. Karl war mitten in seiner Predigt, die einmal mehr durch Mark und Bein ging. Seine Worte wurden von zustimmenden »Amen«, »Halleluja!« und »Glory!«-Rufen begleitet. Heute war der Tag meiner Taufe. Ich hatte lange auf diesen Moment hingefiebert. Jetzt war er da. Ich wurde schon als Kind in der reformierten Landeskirche getauft. Aber die letzten Monate hatten mich zur Überzeugung gebracht, dass nun die Zeit für eine »richtige« Taufe gekommen war: die Taufe in Wasser und Geist.

Die Gruppe, zu der ich seit einiger Zeit gehörte, war eine Hausgemeinde. Ihre Wurzeln lagen im konservativen Brüderverein, der v. a. im schweizerischen Emmental verbreitet ist. Vor Jahren hatten einige der dortigen Brüder umwälzende Erfahrungen mit dem Heiligen Geist gemacht. Sie begannen in Zungen zu reden, hatten Visionen und entdeckten lange verschollene Gaben wie die Prophetie, Glaubensheilungen usw. Das führte innerhalb des Brüdervereins, wo man solche Manifestationen als »Schwärmerei« bezeichnete, zu unüberbrückbaren Spannungen. Schließlich spalteten sich die Leute, welche diese Geisterfahrungen gemacht hatten, vom Brüderverein ab. Von nun an trafen sie sich einmal im Monat an verschiedenen Orten in der Schweiz zu Lehre, Erbauung und Lobpreis. In den dazwischen liegenden Wochen traf man sich in kleinen Gruppen in Privathäusern.

Seit ein paar Wochen besuchte ich eine dieser Gruppen. Ich, damals etwa 18 Jahre alt, war fasziniert von der Herzlichkeit dieser Menschen. Und ich war tief beeindruckt von der Persönlichkeit Karls, dem Leiter dieser Gruppe. Karl war früher drogensüchtig gewesen. Dann hatte er eine einschneidende Begegnung mit Jesus Christus gehabt. Inzwischen war er neben seinem handwerklichen Beruf vor allem Verkündiger und Leiter dieser Hausgemeinde. Eine ansteckende Fröhlichkeit ging von ihm aus. Wenn er predigte, wurde die Bibel lebendig, wie ich das vorher noch nie erlebt hatte. Er erkannte und lehrte Zusammenhänge, die mir bis dahin noch nirgends begegnet waren. In dieser Hausgemeinde spielten die Geistesgaben eine zentrale Rolle. Man rechnete mit dem Führen und Reden des Heiligen Geistes. Es herrschte eine Atmosphäre des Lobpreises, der Dankbarkeit, der Begeisterung. So etwas hatte ich noch in keiner Gemeinde erlebt. Es kam mir vor, als wäre ich direkt in einer Hausgemeinde des Neuen Testaments gelandet.

Immer wieder wurden dort auch Menschen getauft. Die Taufe markierte für viele einen entscheidenden Durchbruch. Hier empfingen sie den Heiligen Geist und damit auch seine Gaben. Von Karl lernte ich, dass man in der Taufe, die zugleich die Geistestaufe war, sämtliche Gaben des Heiligen Geistes empfing. Wenn durch die Taufe der Heilige Geist in seiner ganzen Fülle in mir wohnte, sei die logische Konsequenz, dass in mir alle Fähigkeiten des Geistes vorhanden waren, von denen auch im Neuen Testament die Rede ist: das Reden in Zungen, das Heilen von Krankheiten, das Wirken von Wundern, das prophetische Reden, das Unterscheiden der Geister usw. (siehe 1. Korinther 12). Das war für mich eine faszinierende Perspektive! Ich wollte mich nicht länger mit weniger als dem zufriedengeben, was Gott wirklich für mich vorgesehen hatte. Ich hatte eine tiefe Sehnsucht nach dem Ende meiner armseligen Kämpfe gegen die Sünde. Ich wollte heraus aus Feigheit, Lustlosigkeit und Mittelmäßigkeit, wenn es darum ging, an meinem Arbeitsplatz glaubwürdig meinen Glauben zu leben.

Jetzt stand ich also kurz davor, diesen Befreiungsschlag zu erleben. Diese Aussicht ließ meinen Körper beinahe explodieren. Wir sangen wie immer lange Loblieder, die mehrstimmig gesungen wurden; das alleine schon berührte meine Seele im Tiefsten und hatte eine befreiende Wirkung. Dann, nach Karls leidenschaftlicher Predigt, war es so weit. Alle drängten sich zum Badezimmer. Dort, in der Badewanne, sollte ich getauft werden. Ich stieg in die Wanne. Viele fröhlich strahlende Gesichter schauten mich wohlwollend und erwartungsvoll an. Dicht gedrängt standen alle, die irgendwie Platz fanden, im kleinen Badezimmer zusammen. Ich bekam Worte aus der Bibel zugesprochen, die mich ermutigten und vom Sieg und von der Kraft Gottes sprachen. Dann wurde lange, laut und intensiv für mich gebetet, bevor Karl mich schließlich untertauchte. Ich ließ mein altes Leben hinter mir. Alle Kämpfe, alle Begrenzungen, alle Sünden, alle Zweifel, alle Schwachheit. Als ich auftauchte, füllten sich meine Augen mit Tränen. Ich hörte Hallelujarufe und wurde mit Applaus begrüßt. Noch einmal erinnerte mich Karl daran, dass Gott mir die Türe zu allen seinen Gaben geöffnet habe, die ich nun im Glauben ergreifen solle. Ich war überglücklich!

Zu Hause angekommen begann die Ernüchterung. Auf meinem Schreibtisch lag ein Buch, dessen Autor ein entschiedener Gegner der Pfingstbewegung und aller charismatischen Aufbrüche war. Auf der aufgeschlagenen Seite ging es um die okkulten Phänomene, die in der sogenannten »Geistestaufe« der Pfingstbewegung und ihrer Sympathisanten regelmäßig auftauchten. Der Autor wies nachdrücklich darauf hin, dass die Mehrzahl dieser Geisterlebnisse sich im Nachhinein als Geister-Erlebnisse entpuppten. Befremdet und irritiert las ich diese Zeilen. Neben dem Buch lag eine Notiz. Eine befreundete Nachbarin und Mitchristin hatte mir beides hingelegt. Sie war besorgt um mich und fürchtete, dass ich mein Leben unguten Mächten öffnen würde. Auch meine Eltern waren beunruhigt und warnten mich. Sie sahen in meiner geistlichen Entwicklung der letzten Wochen nichts Gutes.

In den kommenden Wochen kamen verschiedene Personen auf mich zu und wollten mich dazu überreden, nicht mehr in diese Hausgemeinde zu gehen. Sie warnten mich und betonten, was dort gelehrt würde, widerspreche an vielen Stellen den Lehren der Bibel. Gleichzeitig redeten mir meine neuen Freunde aus der Hausgemeinde zu, ich solle auf diese Stimmen nicht hören. Dahinter stecke der Versucher selbst, der mich vom Leben in der Fülle des Geistes abhalten wolle. Als ich dennoch meine Verunsicherung ausdrückte, wurden einige aus der Hausgemeinde sehr ernst. Auch Karl warnte mich: Ein Rückschritt würde bedeuten, dass ich mein armseliges, beschnittenes Christsein von früher fortsetzen würde. Ich würde die Kraft und die Fülle verlieren, die Gott mir gerade geschenkt hatte.

Das war eine der schwierigsten Zerreißproben meines Lebens. Menschen mit völlig unterschiedlichen theologischen Konzepten im Blick auf das Wirken des Heiligen Geistes wirkten auf mich ein, warnten mich vor der Gegenseite und versuchten mich »zu retten« und auf den rechten Weg zu bringen. Mit meinen 18 Jahren und einem jungen Glauben war ich damals nicht stabil genug, um damit irgendwie hilfreich umgehen zu können. Auf beiden Seiten hatte ich gute Freunde und ich wollte niemanden verlieren. Gleichzeitig hielt ich dieses Tauziehen fast nicht mehr aus. Ich erinnere mich noch gut an jene Tage, an denen ich im Stillen mit dem Gedanken spielte, meinem Leben ein Ende zu setzen. Ich kam mit diesem Druck, den andere und vor allem ich selbst auf mich ausübte, nicht mehr zurecht.

Schließlich löste ich mich von der Hausgemeinde. Der Grund dafür waren nicht lehrmäßige oder theologische Überzeugungen. Ich musste einfach aus dieser Spannung heraus. Und ich musste Klarheit über das Wesen und das Wirken des Heiligen Geistes gewinnen. Ich hatte ein tiefes Bedürfnis, die Bibel zu studieren und im Stimmengewirr der gegensätzlichen Meinungen meiner christlichen Freunde von Gottes Wort her Klarheit zu gewinnen. Dabei war mir

Rolf, mein damals bester Freund, eine große Hilfe. Er hatte immer darauf verzichtet, mich zu belehren oder zu warnen. Wir trafen uns regelmäßig zum Gebet und zum Studium der Bibel. Diese Beziehung und das gemeinsame Forschen im Wort Gottes gaben mir neue Orientierung. Ich bekam langsam eine stabilere, eigenständig durchdachte und reflektierte Sicht über das Wesen und Wirken des Heiligen Geistes. Eine neue Sicherheit entstand; ich näherte mich dem Thema, wie geisterfülltes Leben auszusehen hat, neu an, und zwar ohne die jeweiligen überzeugenden Argumente der Warner und Befürworter unreflektiert zu übernehmen.

Annäherung an ein Stiefkind

In den darauffolgenden Jahren, in denen ich mich mit der Frage auseinandersetzte, wer der Heilige Geist ist und wie er wirkt, begegnete ich immer wieder demselben Phänomen. Es gab da einerseits Menschen, welche ganz bestimmte Erfahrungen mit dem Heiligen Geist stark betonten und diese zum Dreh- und Angelpunkt ihrer Erfahrung und ihrer Theologie machten. Von diesem Standpunkt aus waren alle anderen Christen, welche diese Sicht nicht teilten, vollmachtslose Halbchristen, denen die entscheidende Krafterfahrung fehlte. Auf der anderen Seite waren die Warner und Skeptiker. Alles, was nur dem Schein nach »charismatisch« oder »pfingstlerisch« roch, war gefährlich. Sofort wurde vor dem Schwarmgeist gewarnt und vor den angeblich okkulten Kräften, welche sich in charismatischen Phänomenen tarnen. Auch im Blick auf die »Geistbewegungen« der letzten Jahrzehnte (geistliche Kampfführung, Befreiungsdienst, Torontosegen) geriet ich selbst immer wieder zwischen die Fronten. Nur selten schien es zwischen diesen beiden Extremen so etwas wie ein Gedankenaustausch, ein Gespräch oder ein Hören aufeinander zu geben. Ich fand auch später in meinem theologischen Arbeiten und Forschen lange Zeit wenig wirklich Brauchbares zu diesem Thema. Es gab nicht viele Theologen und

Lehrer, denen es gelang, dieses Thema differenziert aufzuarbeiten. Vieles reduzierte sich auf ausführliche Argumentationen gegen die jeweils andere Lehrmeinung. Selten begegnete ich denkenden, reflektierenden, von der Bibel her ringenden Menschen, welche die Stärken der verschiedenen Standpunkte zunächst vorurteilslos herausarbeiteten und dann verbinden konnten.

Es war deshalb für mich ein wohltuender Moment, als ich das Buch *Jüngerschaft* des Engländers David Watson las. Hier begegnete ich einem der Bibel verpflichteten, denkenden Theologen, der zugleich offen war für das übernatürliche Wirken des Heiligen Geistes und es wie selbstverständlich in sein Leben und in seine Verkündigung einbezog. Später waren mir die Schriften des Theologen Klaus Bockmühl eine große Hilfe. Hier verband sich theologische Redlichkeit mit einer großen Offenheit gegenüber dem Wirken des Heiligen Geistes.

Meine persönliche Geschichte zu diesem Thema veranlasste mich, der Frage nach der Rolle des Heiligen Geistes in unserem Leben weiter nachzugehen. Was mir dabei unverzichtbar wichtig wurde, möchte ich auf den folgenden Seiten mit Ihnen teilen. Ich verzichte dabei bewusst auf eine theologische Auseinandersetzung zur »Geistestaufe«. Sie entspricht nicht der Zielsetzung dieses Buches. Ich möchte mich vielmehr auf Überlegungen konzentrieren, die mit der Rolle des Heiligen Geistes in unserer Spiritualität und inmitten der Herausforderungen unseres Alltags zu tun haben. So hatte ich ein brennendes Interesse, auf folgende Fragen eine Antwort zu finden:

- Welche Rolle möchte der Heilige Geist in unserer persönlichen Spiritualität spielen?
- Wie will und kann der Heilige Geist in unser alltägliches Leben, Arbeiten, Denken und Fühlen prägend hineinwirken?
- Wie sieht ein vom Heiligen Geist kontrollierter Dienst eines Mitarbeiters und Leiters im Reich Gottes aus?

Die Perspektiven, die sich mir im Laufe der Auseinandersetzung mit der Rolle des Heiligen Geistes in unserem Leben geöffnet haben, sind überraschend und faszinierend zugleich. Der Heilige Geist kommt mir für unser inneres Leben mit Gott wie eine Art Innenausstatter vor. Ihn zu kennen und mit ihm zu leben bedeutet, dass Form, Farbe, Wärme, Ausstrahlung und Charme ins Grundgerüst unseres Lebens hineinkommen.

Ich glaube, dass es drei Themenbereiche gibt, mit denen wir uns auseinandersetzen müssen, um das Wirken des Heiligen Geistes besser verstehen zu können. Zuerst müssen wir verstehen, dass es ein Wechselspiel gibt zwischen unserer Prägung als Persönlichkeit und der Art und Weise, wie wir den Heiligen Geist erfahren. Zweitens ist es entscheidend zu verstehen, welche Rolle der Heilige Geist im Alltag von Menschen spielt, die ihr Leben bewusst auf das Reich Gottes ausrichten. Menschen, die das Reich Gottes im Blick haben, werden in ihrem Alltag den Heiligen Geist als die entscheidende Kraft erleben, die ihnen hilft, als Begabte und Befähigte zu wirken, Inspiration und Führung zu erleben und persönliche Grenzen zu überwinden. Drittens ist es wichtig zu verstehen, dass es notwendig ist, täglich neu mit der Kraft des Heiligen Geistes erfüllt zu werden.

Der Heilige Geist und unsere Persönlichkeit

Ich kann die Gespräche, Diskussionen und Auseinandersetzungen nicht zählen, die ich rund um kontroverse Fragen zum Wirken des Heiligen Geistes miterlebt habe. Als Jugendlicher, in Kleingruppen, auf Konferenzen, während Mitarbeiterwochen, unter Pastoren, in der Gemeinde, am theologischen Seminar, unter Freunden – immer wieder bewegt uns Christen die Frage, wie der Geist nun wirkt, was er tut und was nicht. Ich erinnere mich an einen Lobpreisleiter, der eine Gruppe von über hundert Menschen in der Anbetung vor Gott leitete. Nachdem er die Anbetungszeit eröffnet und mit uns zwei Lieder gesungen hatte, unterbrach er den Gesang. Er griff zum Mikrofon und gab seiner Besorgnis Ausdruck, dass einige von uns wahrscheinlich nicht wirklich offen seien für das Wirken von Gottes Geist. So nur könne er es sich erklären, dass es immer noch Leute gab, die auf ihren Stühlen saßen und die Hände noch nicht erhoben hatten. Deshalb begann er zu beten, dass der Geist nun doch auch auf jene Brüder und Schwestern fallen möge, die noch lahm wie Kartoffelsäcke auf ihren Stühlen sitzen geblieben waren.

Mit Schmunzeln denke ich an dieses Ereignis zurück und an die Diskussionen, die es unter uns »Betroffenen« auslöste. Im Laufe der Jahre habe ich mehr und mehr begriffen, dass die Art und Weise, wie wir das Wirken des Heiligen Geistes wahrnehmen und erleben, viel mit unserer Persönlichkeitsstruktur zu tun hat. Wir nehmen das Wirken des Heiligen Geistes nicht alle auf dieselbe Art und Weise wahr. Das hat damit zu tun, wie sich Gott uns Menschen zu erkennen gibt. Die biblische Offenbarungsgeschichte zeigt, dass sich Gott in verschiedenen Epochen und Stufen der Kulturentwicklung auch verschieden offenbart. Der Schweizer Theologe Emil Brunner sprach in diesem Zusammenhang von der »gnädigen Herablassung Gottes«[27]. Gott lässt sich in verschiedener Gestalt in die jeweils verschiedenen Kulturen hinab und offenbart sich den Menschen auf die Art und Weise, wie sie es am besten wahrnehmen und verstehen können. Abrahams Gottesdienst bestand noch darin, dass er Gott einen Altar baute und Opfer brachte. Später, in der Wüstenzeit, offenbarte sich Gott im Kontext einer Stiftshütte. Zur Königszeit nahmen die Menschen Gottes Wirken im Tempelkult wahr. Im Neuen Testament geschieht geistliches Leben schwerpunktmäßig im Rahmen des überschaubaren Lebens eines Privathauses. Das wäre zu Abrahams Zeiten wenig hilfreich gewesen, denn Abraham und seine Nachkommen waren Nomaden ohne festen Wohnsitz. Damals wie heute offenbart sich Gott den Menschen so, wie sie es innerhalb ihrer kulturellen Prägung am besten verstehen können.

Ich glaube, dass dies auch im Blick auf uns als Einzelne gilt. Der Heilige Geist sucht sich zu unserem Herzen einen Weg, wie wir sein Wirken am besten nachvollziehen und verstehen können. Das ist gnädige Herablassung Gottes in unserem persönlichen Leben. Gott nimmt uns als Geschöpfe so ernst, dass er unsere Persönlichkeitsprägung nicht umgeht, wenn er sich uns zu erkennen gibt.

Praktisch bedeutet das, dass manche Menschen das Wirken des Heiligen Geistes vor allem auf der Gefühlsebene wahrnehmen. Andere dagegen erfahren ihn eher über die Kanäle des Denkens und Reflektierens. Diejenigen, die den Heiligen Geist eher mit ihren Gefühlen erleben, können seine Nähe oft richtiggehend spüren. Sie geben ihrer Offenheit für sein Wirken gerne körperlich Ausdruck. Es gibt Momente, in denen sie die Nähe des Heiligen Geistes so tief wahrnehmen, dass sie tanzen, weinen oder lachen möchten. Sie möchten ihrer Anbetung und Hingabe so Ausdruck geben, dass sie niederknien oder sich flach auf den Boden legen. Manchmal ergreift sie der Geist Gottes so sehr, dass sie die Kontrolle über ihren Körper ganz loslassen. Dann können sich bei ihnen Phänomene wie Schütteln, Zucken, Zu-Boden-Fallen usw. einstellen. Phänomene übrigens, die es schon zu biblischen Zeiten gab und die auch in vielen anderen Religionen regelmäßig vorkommen. Sie sagen an sich noch nichts aus über die Echtheit einer geistlichen Erfahrung. Aber sie sind ein Hinweis auf die Beschaffenheit unserer Persönlichkeit und zeigen, wie sich geistliche Kräfte im Leben bestimmter Menschen manifestieren können.

Menschen, denen Gott eine ausgesprochene Fähigkeit gegeben hat, Dinge durch ihr Denken, Reflektieren und Abwägen zu erfassen, erreicht das Wirken des Heiligen Geistes oft auf dieser Ebene des Verstandes. Ihr Herz wird tief berührt, wenn sie einen Bibelabschnitt in der Ursprache lesen und analysieren. Es ist für sie nichts Ungewöhnliches, wenn sie beim Lesen des Artikels »charis« (Gnade) in einem theologischen Wörterbuch einen Durchbruch im Glauben erleben. Vielleicht erfassen sie gerade auf diese Weise das erste Mal, was Gottes Gnade für sie persönlich bedeutet. Wahrscheinlich war Martin Luther ein solcher Mensch. Es war das einsame Studium des Römerbriefes in griechischer Sprache, das seinem Glauben zum

Durchbruch verhalf und die Grundlage zur späteren Reformation legte. Oft sind es solche oder ähnlich geprägte Menschen, die gerade dadurch dem Heiligen Geist die Kontrolle über ihr ganzes Leben überlassen, dass sie still dasitzen, die Augen schließen, schweigen und sich so Gott hinhalten.

Viele Diskussionen und Auseinandersetzungen um die Frage, wie der Heilige Geist wirkt, was echte geistliche Erfahrungen sind und was Schwärmerei, würden eine andere Richtung bekommen, wenn wir anerkennen würden, dass der Heilige Geist sich uns Menschen gemäß unserer Persönlichkeit annähert und nicht losgelöst von ihr. Gleichzeitig können verstandesorientierte Menschen viel von gefühlsorientierten lernen. Warum führt Gott Männer so, dass sie sich Frauen aussuchen, die über eine Persönlichkeitsstruktur verfügen, die der ihren gerade entgegengesetzt ist, und umgekehrt? Weil wir die Ergänzung durch die Andersartigkeit des anderen brauchen. Wenn Menschen mit starken analytischen Fähigkeiten Zugang finden zu einer emotionaleren Wahrnehmung der Realität und auch der Wirklichkeit Gottes, dann wird ihr Leben ganzheitlicher. Dasselbe gilt, wenn ein vorwiegend emotional geprägter Mensch etwas entdeckt von der stabilisierenden Wirkung klarer Gedanken und vernünftiger Schlussfolgerungen.

Wie so oft finde ich mich selbst bei diesem Thema irgendwo in der Mitte. Ich liebe es, Gottes Wort zu lesen, darüber nachzudenken und der ursprünglichen Bedeutung von Worten auf den Grund zu gehen. Dabei kann mein Herz von Gottes Geist tief berührt werden. Dann gibt es Momente, in denen ich nur noch schweigen möchte, um Gottes Reden still und konzentriert zu erleben. Wenn ich Gott anbete, dann habe ich jedoch oft auch das Bedürfnis, dies auch körperlich auszudrücken. Ich verspüre den Wunsch, niederzuknien, die Hände zu erheben, die Handflächen Gott entgegenzustrecken. Manchmal aber möchte ich nur still dasitzen und staunen. Ich schätze an der Art und Weise, wie Gott mich gemacht hat, dass ich beides kenne – eine emotionale und eine verstandesorientierte Ansprechbarkeit für Gottes Wirken – und mich in beidem wohlfühle. Die andere Seite ist, dass ich manchmal bedaure, Gottes Geist nicht auf einer noch tieferen emotionalen Ebene wahrnehmen und ehren zu können. Oder nicht noch ausgeprägter das Reden Gottes in klaren Gedanken und scharfen Analysen erfassen zu können.

Dieses leise Bedauern weicht dann aber der Freude darüber, dass es Gottes Geist gefällt, uns nicht nur entsprechend unserer Persönlichkeit zu begegnen. Am faszinierendsten ist für mich die Tatsache, dass der Heilige Geist sich in meinem konkreten Alltag zeigen will, indem er mir ein zuverlässiger Begleiter und Berater ist.

Der Heilige Geist in unserem Alltag

Im Blick auf den Heiligen Geist haben zwei Bereiche dem gewöhnlichen Christen den Zugang zum Heiligen Geist erschwert: die Mystik und die Theologie.

Die Mystiker haben (wahrscheinlich unbeabsichtigt) den normalen, im Alltag stehenden Menschen, Bauern, Handwerkern, Müttern, Fabrikarbeitern, den Eindruck vermittelt, man könne nur nach stundenlanger Versenkung hinter Klostermauern das übernatürliche Wirken des Heiligen Geistes erfahren. Damit kein Missverständnis entsteht: Ich liebe die Schriften und Biographien großer Mystiker wie Theresa von Avila, Hildegard von Bingen, Johannes vom Kreuz, Gerhard Tersteegen, Charles de Foucauld u. a. Durch sie habe ich entscheidende Impulse für mein geistliches Leben bekommen und ich bedaure, dass sie vielen Christen völlig unbekannt sind. Manche ernsthafte, einfache, im Alltag verwurzelte Christen haben jedoch aus dem Lesen ihrer Schriften die Schlussfolgerung gezogen, ein solches Leben sei nur möglich, wenn man sich von Beruf, Familie und Welt löst und sich in Stille und Einsamkeit zurückzieht. Dort, jenseits der profanen Herausforderungen des Alltags, wartet der Heilige Geist mit seinen Visionen, seiner Führung und mit ekstatischen Erfahrungen. Das ist ein Trugschluss. Daran schuld sind vielleicht weniger die Mystiker selbst, sondern vielmehr deren Leser, Kommentatoren und Interpreten.

Auch die Theologie hat vielen Menschen den Zugang zum Heiligen Geist erschwert und sie tut es bis heute. Denn gerade in der westlichen Welt hat sie es sich zur Aufgabe gemacht, die Inhalte der christlichen Lehre in Dogmen und Glaubenssätze zu fassen. Bis in mikroskopische Details hinein versuchte man das Wesen Gottes zu ergründen, zu definieren und in Formeln zu fassen. Dasselbe geschah mit dem Heiligen Geist. Seitenlange Definitionen, Abgrenzungen, Betonungen über die Substanz, die Erscheinungsform und das Wirken des Heiligen Geistes zieren Glaubensbekenntnisse, Dissertationen und Lexikonartikel. Natürlich spielten Glaubensbekenntnisse und dogmatische Definitionen in der Kirchengeschichte eine ganz wesentliche Rolle. Sie entstanden oft in der Verteidigung des christlichen Glaubens gegen Irrlehren und halfen mit, den Kern des Evangeliums zu bewahren. Dennoch hat gerade die Theologie vielen Menschen den Eindruck vermittelt, Gott könne man nur dann richtig verstehen und erfassen, wenn man zehn Semester Vorlesungen in Griechisch, Hebräisch, Latein, Dogmengeschichte und Exegese besucht hat. Die letzten zwei Jahrhunderte unserer Geschichte sind von einer traurigen Entmündigung der Laien gerade auch in den evangelischen und reformierten Kirchen geprägt. Die wissenschaftliche Theologie zog sich in einen Elfenbeinturm von Selbstgefälligkeit, Überheblichkeit und schriftgelehrter Arroganz zurück. Einfache Glaubenswahrheiten wurden zu abstrakten Konstruktionen, eingepackt in hochgestochene Begrifflichkeiten und weltfremde Thesen. Viele Kirchgänger verließen sich bei der Frage, wie Gottes Geist im Alltag zu erleben sei, auf die oft flachen, nichtssagenden Predigten und Aussagen gelehrter Pfarrer, die selber kaum mehr persönliche geistliche Erfahrungen machten. Diese Theologie, der alles Lebendige, Geheimnisvolle und Übernatürliche entzogen wurde, lähmt bis heute unsere Kirchen und unsere Spiritualität und hat den Heiligen Geist ins Exil geschickt.

Der Heilige Geist will jedoch (genauso wie die ganze christliche Botschaft) zutiefst im Alltag von uns Menschen wirken. Er sehnt sich danach, Menschen inmitten ihrer Aufgaben, Herausforderungen, Überforderungen und Schwierigkeiten zu begegnen. Er offenbart sich im Alltäglichen und entfaltet dort seine Wirksamkeit. Das hat mit dem Wesen der Inkarnation Gottes zu tun. Wie Jesus, das Wort, Fleisch wurde und sich in den Alltag einer jüdischen Familie, der jüdischen Gesellschaft und Kultur der damaligen Zeit herabließ, so tut es auch der Heilige Geist. Er setzt das Wirken Jesu fort (Johannes 14,26). Wie Jesus ist auch er im Alltag von suchenden, leidenden, kämpfenden, liebenden, hungernden und arbeitenden Menschen präsent.

Die Apostelgeschichte bietet eine hilfreiche Orientierung, um erkennen zu können, wie alltagsbezogen der Heilige Geist im Leben von uns Menschen wirken möchte. Das sorgfältige Lesen dieser Dokumentation einer Zeit, in der der Heilige Geist auf die ersten Christen kam und ihr Leben prägte und führte, gibt uns entscheidende Impulse für die Frage, wie wir heute mit dem Heiligen Geist rechnen und leben können.

In der Apostelgeschichte werden uns im Blick auf den Heiligen Geist u. a. vier wichtige, grundsätzliche Wahrheiten vermittelt. Erstens: Der Heilige Geist ist fast ausschließlich im Leben der Menschen wirksam, die sich primär im Kontext der Ausbreitung des Evangeliums bewegen. Zweitens: Der Heilige Geist beschenkt Menschen, die sich den Auftrag Gottes zu eigen machen, sein Reich vorwärtszutreiben, mit übernatürlichen Gaben. Drittens: Eine der wesentlichen Aufgaben des Heiligen Geistes besteht darin, Menschen, die Gott von Herzen dienen, zu inspirieren, zu beraten und zu führen. Viertens: Der Heilige Geist befähigt Männer und Frauen, die an Gott und sein Reich hingegeben leben, innere, persönlichkeits- und prägungsbedingte Grenzen zu überwinden.

Der Heilige Geist wirkt dort, wo Menschen die Ausbreitung des Evangeliums zu ihrem größten Anliegen machen

Die Apostelgeschichte stellt von Anfang an klar: Der Heilige Geist ist uns nicht zur Verzierung unserer privaten Frömmigkeit gegeben. Manche Christen sehnen sich nach besonderen Geisterfahrungen und sie tun das losgelöst von jeglicher Bereitschaft, persönlich in die Ausbreitung von Gottes Reich zu investieren. Sie wünschen sich eine Geistestaufe, bestimmte Gaben, eine körperliche oder innerliche Berührung mit dem Heiligen Geist, eine Krafterfahrung, ein prophetisches Wort etc. Dabei denken sie aber in erster Linie an sich selbst. Diese Art von Verlangen erscheint mir manchmal eher ein selbstbezogener Wunsch nach etwas mehr Action und Abwechslung im trostlosen Alltag mancher mittelmäßigen Christen zu sein. Ich kann das gut nachvollziehen, weil ich Ähnliches aus meiner persönlichen Geschichte kenne. Das Studium der Apostelgeschichte lehrt mich aber, dass der Heilige Geist kein Zauberkünstler ist, der so zwischendurch, zur Aufheiterung meines grauen Alltags, ein übernatürliches Geisterlebnis schenkt.

Apostelgeschichte 1,8 macht deutlich, in welchem Kontext die Jünger Jesu das übernatürliche Wirken des Heiligen Geistes erwarten können: *Aber ihr werdet mit dem Heiligen Geist erfüllt werden, und dieser Geist wird euch die Kraft geben, überall als meine Zeugen aufzutreten: in Jerusalem, in ganz Judäa und Samarien und bis ans äußerste Ende der Erde.*

Diese Kraft entfaltet sich im Leben von Menschen, damit sie seine Zeugen sein können. Der Heilige Geist drängt Menschen dazu, dass sie Jesus bekennen und auf das Reich Gottes hinweisen. Er verfolgt dabei ein höchst einseitiges Interesse: Die Vergebung, Gnade Gottes, der Neuanfang und das Leben unter der liebevollen Führung von Jesus Christus sollen bekannt gemacht werden. Damit dies so schnell und so effektiv wie möglich geschieht, wirkt, befähigt, leitet der Heilige Geist im Leben all derer, die sich für dieses Abenteuer zur Verfügung stellen. Pfingsten bestätigt diese Grundrichtung. Sobald die Jünger das gewaltige Geisterlebnis machen, stehen sie auf, reden von Jesus und laden ihre Zuhörer ein, ihm ihr Leben anzuvertrauen:

Als das Pfingstfest kam, waren wieder alle, die zu Jesus hielten, versammelt. Plötzlich gab es ein mächtiges Rauschen, wie wenn ein Sturm vom Himmel herabweht. Das Rauschen erfüllte das ganze Haus, in dem sie waren. Dann sahen sie etwas wie Feuer, das sich zerteilte, und auf jeden ließ sich eine Flammenzunge nieder ... Petrus antwortete: »Kehrt jetzt um und lasst euch taufen auf Jesus Christus; lasst seinen Namen über euch ausrufen und bekennt euch zu ihm – jeder und jede im Volk! Dann wird Gott euch eure Schuld vergeben und euch seinen Heiligen Geist schenken (Apostelgeschichte 2,1-3.38).

Der ganze weitere Verlauf der Apostelgeschichte macht deutlich, dass die vom Heiligen Geist erfüllten Jünger von dem Ziel besessen sind, den Menschen Jesus zu bringen, seine Gemeinde aufzubauen und inmitten ihrer damaligen Welt eine Gemeinschaft zu bilden, die das Wesen und den Charakter von Jesus widerspiegelt. Eine Gemeinschaft, in der man sich gegenseitig annimmt, wertschätzt und füreinander sorgt bis in kleinste alltägliche Belange hinein (siehe Apostelgeschichte 2,42-47 und 4,32-35). Und immer wieder sind sie erfüllt von diesem unbändigen Drang, mit anderen Menschen die umwerfende Erfahrung der Liebe und Gnade Gottes zu teilen: *Wir können nicht verschweigen, was wir gesehen und gehört haben!* (Apostelgeschichte 4,20).

Wenn Petrus in Apostelgeschichte 5,32 davon spricht, dass Gott seinen Heiligen Geist denen gibt, die ihm gehorchen, dann ist mit diesem Gehorsam die Bereitschaft gemeint, Christus nachzufolgen und ihn, wo immer sich dazu eine Gelegenheit bietet, zu bezeugen.

Das alles zeigt uns: Die Apostelgeschichte ist ein Bericht der deutlich macht, dass der Heilige Geist der erste und oberste Verbreiter des Reiches Gottes durch willige, dieses Reich bezeugende Menschen ist. Sein oberstes Ziel ist die Ausbreitung der Jesusbewegung in alle Teile der Welt.

Das hat für unser Leben einige wichtige Konsequenzen: Die

Sehnsucht nach einer tieferen Berührung mit dem Heiligen Geist, nach Gaben, prophetischen Worten und übernatürlichen Manifestationen, macht biblisch gesehen nur dann Sinn, wenn wir Menschen des Reiches Gottes sind. Wenn wir zutiefst vom Wunsch erfüllt sind, ganz persönlich unser Bestes für das Ziel zu geben, dass Menschen Christus kennenlernen und ein Teil seiner neuen Gemeinschaft, der Kirche, werden. Wir werden immer ins Leere greifen, wenn wir uns nach dem Heiligen Geist ausstrecken und dabei nicht das Reich Jesu vor Augen haben. Wir werden bei uns selbst und ein paar wohligen Gefühlen stehen bleiben, wenn wir dem Heiligen Geist nicht erlauben, uns in den unwiderstehlichen Sog der Ausbreitung von Gottes Reich hineinzuziehen und dafür ganz in Beschlag zu nehmen. Von Gottes Geist berührt, überwältigt und durchtränkt zu werden geschieht nie um meinetwillen. Es geht nicht um mich. Es geht um eine neue Verfügbarkeit und Befähigung für Gottes Absicht, dass alle Menschen seine Liebe und Gnade erfahren.

Dieser Grundsatz ist ein hilfreiches Instrument, um Menschen und Bewegungen richtig einschätzen und bewerten zu können, die sich auf den Heiligen Geist berufen, sein Wirken oder bestimmte Ausprägungen davon speziell betonen oder auf bestimmte Geisterfahrungen Wert legen. Wenn es im Kern ihrer Anliegen nicht um die gezielte Ausbreitung der Jesus-Botschaft im Hier und Heute geht, dann stehen im Zentrum höchstwahrscheinlich (wenn auch unbewusst) eher oberflächliche und selbstbezogene Absichten.

Der Heilige Geist beschenkt Menschen, die sich den Auftrag Gottes zu eigen machen, sein Reich vorwärtszutreiben, mit übernatürlichen Gaben

Die Lehre von den geistlichen Gaben steht im Neuen Testament im Kontext der Verbreitung der guten Nachricht. Dazu schenkt Gott Fähigkeiten, die es mir ermöglichen, einen wesentlichen Beitrag bei der Ausbreitung seines Reiches und dem Aufbau seiner Gemeinde zu leisten. Diese vom Heiligen Geist geschenkten Gaben weisen wiederum von mir selber weg auf Gottes Ziel mit dieser Welt und mit der Kirche. So schreibt Paulus im 1. Korintherbrief: *Doch an jedem und jeder in der Gemeinde zeigt der Heilige Geist seine Wirkung in der Weise und mit dem Ziel, dass alle etwas davon haben* (1. Korinther 12,7).

Die Auseinandersetzung mit den Gaben des Heiligen Geistes gehört zu den Grundlagen eines lebendigen Glaubens. Ich bin immer wieder verwundert darüber, wie viele langjährige Christen in Unkenntnis darüber leben, welche geistlichen Gaben Gott in ihr Leben hineingelegt hat. Es irritiert mich, wenn sogar vollzeitlich arbeitende Pastoren, Jugendarbeiter oder Missionare nicht definieren können, mit welchen Gaben Gott sie für ihren Dienst ausgestattet hat. Solange Christen ihre Gaben nicht kennen, können sie ihr von Gott gegebenes Potential nicht ausschöpfen und stehen in Gefahr, an den falschen Fronten ihre wertvolle Zeit, Kraft und Energie einzusetzen. Aus diesem Grund ermahnt Paulus den jungen Timotheus gleich zwei Mal, seinen Dienst nicht abzuwerten und kraftlos werden zu lassen, weil er nicht konsequent nach seinen Stärken und Gaben arbeitet:

Vernachlässige nicht die Gabe, die Gott dir geschenkt hat, als die Ältesten dir aufgrund prophetischer Weisungen die Hände auflegten. Mühe dich um das, was dir aufgetragen ist, damit deine Fortschritte allen sichtbar werden (1. Timotheus 4,14-15).

Darum ermahne ich dich: Lass die Gabe wieder aufleben, die Gottes Geist in dich gelegt hat und die dir geschenkt wurde, als ich dir die Hände auflegte! (2. Timotheus 1,6).

Es gehört darum zu den Grundlagen der Nachfolge, dass ich die Aussagen des Neuen Testaments über die geistlichen Gaben kennen- und anwenden lerne. Ein verantwortliches geistliches Leben sollte von der lebenslangen Bemühung um Klarheit gekennzeichnet sein in der Frage, mit welchen Fähigkeiten und Stärken ich Gottes Wirken in dieser Welt am besten und effektivsten unterstützen kann. Es gibt ein, zwei oder vielleicht auch drei von Gott in mich hineingelegte Fähigkeiten, durch die ich einen wirklich hilfreichen

Beitrag dazu leisten kann, dass Gottes Absichten in dieser Welt Gestalt annehmen und sein Name Beachtung und Ehre bekommt. Diese Fähigkeiten bestehen aus einer einzigartigen, von Gott arrangierten Verschmelzung von geistlichen Gaben und angeborenen Stärken wie Musikalität, Kreativität, Handwerk usw. Die Bestimmung meines Lebens ist, etwas beizutragen, das die Ehre Gottes in dieser Welt vermehrt (siehe Epheser 1,12), und es ist grobe Fahrlässigkeit, sein Leben als Christ ohne die Bemühung damit zu verbringen, diesen Beitrag zu erkennen und zu leisten. Es ist ein Zeichen dafür, dass ich das Wirken des Heiligen Geistes an mir ernst nehme, wenn ich mir immer wieder Rechenschaft über diese Frage gebe: Welches sind die zwei oder drei primären Fähigkeiten, die Gott in mein Leben hineingelegt hat? Sind mein Leben, meine Arbeit und mein Dienst so ausgerichtet, dass diese Gaben gewichtig zum Ausdruck kommen?

Wenn ich junge Christen und angehende Leiter oder Mitarbeiter begleite, ist das eines der zentralen Themen, an denen wir gemeinsam arbeiten. Wir haben das Privileg, dass es inzwischen eine Handvoll wertvoller Hilfsmittel gibt, die uns helfen, unsere von Gott gegebenen Fähigkeiten und geistlichen Gaben zu entdecken. Herausragend dabei sind das in den USA entwickelte DIENST-Programm oder der in Deutschland entwickelte Gabentest »Die drei Farben deiner Gaben« von Christian Schwarz. Neben dem Studium der einschlägigen Bibelstellen zu diesem Thema (1. Korinther 12-14; Römer 12 und Epheser 4) sind das gute Hilfsmittel für eine erste Einführung in das Thema »geistliche Gaben«.

Solche Gabentests haben allerdings auch ihre Begrenzungen. Sie bauen primär auf Erfahrungswerten auf. Sie fördern zutage, in welchen Bereichen und mit welchen Gaben Sie bereits positive Erfahrungen gemacht haben. Das kann tatsächlich ein Indiz sein, dass Gott Sie in diesem Bereich begabt hat und Sie hier weiter investieren sollen. Darüber hinaus ist es aber durchaus möglich, dass Gott Ihnen Gaben geschenkt hat, von denen Sie noch gar nichts wissen. Es kann sein, dass Sie sich gewisse Aufgaben nicht zutrauen.

In einem solchen Bereich sind Sie vielleicht noch gar nie aktiv geworden. Das Ergebnis eines Gabentests darf nie als etwas Statisches angesehen werden. Die hier erarbeiteten Gaben und Stärken sollten Sie ernst nehmen, aber nur unter dem Vorbehalt, dass die Entwicklung Ihrer geistlichen Gaben ein dynamischer, lebenslanger Prozess ist. Es kann sein, dass Gott Sie in Aufgaben hineinführt, die neue Fähigkeiten und Gaben erfordern. Und Gott ist bereit, Ihnen Gaben für einen speziellen Kontext zu geben. Vielleicht auch nur vorübergehend, vielleicht langfristig.

Ich bin der Überzeugung, dass diese Dynamik gleichzeitig nichts Unwillkürliches oder Unstetes beinhaltet. Es gibt einen roten Faden, eine Grundbestimmung, einen Grundmix an geistlichen Gaben, Stärken, erlernten und angeborenen Fähigkeiten, der unser Leben prägt. Die Abweichungen sind oft Nuancen, Weiterentwicklungen, ohne dass dabei ein total neuer, vorher nicht da gewesener Schwerpunkt entsteht.

Weil der Heilige Geist eine dynamische Kraft ist und seine Gaben in einem dynamischen Prozess in unser Leben hineingelegt und entwickelt werden, sollten wir auch die Möglichkeit in Erwägung ziehen, um bestimmte Gaben und Fähigkeiten gezielt zu beten, die wir noch nicht besitzen oder noch nicht erkannt haben. Die Anweisungen betreffend geistlicher Gaben, die Paulus an Timotheus weitergibt, lassen die Möglichkeit erkennen, dass bestimmte Situationen es erfordern, dass Gott uns ganz bestimmte Gaben gibt: *Vernachlässige nicht die Gabe, die Gott dir geschenkt hat, als die Ältesten dir aufgrund prophetischer Weisungen die Hände auflegten* (1. Timotheus 4,14). Die Ältesten der Gemeinde und Paulus selbst (vgl. 2. Timotheus 1,6) haben gezielt für Timotheus gebetet, damit Gott ihn mit bestimmten Gaben für seine Aufgabe ausrüstet.

Ich erinnere mich, wie hilfreich diese Stellen für mich waren, als ich mich entschloss, als Pastor in einer Gemeinde zu arbeiten. Bis dahin hatte ich als theologischer Lehrer an einer Jüngerschaftsschule und später an einem theologischen Seminar gearbeitet. Darüber hinaus war ich mehrere Jahre in einer gemeindeübergreifenden

Seminar- und Schulungsarbeit tätig. Ich wusste, dass Gott mir die Gabe der Lehre geschenkt hatte, und ich konnte sie in diesen Tätigkeiten voll einbringen. Dann bereitete mich Gott langsam darauf vor, als Pastor in einer Gemeinde zu arbeiten. Ich wusste jedoch: Ich kann und will nur dann Pastor einer Gemeinde sein, wenn Gott mich mit der Gabe der Leitung ausrüstet. Ohne die Fähigkeit, Menschen visions- und zielorientiert auf den Willen Gottes hinzuführen, wollte ich nicht Pastor werden. Meine bisherigen Aufgaben erforderten keine besonderen Fähigkeiten als Leiter. Ich konnte also nicht sagen, dass ich bereits ausgefeilte Leiterfähigkeiten und -erfahrungen hatte. Ich bat darum die Ältesten der Gemeinde, die mich als ihren Pastor anstellen wollte, im Einführungsgottesdienst ganz speziell um die Gabe der Leitung für mich zu bitten. Dabei dachte ich an die Stelle in 1. Timotheus 4, in der Paulus und einige Älteste dasselbe für den jungen Timotheus taten. Ich vertraute Gott, dass er mich mit der Fähigkeit zu leiten ausrüsten würde, wenn er der Urheber dieses Rufs in die Arbeit als Gemeindepastor war. Dennoch war es ein Experiment. Würde Gott dieses Gebet erhören? Bestätigte er diesen Weg, indem er in meiner neuen Aufgabe auch die nötigen Leiterfähigkeiten hervortreten ließ? Für mich war das die entscheidende Frage und ich wollte Gott herausfordern, auf diese Weise meinen Schritt zu bestätigen – oder aber mir (und der Gemeinde) endgültig Klarheit darüber zu geben, dass dies nicht Gottes Weg für mich war. Die darauffolgenden Jahre waren für mich eine große Ermutigung. Ich hatte früher nicht das, was man ein natürliches Interesse an Themen wie Führung und geistlicher Leitung bezeichnen könnte. Jetzt aber, inmitten meiner Aufgabe, erwachte dieses Interesse und wurde sehr intensiv. Ich begann zu lesen, was mir zu diesem Thema in die Hände kam. Ich lernte von anderen begabten Leitern. Ich besuchte Weiterbildungen zu diesem Thema. Und ich entdeckte, dass Gott in mir die Leitungsgabe entwickelte wie eine Pflanze, aus deren Same ein Keimling hervorbricht, der sich schließlich zu einem ständig wachsenden Baum entwickelt. Bald sah ich erste Früchte; Menschen, die meine Leitung akzeptierten. Prozesse kamen in Gang. Ich war selber überrascht, dass ich auf einmal nicht nur den Mut hatte, bestimmte Projekte zu initiieren, sondern auch die Beharrlichkeit, durch Schwierigkeiten und Rückschläge hindurch an ihnen festzuhalten.

Diese Erfahrung hat mich eine wichtige Lektion über die dynamische Seite der Gaben des Heiligen Geistes gelehrt: Gott kann in einem neuen Kontext auch neue Gaben hervortreten lassen und so meine bestehende Grundbegabung ergänzen, vertiefen, weiterentwickeln. Und einmal mehr sah ich darin eine Bestätigung der biblischen Aussagen: Der Heilige Geist entfaltet sein Wirken dort, wo Menschen sich den Auftrag Gottes zu eigen machen, sein Reich vorwärtszutreiben.

Eine der wesentlichen Aufgaben des Heiligen Geistes besteht darin, Menschen, die Gott von Herzen dienen, zu inspirieren, zu beraten und zu führen

Diese Tatsache zählt zu den ermutigendsten Erfahrungen meines Lebens. Wieder ist es die Apostelgeschichte, die diese Aufgabe des Heiligen Geistes portraitiert. Innerhalb des großen Auftrags, die Welt auf Christus aufmerksam zu machen, führt der Geist Gottes die involvierten Personen auf erstaunliche Art und Weise.

Philippus, ein junger Christ, der Gott im praktischen Dienst der Witwenversorgung dient, hört eines Tages auf einmal, wie zuerst ein Engel und dann der Heilige Geist zu ihm sprechen und ihn auffordern, mit einem suchenden Menschen ein Gespräch zu beginnen. Die Begegnung endet damit, dass der nach Gott fragende Äthiopier sein Leben Christus gibt und sich taufen lässt (Apostelgeschichte 8,26-40).

In der neu gegründeten Gemeinde von Antiochia redet der Heilige Geist mitten in ein Gebetstreffen hinein. Er fordert die Gemeinde auf, Paulus und Barnabas freizugeben, damit sie als Gottes Missionare das Evangelium an noch unerreichte Orte weitertragen (Apostelgeschichte 13,2-3). Einige Jahre später macht Paulus auf seiner zweiten Missionsreise eine seltsame Erfahrung. Er erlebt, wie der

Heilige Geist ihn hindert, nach Kleinasien in der heutigen Türkei zu reisen. Er korrigiert seinen Reiseplan und bereitet sich darauf vor, stattdessen nach Bithynien zu reisen. Und wieder stellt sich ihm der Heilige Geist in den Weg: *Der Geist Jesu erlaubte es ihnen nicht*, heißt es in Apostelgeschichte 16,7 (Elberfelder). Wieder korrigiert Paulus den Reiseplan und gelangt nach Troas. Kurze Zeit darauf erscheint ihm im Traum ein Mann, der ihn auffordert, nach Mazedonien zu kommen und den Menschen dort die gute Nachricht von Jesus Christus zu bringen (Apostelgeschichte 16,6-10).

Einige Jahre später erlebt Paulus, wie der Heilige Geist ihn während seiner Reise nach Jerusalem auf die Schwierigkeiten vorbereitet, die ihn dort erwarten. Gottes Geist zeigt ihm, dass er dort starke Anfeindungen erleben und sogar in Gefangenschaft geraten wird (Apostelgeschichte 20,23). Paulus nutzt diese Hinweise, um sich geistlich und psychisch auf diese Auseinandersetzungen vorzubereiten.

Dies sind nur einige Einblicke in das führende, inspirierende Wirken des Heiligen Geistes in der Apostelzeit. Sie machen deutlich, dass der Heilige Geist im Leben der Menschen, die für das Reich Gottes leben, an den entscheidenden Weichenstellungen ihres Lebens konkrete Führung und Inspiration schenkt. Hier erfüllt sich das Versprechen von Jesus, das er seinen Jüngern im Johannesevangelium gibt: *Der Vater wird euch in meinem Namen den Helfer senden, der an meine Stelle tritt, den Heiligen Geist. Der wird euch alles Weitere lehren und euch an alles erinnern, was ich selbst schon gesagt habe* (Johannes 14,26).

Jesus nimmt hier zwei Stellen aus Jesaja auf, in denen es heißt: *Der Herr, der heilige Gott Israels, euer Befreier, sagt: »Ich, der Herr, euer Gott, sage euch, was ihr tun und wie ihr leben sollt. Meine Weisungen dienen zu eurem Besten«* (Jesaja 48,17).

Wenn ihr nach rechts oder links abbiegen wollt, werdet ihr hinter euch eine Stimme hören, die zu euch sagt: »Dies hier ist der Weg, dem ihr folgen sollt!« (Jesaja 30,21).

Der Heilige Geist ist ein Pädagoge, einer, der Menschen lehrt und der sie leitet: *Aber wenn der Helfer kommt, der Geist der Wahrheit, wird er euch anleiten, in der vollen Wahrheit zu leben. Was er euch sagen wird, hat er nicht von sich selbst, sondern er wird euch nur sagen, was er hört. Er wird euch jeweils vorbereiten auf das, was auf euch zukommt* (Johannes 16,13).

Das Wort »anleiten« kann auch mit »den Weg weisen« oder mit »Wandergefährte sein« übersetzt werden. Der Heilige Geist ist der Wandergefährte derer, die mit und für Jesus unterwegs sind! Wichtig ist nun, dass gerade im Johannesevangelium vom Heiligen Geist als vom »Parakleten« gesprochen wird. Das geschieht in Anlehnung an Jesaja 11,2: *Auf ihm wird ruhen der Geist des HERRN, der Geist der Weisheit und des Verstandes, der* ***Geist des Rates*** *und der Stärke, der Geist der Erkenntnis und der Furcht des HERRN* (Luther). »Paraklet« meint Ratgeber, kann aber auch mit Anwalt, Beistand, Ermutiger oder Tröster übersetzt werden. Im Zusammenhang mit seinen hier in Johannes erwähnten Aufgaben des Lehrens und des Leitens ist die Übersetzung »Ratgeber« sachlich am treffendsten. Ein Ratgeber ist jemand, der einem etwas rät. Seine Weisung ergeht nicht in Befehlen und Geboten. Sie ist Rat und Empfehlung. Dabei kann man sich entscheiden, ob man diesen Rat annehmen will. Er vertritt die Interessen und den Willen Gottes für unser Leben, aber er stellt es uns letztlich frei, ihm zu entsprechen oder nicht.

Die Apostelgeschichte beschreibt das normale Leben des Menschen, der für die Ziele Gottes lebt, als ein Leben, das vom Raten, Inspirieren und Führen des Geistes begleitet wird. Wie findet das in unserem Leben statt? Diese Frage kann kaum abschließend und umfassend beantwortet werden, weil die Dynamik des Heiligen Geistes unseren Verstand und unsere Erklärungsversuche übersteigt. *Der Wind weht, wo es ihm gefällt*, betont Jesus in Johannes 3,8 und meint damit das Wehen des Heiligen Geistes. Die Bibel und auch die Erfahrung zeigen aber einige grobe Leitlinien, denen wir folgen können:

Der Heilige Geist inspiriert und führt diejenigen Menschen, die gewillt sind, Gottes Willen zu erkennen und zu tun: *Das alles haben wir zu bezeugen und durch uns bezeugt es der Heilige Geist, den Gott denen gegeben hat,* ***die ihm gehorchen*** (Apostelgeschichte 5,32).

Das konkrete Führen und Raten des Heiligen Geistes hören wir am ehesten dort, wo wir selber vor Gott still werden, schweigen und bewusst auf ihn hören: *Denn so spricht der Herr, HERR, der Heilige Israels: Durch Umkehr und durch Ruhe werdet ihr gerettet. In Stillsein und in Vertrauen ist eure Stärke* (Jesaja 30,15; Rev. Elberfelder). Ausführlicheres zum Stillwerden vor Gott habe ich in Kapitel 7 beschrieben.

Konkrete, geistgewirkte Inspiration bekommen die Menschen, deren Herz und Sinn darauf ausgerichtet ist, anderen Menschen im Namen Gottes zu dienen und ihnen von Gott her Ermutigung und Weisung weiterzugeben: *Gott, der Herr, hat meine Zunge in seinen Dienst genommen,* ***er zeigt mir immer neu, was ich sagen soll, um die Müden zu ermutigen****. Jeden Morgen lässt er mich aufwachen mit dem Verlangen, ihn zu hören. Begierig horche ich auf das, was er mir zu sagen hat. Er hat mir das Ohr geöffnet und mich bereit gemacht, auf ihn zu hören. Ich habe mich nicht gesträubt und bin vor keinem Auftrag zurückgescheut* (Jesaja 50,4-5).

Und dann erreicht uns Gottes Reden oft mitten im Alltag, an der Arbeit, beim Spazierengehen, im Zug etc. Wie Jeremia, der gerade dabei war, einem Töpfer bei der Arbeit zuzuschauen, als ihn Gottes übernatürliches Reden erreichte (Jeremia 18,1-10). Urplötzlich, unangemeldet und unmittelbar kann Gottes Geist sich zeigen, uns in einer Sache Klarheit geben.

Ich persönlich erlebe Gottes inspirierendes Reden nicht nur in der Stille, wenn ich bewusst auf ihn zu hören versuche, sondern auch beim Joggen, Spazierengehen oder Wandern. Manchmal auch mitten in der Nacht, wenn ich auf einmal aufwache und sich ein Gedanke richtiggehend ins Bewusstsein drängt. Dann greife ich schnell zu Papier und Bleistift auf meinem Nachttisch und halte den Gedanken fest. Manchmal geschieht es mitten im Gebet, dass ich plötzlich einen Eindruck habe, der nicht mehr weggeht. Ich habe schon erlebt, dass Gott innerhalb von Sekunden das Gerüst für eine Predigt oder ein wichtiges Gespräch geschenkt hat und ich mit Aufschreiben kaum mithalten konnte. Das ist aber nicht immer so – in der Regel arbeite ich lange und intensiv an Predigten und Vorträgen. Aber ich genieße natürlich die Momente, in denen sich auf einmal der Himmel zu öffnen scheint und eine zündende Idee da ist.

Gottes Wege sind vielfältig und immer wieder überraschend. Auch hier bedient er sich wohl mehrheitlich der Wege, die unserer Persönlichkeit entsprechen, sodass wir seine Stimme am besten hören können. Alles, was wir brauchen, ist ein offenes Herz, die Sehnsucht nach Führung und Inspiration durch den Heiligen Geist und offene Sinne, um seine Winke inmitten unseres Alltags wahrnehmen zu können.

Der Heilige Geist befähigt Männer und Frauen, die sich Gott und seinem Reich zur Verfügung stellen, ihre inneren, persönlichkeits- und prägungsbedingten Grenzen zu überwinden

Es gibt gewisse Aufgaben und Schritte, die wir aufgrund unserer Persönlichkeit lieber umgehen würden. Bestimmte Veränderungen und Weiterentwicklungen fallen uns schwer und wir verzichten, je nach Prägung, lieber auf sie. Das heißt, wir stoßen in uns selbst an Grenzen, die uns hindern, uns so zu entwickeln, wie es Gott für uns vorgesehen hat.

Der Heilige Geist liebt es, Grenzen zu überschreiten. Sein Wirken in der Apostelgeschichte läuft immer wieder darauf hinaus, dass Menschen Dinge tun, auf die sie von sich aus nicht gekommen wären. Der Heilige Geist befähigte Petrus, die unüberwindbare Grenze zwischen Juden und Nichtjuden zu überschreiten. In einer Vision forderte er ihn auf, den römischen Hauptmann Cornelius aufzusuchen und mit ihm über Christus zu reden. Dabei machte Gottes Geist Petrus deutlich, dass er Nichtjuden nicht länger als Unreine betrachten sollte, sondern als Menschen, die genauso ein Anrecht darauf haben, Christus kennenzulernen, wie er selbst (siehe Apostelgeschichte 10,9-19). Hier wurde durch den Heiligen Geist eine jahrtausendalte kulturelle und religiöse Grenze überschritten. Später hat die Jerusalemer Urgemeinde nach langem Ringen und Debattieren diesen Schritt anerkannt und offiziell abgesegnet: Die

Erlösung durch Jesus Christus soll von nun an allen Menschen offenstehen, auch wenn sie nicht wie die Juden beschnitten sind und die alttestamentlichen Gebote einhalten (Apostelgeschichte 15,28-29). Das war ein absoluter Durchbruch!

Auch beim Vorstoß von Paulus nach Europa wurde eine Grenze überschritten. Gottes Geist drängte Paulus, sich nicht länger nur in Kleinasien aufzuhalten. Vielmehr sollte er seinen Wirkungskreis massiv erweitern, damit mehr Menschen die Chance bekamen, etwas von Jesus zu erfahren (Apostelgeschichte 16,6-10).

Der Heilige Geist liebt es also, Grenzen zu überschreiten und Neuland zu erobern. Das ist auch in unserem persönlichen Leben der Fall. Ihm kommt eine Schlüsselfunktion zu, wenn es um die Umgestaltung unseres Denkens, Fühlens und Handelns geht. Unsere Väter nannten diesen Prozess der persönlichen Umgestaltung durch den Heiligen Geist in das Vorbild von Christus »Heiligung«. Es bedeutet nichts anderes, als dass der Geist Gottes unsere persönlichen, inneren Grenzen überwindet. Grenzen, die die Sünde in unserem Leben gezogen hat. Grenzen, die aufgrund unserer Erziehung entstanden sind. Grenzen, die mit unserer Persönlichkeitsstruktur zu tun haben. Grenzen, die wir aufgrund persönlicher Erfahrungen selber aufgerichtet haben und mit denen wir versuchen, uns zu schützen.

Ich weiß nicht, welche Grenzen in Ihrem Leben im Laufe der Jahre entstanden sind. Grenzen sind immer einengend. Sie behindern unsere Entwicklung. Sie halten uns davon ab, für Gottes Ziele frei verfügbar zu sein. Sie belasten unsere Beziehungen zu anderen Menschen. Der Heilige Geist, der uns zu der Persönlichkeit machen will, zu der wir in den Augen Gottes ursprünglich gedacht waren, ist die Kraft, die diese Grenzen zu sprengen vermag. Er tut dies durch einen Umwandlungsprozess, bei dem in unserem Leben plötzlich Verhaltensweisen möglich werden, die früher unerreichbar für uns waren. Diesen Umwandlungsprozess beschreibt Paulus so:

Passt euch nicht den Maßstäben dieser Welt an. Lasst euch vielmehr von Gott umwandeln, damit euer ganzes Denken erneuert wird. Dann könnt ihr euch ein sicheres Urteil bilden, welches Verhalten dem Willen Gottes entspricht, und wisst in jedem einzelnen Fall, was gut und gottgefällig und vollkommen ist (Römer 12,2).

Lasst euch in eurem Denken erneuern durch den Geist, der euch geschenkt ist. Zieht den neuen Menschen an, den Gott nach seinem Bild geschaffen hat und der gerecht und heilig lebt aus der Wahrheit Gottes, an der nichts trügerisch ist (Epheser 4,23-24).

In meinem Leben gibt es einige Bereiche, in denen ich dieses erstaunliche Wirken des Heiligen Geistes erlebt habe. Da gab es einige Grenzen bei mir, die ich als unüberwindbare Hindernisse betrachtet habe. Diese Grenzen hatten mit Dingen zu tun, die ich nicht kannte, nicht konnte und nicht wollte. Im Laufe der Jahre hat der Geist Gottes in minutiöser Kleinarbeit diese Mauern abgetragen und mir neue Denk- und Handlungsmöglichkeiten aufgezeigt und mir geholfen, in ihnen zu leben.

Zum Beispiel hatte ich als junger Christ ausgesprochene Hemmungen, zu meiner Glaubensüberzeugung zu stehen. Ich war knapp 16 Jahre alt, als ich bewusst mit Gott zu leben begann. Ich versuchte die Sache mit dem Glauben so gut wie möglich geheim zu halten. In der Schule, im Militär, im Beruf, überall war es das Gleiche. Wenn jemand herausfand, dass ich ein »Frommer« war und mich darauf ansprach, dann war mir das außerordentlich peinlich. Ich wurde rot, wich aus, wechselte das Thema oder überspielte die Sache mit einem verlegenen Spruch. Ich schämte mich für meinen Glauben und befürchtete, man könne mich deswegen auslachen oder ablehnen. Einerseits konnte ich mir ein von Gott losgelöstes Leben nicht mehr vorstellen, andererseits gab es für mich nichts Peinlicheres, als wenn jemand etwas davon erfuhr. Diese Zerrissenheit setzte mir zu und ich schämte mich Gott gegenüber dafür. Außerdem zog ich die Schlussfolgerung, dass ich völlig ungeeignet sei, Menschen, die nach Gott suchen, irgendwie eine Hilfe zu sein. Ich war wohl definitiv kein Evangelist und sollte mich deshalb besser auf die Beschäftigung mit Menschen konzentrieren, die bereits Christen waren. Hier lag meiner Meinung nach das einzige Betätigungsfeld im Reich Gottes, für das ich irgendwie tauglich erschien. Aufgrund meiner Ängste und Versagen zog ich hier eine Grenze und entband mich selber innerlich von der Verantwortung gegenüber Menschen, die Christus noch nicht kennen. Ich erklärte mich einfach zum Spezialisten in Fragen der Jüngerschaft und überließ das Bezeugen des Glaubens gegenüber Suchenden anderen.

Viele Jahre später erst wurde mir bewusst, dass ich mich hier einem der Kernanliegen Gottes entzogen hatte. Es war vor allem das Studium der Bibel, das mir aufzeigte, dass ich als Nachfolger geradezu verpflichtet war, der Mission einen zentralen Platz in meinem Leben zu geben. Es war absurd, mein Leben mit Jesus Christus leben zu wollen und gleichzeitig seinem größten Anliegen gegenüber völlig gleichgültig zu sein. Da sein Mission-Statement lautet: *Der Menschensohn ist gekommen, um die Verlorenen zu suchen und zu retten* (Lukas 19,10), konnte mir das nicht gleichgültig sein. Wenn Nachfolge bedeutet, diesem Jesus in meinem Denken und Verhalten ähnlicher zu werden, dann muss dieses Anliegen auch zu einem zentralen Fokus in meinem eigenen Leben werden. Ich begann darum, Gottes Geist zu bitten, diese Grenze in meinem Leben zu überwinden. Ich bat ihn um die Bereitschaft und den Mut, anderen Menschen meinen Glauben zu bezeugen. Und der Geist Gottes begann tatsächlich, diese Grenze in meinem Leben zu überschreiten. Langsam, aber stetig wuchs in mir der Wunsch, Menschen, die nach Gott suchten, Impulse zu geben, die ihnen halfen, ihr Leben für Jesus Christus zu öffnen. Durch Gottes Geist wurde es möglich, dass ich Glaubensgesprächen nicht länger auswich, sondern sie sogar zu suchen begann. Ich fing an, Menschen direkt und offen auf ihre Haltung Christus gegenüber anzusprechen und sie zu fragen: »Was hindert dich eigentlich daran, Gott dein Leben anzuvertrauen?« Als ich mich das erste Mal diese Frage stellen hörte, traute ich meinen eigenen Ohren kaum. War das wirklich ich, der da sprach? Ja, das war ich bzw. die grenzüberschreitende Kraft des Heiligen Geistes in meinem Leben!

Eine andere Grenze, die es in meinem Leben gab, hatte mit fehlender Offenheit und Rechenschaft zu tun. Schon als Kind hatte ich mir angewöhnt, meine tiefsten Gedanken und Gefühle für mich zu behalten. Ich hatte als Jugendlicher immer gute Freunde, aber ich wagte nicht, meine persönlichsten Geheimnisse, meine größten Zweifel, Unsicherheiten und Ängste mit ihnen zu teilen. Auch später als junger Christ, als ich mich regelmäßig mit einem geistlichen Mentor traf, klammerte ich gewisse Themenbereiche gezielt von diesen Gesprächen aus. Mit etwa 22 Jahren kam ich als Theologiestudent in eine Kleingruppe, die sich vorgenommen hatte, ihre Treffen nach den Gruppenregeln des Methodistengründers John Wesley zu gestalten. Diese Regeln sehen vor, dass man voreinander keine Geheimnisse zurückhält, sondern alle Bereiche des Lebens, vor allem diejenigen, in denen man Schwierigkeiten hat, voreinander offenlegt (in Kapitel 12 stelle ich einen Ausschnitt dieser Regeln vor). Durch diese Offenheit kann man gemeinsam die Nöte und Sünden der Einzelnen vor Gott bringen und füreinander um Befreiung, Vergebung und Veränderung bitten. Ich weiß noch, wie schwer es mir am Anfang fiel, zu diesen Kleingruppentreffen zu gehen. Es kostete mich alle Überwindung der Welt, nicht einfach nur ein paar Harmlosigkeiten auszutauschen. Immer wieder war ich versucht, vom Eigentlichen abzulenken, irgendein sekundäres Problem zu schildern und damit meine dunklen Seiten, meine Sünden und meine tiefsten Wunden vor den anderen zu verbergen. Die radikale Offenheit meiner Freunde in dieser Kleingruppe half mir, der Versuchung zu widerstehen, sie und mich selbst weiter an der Nase herumzuführen. Später, als ich schon lange nicht mehr zu dieser Gruppe gehörte, beharrte der Heilige Geist weiterhin kontinuierlich darauf, dass ich einigen Menschen gegenüber konsequent offen war und Rechenschaft gab. Ich habe dadurch unglaublich viel persönliche Befreiung erlebt. Heute kann ich mir ein Leben ohne transparente und ehrliche

Rechenschaftsbeziehungen nicht mehr vorstellen. Ich habe es mir zur Lebensregel gemacht, einigen Freunden gegenüber mein Herz und meine Seele zu öffnen. Das vierteljährliche Treffen mit meinem Lebensberater, mit dem ich über meine Kämpfe, Sünden, Ängste und Schwierigkeiten spreche, ist für mich zu einem unverzichtbaren Termin geworden. Der Heilige Geist hat die Grenze meiner Schüchternheit und meiner Zurückhaltung durchbrochen.

Eine Grenze, die Gott vor noch nicht allzu langer Zeit in meinem Leben zu überschreiten begann, hat mit dem Mut zu tun, andere Menschen zu konfrontieren. Beim Lesen der Bibel stolperte ich immer über Aufforderungen von Paulus, dass Christen einander ermahnen und ermutigen sollen:

Liebe Brüder und Schwestern, ich bin ganz sicher: Ihr seid von allem guten Willen erfüllt und seid euch voll bewusst, was Gott für euch getan hat. Darum könnt ihr euch auch selbst gegenseitig ermahnen (Römer 5,14).

Unterweist und ermahnt einander mit aller Weisheit (Kolosser 3,16).

In der biblischen Ursprache wird für Ermutigung und Ermahnung derselbe Begriff verwendet, nämlich »parakaleo«. Mit dem Ermutigen hatte ich weniger Schwierigkeiten. Aber das Ermahnen fiel mir schwer. Meine Aufgabe als Leiter macht es aber häufig nötig, andere liebevoll, aber bestimmt auf gewisse Verhaltensweisen anzusprechen. Ich musste es daher lernen, Menschen zu konfrontieren, die negativ über andere redeten, nach unguten Verhaltensmustern lebten oder in Sünde verharrten. Jemanden offen, liebevoll und dennoch deutlich auf solche Dinge anzusprechen, schien mir am Anfang genauso riskant wie das Bezwingen einer Kletterwand ohne Sicherung. Ich wollte es nicht tun. Aber der Heilige Geist ließ auch an diesem Punkt nicht locker. Er drängte mich geradezu, solchen Konfrontationen nicht aus dem Weg zu gehen. Eines Nachts, als ich wach lag und über eine Person nachdachte, die ich eigentlich auf ein bestimmtes Verhalten ansprechen sollte, war es mir, als würde der Heilige Geist mir zuflüstern: »Du kannst nicht Verantwortung für Menschen tragen, wenn du nicht lernst, sie zu ermutigen *und* zu ermahnen. Das ist eine deiner Kernaufgaben als Leiter und ich möchte dir helfen, das zu lernen. Vertraue mir und gehorche mir auch in diesem Punkt. Es ist lieblos, wenn du Menschen, für die du Verantwortung trägst, in ihrem Fehlverhalten belässt.« Dieses Reden Gottes war ein Durchbruch für mich. Seither habe ich es gelernt, Menschen nicht nur zu ermutigen, sondern sie auch zu konfrontieren. Ich kann nicht sagen, dass es inzwischen zu meinem persönlichen Hobby geworden ist und mir leichtfällt. Aber es hat sich wie ein Grundsatz in mir verankert, dass ich Menschen, die mir anvertraut sind, auch auf heikle Punkte in ihrem Leben offen anspreche und mit ihnen nach Lösungen suche, wie sie ihr Leben an Gottes Maßstäben ausrichten können.

Es gibt weitere Bereiche, in denen ich den Heiligen Geist ganz persönlich als Überwinder meiner Grenzen erfahren habe. Ich denke an eine Phase zurück, in der ich auf einmal schmerzhaften Anfeindungen durch mehrere Personen ausgesetzt war. Einige meiner Kritiker waren Christen, andere nicht. Sie erhoben mir gegenüber zum Teil persönliche und schwere Vorwürfe. Diese Anfeindungen belasteten mich so, dass ich kaum mehr schlafen konnte. Dann fing der Heilige Geist an, mich zu einer weiteren Grenzüberschreitung zu bewegen. Während ich in meinen Gedanken und Gefühlen gegen diese Menschen kämpfte und sie als Feinde betrachtete, rief der Heilige Geist mir diese Worte von Jesus in Erinnerung: *Euch, die ihr mir zuhört, sage ich: Liebt eure Feinde; tut denen Gutes, die euch hassen; segnet die, die euch verfluchen, und betet für alle, die euch schlecht behandeln* (Lukas 6,27-28).

Zögernd und nur widerwillig begann ich, die Menschen, die mir so zusetzten, im Gebet zu segnen. Es sträubte sich in mir zunächst alles. Aber je öfter ich es tat, desto mehr verschwanden die Bitterkeit und die Verletzungen in meinem Herzen. Anstelle von Hass und Verachtung empfand ich auf einmal Mitgefühl und Liebe für diese

Menschen, die gegen mich kämpften und sich dabei selbst so aufrieben. Früher hätte ich nicht geglaubt, dass es tatsächlich möglich ist, seine Feinde lieben zu können. Uns selbst mag es nicht gelingen, aber der Geist Gottes bringt es in uns zustande.

Versuchen Sie einmal, sich Ihr eigenes Leben vor Augen zu halten und darüber nachzudenken, welche Grenzen es in Ihrem Leben gibt. Können Sie sich vorstellen, dass der Heilige Geist diese Grenzen in Ihrem Leben aufbrechen kann und will? Können Sie sich vorstellen, dass Sie in den Bereichen Ihres Lebens, in denen Sie heute noch daran gehindert werden, so zu leben, wie es Gott am meisten ehrt, auf einmal in Freiheit geführt werden?

Dem Heiligen Geist ist Ihr alltägliches Leben so wichtig, dass er es zu einem Schwerpunkt seines Wirkens macht, die Grenzen zu überwinden, die Sie daran hindern, nach der ursprünglichen Absicht Gottes für Sie zu leben.

Regelmäßige Erfüllung mit dem Heiligen Geist

Zum Schluss möchte ich Sie an zwei Worte der Bibel erinnern, die im Blick auf ein Leben aus der Kraft des Heiligen Geistes eine entscheidende Rolle spielen. Diese zwei Stellen sprechen von der Notwendigkeit, Gott regelmäßig darum zu bitten, uns mit seinem Heiligen Geist zu erfüllen.

So schlecht ihr auch seid, ihr wisst doch, was euren Kindern guttut, und gebt es ihnen. Wie viel mehr wird der Vater im Himmel denen den Heiligen Geist geben, die ihn darum bitten (Lukas 11,13).

Betrinkt euch nicht; denn zu viel Wein verführt zu einem liederlichen Lebenswandel. Lasst euch lieber vom Geist Gottes erfüllen! (Epheser 5,18).

Diese beiden Stellen machen erstens deutlich, dass Gott gerne das Gebet um die Erfüllung mit dem Heiligen Geist beantworten will.

Wer daher mutig und erwartungsvoll zu Gott kommt und ihn um seinen Geist bittet, darf darauf vertrauen, dass er dies in seinem Leben regelmäßig erfährt.

Zweitens wird klar: Die Erfahrung, mit dem Heiligen Geist erfüllt zu werden, ist keine einmalige, sondern eine ständige Notwendigkeit. Im Blick auf den Heiligen Geist haben wir Menschen ein Verfallsdatum wie das Joghurt in unserem Kühlschrank. Wer gestern mit dem Heiligen Geist erfüllt war, ist es heute nicht mehr automatisch. Egoismus und Sünde hindern das Wirken des Heiligen Geistes und übernehmen es an seiner Stelle, unser Leben zu prägen und zu beeinflussen. Darum ist es nötig, ständig neu vom Heiligen Geist erfüllt zu werden. Bei unserer Epheserstelle wird dies durch die Verwendung einer bestimmten Zeitform im Urtext deutlich, dem sogenannten »Durativ«. Diese Zeitform zeigt, dass wir es nicht bloß einmal oder nur hin und wieder nötig haben, uns mit dem Geist Gottes erfüllen zu lassen. Der »Durativ« weist darauf hin, dass es um eine Erfüllung geht, die immer wieder neu und kontinuierlich geschehen soll. Auch ist das Ziel nicht, ein wenig von diesem Geist zu empfangen. Wir sollen mit ihm *erfüllt* werden. Also voll werden bis zum Rand unserer menschlichen Existenz.

Aber wie viel ist denn »voll«? Paulus spricht davon, dass Menschen manchmal »voll mit Wein« sind, was gefährlich für uns sein kann. Es schadet unserem Leben, unserer Leber und unserer Seele, wenn wir regelmäßig voll Wein sind. Er macht uns betrunken. »Voll von Geist sein« hingegen ist ein ideales, anzustrebendes Maß. Vom Heiligen Geist kann man nicht zu viel haben. Es schadet uns nicht. Es fördert uns. Das tut uns gut. Das verwandelt und erneuert uns.

Ich habe aus diesen beiden Aufforderungen in Lukas 11 und Epheser 5 für mein Leben folgende Konsequenz gezogen: Ich bitte Gott jeden Tag neu darum, mich mit seinem Heiligen Geist zu erfüllen. Ich bitte ihn, mit seinem Geist alle Fasern meiner Persönlichkeit zu durchdringen: meinen Körper und meine Seele, mein Herz, meine Gedanken, meine Gefühle, meine Motive. Ehrlich gesagt: Ich habe das dringend nötig. Ich garantiere für nichts Gutes, wenn mein Inneres und Äußeres nicht von dieser Kraft kontrolliert und geprägt sind.

Kapitel 12:

Vorhang auf! Ehrliche Beziehungen wagen

Ein freu(n)dloses Leben

Vor Kurzem feierte ich meinen 40. Geburtstag. Die Gäste, die zu einem kleinen Imbiss in unser Haus gekommen waren, hatten sich verabschiedet. In der ganzen Wohnung türmte sich das Geschirr. Ich war müde und fühlte gleichzeitig eine tiefe Zufriedenheit. Menschen, die mir viel bedeuteten, waren gekommen. Andere, die weiter weg wohnten, hatten mir Briefe geschickt und zum Geburtstag gratuliert. Jetzt, wo alle gegangen waren, nahm ich den Stapel Briefe mit den Glückwünschen in die Hand und las sie in aller Ruhe durch. Das war einer der schönsten Momente. Mit jedem Brief, den ich durchlas, wurde mir bewusster, wie sehr Gott mich mit wertvollen Beziehungen gesegnet hat. Ein paar Briefe enthielten Worte, die das Innerste meines Herzens berührten. Es waren Worte der Wertschätzung, wie sie nur Freunde einander schreiben. Auf einer Glückwunschkarte stand: »Danke für die anregenden Gespräche mit dir. Unsere Freundschaft bedeutet mir sehr viel.« In einem anderen Brief las ich: »Die Zeiten mit dir schätze ich sehr. Danke für deine Freundschaft! Ich freue mich auf die nächste Wegstrecke, die vor uns liegt.« Auf einer unscheinbaren Karte standen die Worte, die mich am meisten bewegten: »Danke ganz herzlich für das Unterwegssein mit dir. Unsere Freundschaft ist für mich mit das Wertvollste in meinem Leben.« Ich hielt inne und genoss diese besonderen Worte. Es grenzte für mich an ein kleines Wunder, mit anderen Männern auf einer so tiefen Beziehungsebene miteinander verbunden zu sein, dass sie solche Worte schrieben. Glauben Sie mir, ein Mann schreibt nicht so schnell solche Worte! Wenn er sie schreibt, dann muss da was dran sein.

Nur ein paar Jahre zuvor durchlebte ich gerade die Zeit, in der mir alles über den Kopf wuchs. Meine Arbeit, meine Familie und ich mir selbst. In einem Gespräch über meine Situation sagte mir damals meine Frau Karin: »Mir fällt auf, dass du abgesehen von Christoph gar keine richtigen Freunde hast!« Diese Worte trafen mich wie ein Faustschlag in die Magengegend. Ich protestierte sofort: »Das stimmt doch gar nicht! Es gibt viele Männer, mit denen ich unterwegs bin und die mir etwas bedeuten.« Ich zählte meiner Frau ein Dutzend Personen auf, mit denen ich regelmäßig zu tun hatte. Karin gab sich nicht zufrieden. »Aber das sind doch keine richtigen Freundschaften. Das sind Kollegen, mit denen du aufgrund deiner Arbeit zu tun hast oder mit denen du joggen gehst. Wenn wir umziehen würden oder du eine andere Arbeit annehmen würdest, dann würdest du diese Beziehungen kaum aufrechterhalten.« Ich widersprach auch diesmal, allerdings etwas weniger überzeugt: »Das glaube ich nicht. Mit einigen von ihnen würde ich bestimmt in Kontakt bleiben.« Karin überlegte einen Moment und sagte: »Du würdest vielleicht den Kontakt aufrechterhalten. Dennoch verstehe ich unter einer Freundschaft mehr als das, was sich in diesen Beziehungen abspielt!« So direkt und unverblümt kann meine Frau sein. Kein Wunder, sie ist ja auch Norddeutsche ...!

In den darauffolgenden Tagen verfolgten mich die Worte Karins und drangen immer wieder in mein Bewusstsein vor: »Du hast keine richtigen Freunde!« In Gedanken ging ich meine Beziehungen durch und fragte mich, ob sie die Bezeichnung »Freundschaft« wirklich verdient hatten. Ich tat es ungern, aber es blieb mir, wenn ich ehrlich war, nichts anderes übrig, als Karin schließlich recht zu geben. Ich lebte in vielen guten Beziehungen. Einige davon waren durchaus freundschaftlich. Aber es gab neben Karin nur eine Person, eben Christoph, mit dem ich mich regelmäßig und über eine lange Zeit hinweg auf einer tieferen Ebene austauschte. Die meisten anderen Beziehungen waren funktional. Sie ergaben sich aufgrund meiner Arbeit oder einer Freizeitbeschäftigung, gingen aber kaum in die Tiefe.

Natürlich war da die in den letzten Jahren immer tiefer gewordene Freundschaft zu meiner Frau. Ich ahnte aber, dass es falsch war, mich allein auf sie zu verlassen. Was war, wenn wir einander einmal nicht mehr hatten? Was war, wenn einer von uns unerwartet starb? Gab es dann noch andere tragende Beziehungen in meinem Leben, aus denen ich Mut zum Weitergehen schöpfen konnte? Wenn ich mir diese Fragen ehrlich stellte, dann sah die Bilanz ziemlich dürftig aus.

Diese Bestandesaufnahme führte zu einer wichtigen Entscheidung in meinem Leben: Es war höchste Zeit, einige tragende und langfristige Freundschaften aufzubauen, die verbindlich und sehr persönlich sind, unabhängig von Arbeit und Wohnort.

Eine erste Inspiration waren mir die »Inklings«, ein Freundeskreis rund um den englischen Literaturprofessor C.S. Lewis, zu dem auch J.R.R. Tolkien gehörte. Diese Gruppe von Freunden traf sich wöchentlich in einem Restaurant, wo sie einander Gedichte, Märchen und andere Literatur vorlasen, die sie selber geschrieben hatten. Das Gelesene wurde anschließend diskutiert. Im Kreis der »Inklings« wurden zum Beispiel Tolkiens *Der kleine Hobbit* oder Lewis' *Die Chroniken von Narnia* lange vor ihrer Veröffentlichung gelesen und besprochen. Weil ich ein Mensch bin, der gerne Bücher liest und sich schon oft wünschte, das Gelesene mit ein paar Gleichgesinnten zu diskutieren, gefielen mir diese »Inklings«. Ich kontaktierte drei Männer in meinem Alter, von denen ich wusste, dass sie sowohl gerne lasen als auch gerne diskutierten, und fragte sie, ob sie Interesse hätten, mit mir zusammen einen Literaturkreis zu bilden. Alle drei sagten zu.

Ein weiterer Schritt war, eine frühere Freundschaft wieder aufzuwärmen. Mit Rolf hatte ich mich als Jugendlicher regelmäßig getroffen. Damals studierten wir gemeinsam die Bibel, tauschten uns aus, diskutierten bis in die Nacht über Bücher und hundert andere

Themen. In den letzten Jahren hatten wir uns nur noch selten getroffen. Die Initiative zur Wiederbelebung dieser Freundschaft kam auch von Rolf selbst. Er und seine Frau Trudi luden mich regelmäßig zum Mittagessen ein, wenn ich in ihrer Nähe war. Bald begannen wir wieder gezielt Treffen zu vereinbaren. Dabei war Rolfs Beharrlichkeit eine große Hilfe. Er ließ es nie so weit kommen, dass wir auseinandergingen, ohne wieder einen neuen Termin vereinbart zu haben. Diese Regelmäßigkeit ermöglichte eine neue Vertiefung unserer Beziehung. Erste Schritte zum Aufbau tragender Freundschaften in meinem Leben waren in die Wege geleitet.

Seither hat sich diesbezüglich einiges verändert. Freunde sind in mein Leben getreten. Andere Beziehungen sind entstanden, die langsam die Tiefe und Verbindlichkeit einer Freundschaft bekommen. Sie bereichern mein Leben auf eine unvorstellbare Weise.

Es gibt noch ein paar andere Menschen, auf die ich in meinem Leben nicht mehr verzichten möchte. Ich denke an die Kleingruppe in meiner Gemeinde. Auch hier gibt es Menschen, mit denen ich auf eine intensive Weise und auf persönlicher Ebene unterwegs bin. Sie sind wesentlich daran beteiligt, dass mein Glaube lebendig bleibt. Dann sind da einige wenige geistliche Begleiter, deren Rat mir in vielen wichtigen Situationen meines Lebens unverzichtbar geworden ist. Ich kenne Menschen, die mich seelsorgerlich begleiten oder mir in beruflichen Fragen wichtige Hilfestellungen geben. Ohne diesen Kreis von Menschen, die mich beeinflussen, begleiten und formen, wäre ich nicht, was ich heute bin. Das Gute in mir ist wesentlich eine Frucht dieser Beziehungen. Gott hat in meinem Leben maßgeblich andere Menschen gebraucht, um wichtige Reifeprozesse in Gang zu bringen. Das ist nicht weiter verwunderlich, sind doch nach der Bibel solche Beziehungen einer der wichtigsten Wege Gottes, um Menschen zu Wachstum und Reife zu führen.

Wachstum ist keine Solonummer

Eines der faszinierendsten Kapitel im Neuen Testament ist für mich das 16. Kapitel des Römerbriefs. Haben Sie diese Kapitel schon einmal ausführlich meditiert? Ich vermute nicht. Denn auf den ersten Blick lädt dieses Kapitel überhaupt nicht dazu ein. Es scheint für die Entwicklung unseres geistlichen Lebens nicht besonders hilfreich zu sein. Aber das täuscht. Römer 16 besteht aus einer ausführlichen Grußliste. Paulus grüßt in den ersten 16 Versen rund 26 Personen mit Namen, die ihm nahestehen. Viele von ihnen sind Menschen, die Paulus außerordentlich viel bedeuten. Es sind Gefährten, Mitarbeiter und Freunde, die im gemeinsamen Glauben an Jesus Christus miteinander verbunden sind.

Da schreibt er zum Beispiel über das Ehepaar Priska und Aquila: *Sie haben für mein Leben ihren eigenen Hals riskiert* (Vers 4; eigene Übersetzung). Haben Sie jemanden in Ihrem Bekanntenkreis, der für Sie Kopf und Kragen riskieren würde? Dann haben Sie einen echten Freund!

In Vers 8 erwähnt Paulus eine andere ihm wichtige Person: *Grüßt Ampliatus, meinen Geliebten im Herrn* (Elberfelder). Vers 9: ... *und Stachys, meinen Geliebten!* Vers 12b: *Grüßt Persis, die Geliebte, die viel gearbeitet hat im Herrn!* Zwei Männer und eine Frau, die der ehelos gebliebene Paulus als »Geliebte« bezeichnet. Es sind Menschen, mit denen Paulus auf einer tieferen Ebene persönlich verbunden war. Es waren Freunde, zu denen er Herzensbeziehungen pflegte.

Wer das Leben von Paulus studiert, der entdeckt weitere Personen aus seinem Umfeld, die seine Freunde und Gefährten waren. Von Timotheus, einem seiner wichtigsten Mitarbeiter, schreibt er, dass er ihn liebt wie einen eigenen Sohn (1. Korinther 4,17). Ähnliche Worte findet er für seine Freunde Tychikus (Epheser 6,21; Kolosser 4,7), Lukas (Kolosser 4,14), Epaphras (Kolosser 1,7) und Onesimus (Kolosser 4,9).

Dass Paulus in solchen intensiven Freundschaftsbeziehungen eingebettet war, war nichts anderes als die Konsequenz dessen, was er die ihm anvertrauten Gemeinden lehrte. In seinen Briefen vertritt er unermüdlich die Überzeugung, dass geistliches Wachstum ohne tragende, liebevolle und freundschaftliche Beziehungen undenkbar ist. Wie sehen solche Beziehungen aus und was erfährt derjenige, der von ihnen profitiert?

Geistliches Wachstum wird durch Beziehungen gefördert, in denen man zueinander ungeschützt ehrlich ist

Legt die Lüge ab und sagt einander die Wahrheit; denn wir alle sind Glieder am Leib von Christus, schreibt Paulus in Epheser 4,25 (eigene Übersetzung). Um in unserer persönlichen und geistlichen Entwicklung nicht stehen zu bleiben, brauchen wir in unserem Leben eine Handvoll Menschen, die wirklich ehrlich zu uns sind. Nicht nur in dem, was sie uns über sich selbst sagen, sondern auch in dem, was sie uns über uns sagen. Sie wagen es, uns liebevoll auf unsere Fehler aufmerksam zu machen. Sie sind lieber ehrlich und tun uns dabei weh, als dass sie uns mit einem freundlichen Lächeln unseren Sünden und Macken überlassen. *Liebe, die offen tadelt, ist besser als eine, die ängstlich schweigt. Ein Freund bleibt ein Freund, auch wenn er dir wehtut; ein Feind überfällt dich mit übertrieben vielen Küssen* (Sprüche 27,5-6).

Es kommt oft vor, dass ich einen meiner Freunde um ein offenes Feedback bitte, wie er mich wahrnimmt oder wie er eine bestimmte Sache beurteilt, die ich gesagt oder getan habe. Diese Rückmeldungen entsprechen nicht immer meinem Verlangen nach Bestätigung und wohltuenden Streicheleinheiten. Aber sie sind immer ehrlich und fördern mein Wachstum darum viel mehr als Äußerungen, die es nicht wagen, mich infrage zu stellen.

Geistliches Wachstum wird durch Beziehungen gefördert, in denen man sich gegenseitig ermutigt und ermahnt

Darum ermahnt euch untereinander, und einer erbaue den anderen, wie ihr auch tut (1. Thessalonicher 5,11; Luther). Wie bereits erwähnt bedeutet das hier verwendete biblische Wort für »ermahnen« auch ermutigen. Das heißt, dass eine Zurechtweisung immer in einem ermutigenden Ton geschehen soll. Eine Ermahnung ist nie dazu gedacht, eine Person zu demütigen oder klein zu machen. Die Ermahnung dient der Förderung dieser Person. Die Aufforderung, dass Christen einander ermutigend ermahnen sollen, kommt im Neuen Testament auffallend oft vor. Das macht deutlich, dass wir uns ohne diese Art von Umgang geistlich und charakterlich kaum weiterentwickeln. Wir brauchen unbedingt einige Menschen in unserem Leben, denen wir die Erlaubnis geben, uns auf ermutigende Weise zu ermahnen, wenn wir das nötig haben.

Geistliches Wachstum wird durch Beziehungen gefördert, in denen man einander durch die Höhen und Tiefen des Lebens begleitet

Helft einander, eure Lasten zu tragen. So erfüllt ihr das Gesetz, das Christus uns gibt (Galater 6,2). Der Wert einer Freundschaft offenbart sich in unseren dunklen Tagen. In Zeiten der Krise und der Krankheit werden wir aus vielen Beziehungen herausgerissen, in die wir vorher natürlicherweise eingebunden waren. Die Menschen, die sich dann die Mühe machen, für uns da zu sein und uns zu besuchen, sind höchstwahrscheinlich unsere wirklichen Freunde. Die Leute, die uns aushalten, auch wenn wir uns ungeschickt benehmen oder uns nicht mehr im Griff haben, das sind unsere Freunde.

Ich erinnere mich an eine Glaubenskrise, die ich als junger Erwachsener hatte. Damals hatte ich auf einmal so grundlegende Zweifel an der Existenz Gottes, dass ich nicht mehr beten mochte. Auch den Worten der Bibel traute ich nicht mehr. Damals gab es zwei Freunde in meinem Leben, die mir sagten: »Du darfst diese Zweifel haben. Du darfst mit Beten und Bibellesen aufhören. Du darfst infrage stellen, was du im Moment nicht vertrauensvoll glauben und annehmen kannst. Überlass uns den Part, für dich zu glauben und für dich zu beten. Wir tun es an deiner Stelle, damit du frei bist, deine Zweifel und Kämpfe ehrlich durchzustehen.« Diese zwei

Freunde waren mir eine große Ermutigung. Sie hielten meine Zweifel aus und gaben mir die nötige geistliche Rückendeckung, die es mir erlaubte, Gott loszulassen, um ihn neu finden zu können.

Solche Freunde, die einen mittragen, wenn man seiner eigenen Last nicht mehr gewachsen ist, sind nicht zufälligerweise da, wenn man sie gerade braucht. Man muss in den guten Zeiten seines Lebens in Freundschaften investieren. Nur wer sich gezielt in Beziehungen einbringt und über Jahre hinweg Freundschaften aufbaut, bleibt an seinen dunklen Tagen nicht allein.

Geistliches Wachstum wird durch Beziehungen gefördert, in denen man einander Rechenschaft gibt und einander hilft, mit den größten Schwierigkeiten fertig zu werden, die uns daran hindern, ein Leben zu führen, das Gott ehrt

Bekennt einander eure Verfehlungen und betet füreinander, damit ihr geheilt werdet (Jakobus 5,16; eigene Übersetzung). Vor einigen Monaten fragte ich eine Gruppe von etwa 50 jungen Erwachsenen, alles angehende vollzeitliche Mitarbeiter, ob es in ihrem Leben eine oder mehrere Personen gibt, denen sie regelmäßig ihre Sünden bekennen können. Nur eine Minderheit konnte diese Frage bejahen. Die anderen gaben zu, dass sie mit ihren Sünden und ihrem Versagen alleine blieben. Ich war ernüchtert angesichts dieses Ergebnisses. Es macht mir noch immer große Sorgen und tut mir weh. Wie sollen diese jungen Menschen Freiheit von Gebundenheit und Zwängen erfahren können, wenn es niemanden gibt, mit dem sie über die Fesseln in ihrem Leben sprechen können? Wie sollen sie sich zu reifen, stabilen Persönlichkeiten entwickeln, die die Gnade Gottes und seine Vergebung ausstrahlen, wenn es für sie keinen Ort gibt, an dem sie diese Gnade erfahren können? Wie sollen sie zu Menschen werden, die andere ermutigen, mit ihren Lasten nicht alleine zu bleiben, wenn sie selber niemanden haben, dem sie sich anvertrauen können? Ich bin irritiert über die Beobachtung, dass eine große Zahl von Gottesdienstbesuchern und selbst Teilnehmer von Kleingruppen keinen Ort haben, an dem sie über ihre Versuchungen, ihr Versagen und ihre Sünden sprechen können. Was lähmt das Volk Gottes mehr als eine Armee von schwer beladenen Soldaten? Wie sollen diese Soldaten für Jesu Reich kämpfen können, wenn die Last ihrer unbekannten Sünde sie fortwährend lähmt und unbrauchbar macht?

Der vierfache Strick

In Prediger 4,9-12 werden tragende Beziehungen und Freundschaften mit einem Strick verglichen. Je mehr Schnüre zusammenkommen, desto stabiler wird er. Man kann ihn mit großem Gewicht belasten, ohne dass er reißt. Ich möchte im Folgenden auf einige Beziehungsformen eingehen, die für sich genommen jeweils eine einzelne Schnur darstellen: eine Kleingruppe, Freunde, Berater und geistliche Begleiter. Die Stelle in Prediger 4 spricht von einem dreifachen Strick. Ich möchte hier jedoch von einem vierfachen Strick sprechen. Wenn diese vier Beziehungsformen sich in unserem Leben vereinen, bilden sie einen solchen Strick, der unserem Leben die nötige Stabilität und Tragkraft verleiht.

Die Kleingruppe

Eine Kleingruppe besteht aus drei bis sechs Personen, die sich mindestens vierzehntäglich trifft. Der Zweck einer Kleingruppe besteht darin, dass sich Christen treffen, die willig sind, sich auf einer tieferen Ebene gegenseitig auf dem Weg des Glaubens zu begleiten und zu fördern. Es gibt hilfreiche Literatur, welche das Wesen einer Kleingruppe und wie sie funktionieren kann, ausführlich beleuchtet und wertvolle Hilfen zur Durchführung und Gestaltung von Kleingruppentreffen bietet (siehe Literaturhinweis am Ende dieses Buches). Ich möchte an dieser Stelle lediglich auf drei Elemente hinweisen, die meiner Meinung nach für eine gewinnbringende Kleingruppe entscheidend sind: die Einbettung in den Alltag, die Qualität der Beziehungen und die Bemühung um geistliches Wachstum.

Damit eine Einbettung in den Alltag möglich ist, sollten die Teilnehmer einer Kleingruppe aus demselben geographischen Umfeld kommen. Nur so ist es möglich, einander auch im Alltag begleiten und unterstützen zu können. Man kann füreinander da sein, wenn jemand krank wird oder praktische Hilfe braucht. Daher sollten sich Menschen zu einer Kleingruppe zusammenschließen, die zur gleichen Gemeinde gehören und in einem Umkreis von rund zehn Kilometern Entfernung voneinander wohnen. Das ermöglicht, einander auch im Alltag sehen, begleiten und unterstützen zu können.

Die Qualität der Beziehungen in einer Kleingruppe ist wesentlich von der Offenheit und Authentizität abhängig, mit der sich die Teilnehmer begegnen. Beziehungsqualität in einer Kleingruppe wird erreicht, wenn jeder Teilnehmer offen über seine Schwierigkeiten, Herausforderungen, Zweifel, Versuchungen und sein Versagen sprechen kann. Ich bin der Meinung, dass mit mehr als sechs Teilnehmern eine solche Beziehungsqualität kaum möglich ist. Ideal scheint mir eine Gruppengröße von drei bis fünf Personen. Die hilfreichsten Leitlinien, um zu einer Atmosphäre der geistlichen Offenheit und Verbindlichkeit zu finden, sind für mich immer noch die Gruppenregeln vom Gründer der Methodistenkirche John Wesley aus dem Jahr 1738. Wesley formuliert darin u.a. als Ziel der Gruppentreffen[28]:

> »Wir beabsichtigen, uns wenigstens einmal pro Woche zu treffen. Jeder soll frei und einfach über den Zustand seiner Seele sprechen, ob er in Gedanken, Worten und Werken Fehler begangen hat, und über die Versuchungen, die seit der letzten Zusammenkunft an ihn herangetreten sind.«

Dann listet er einige Fragen auf, die jede Person beantworten soll, bevor sie in die Gruppe aufgenommen wird. Einige davon lauten folgendermaßen:

- Hast du Frieden mit Gott durch unseren Herrn Jesus Christus?
- Ist die Liebe Gottes in deinem Herzen?
- Hat keine äußere oder innere Sünde Macht über dich?
- Willst du, dass man dir deine Fehler sagt?
- Willst du, dass man dir alle deine Fehler sagt, einfach und klar?
- Willst du, dass jeder von uns dir von Zeit zu Zeit sagt, was ihn im Blick auf dich bewegt?
- Willst du, dass wir dir sagen, was wir denken, was wir befürchten und was wir hören, soweit es deine Person betrifft?
- Willst du entschieden bei dieser und jeder anderen Gelegenheit völlig offen über das reden, was du im Herzen hast, ohne Ausnahme, Angst und Reserve?

Während der Gruppentreffen kann man den persönlichen Austausch entlang dieser vier Fragen gestalten:

1. Welche Sünden hast du seit der letzten Zusammenkunft begangen?
2. Welche Versuchungen hast du erlebt?
3. Wie bist du aus ihnen befreit worden?
4. Was hast du gesagt, gedacht oder getan, wo du im Zweifel bist, ob es sich um Sünde handelt oder nicht?

Können Sie sich vorstellen, Teil einer Kleingruppe zu sein, die nach diesen Richtlinien ihr Zusammensein gestaltet, ohne dabei geistlich zu wachsen oder tiefe, vertrauensvolle Beziehungen aufzubauen? Ich nicht. Wann immer ich Teil einer Kleingruppe war, in der wir uns an diesen oder vergleichbaren Grundsätzen orientiert haben, machte ich in meinem Leben geistlich und charakterlich gesehen große Entwicklungsschritte.

Vielen sind die Gruppenregeln von John Wesley zu extrem. Sie befürchten, sich in einem derart offenen Austausch verletzbar zu machen. Sie haben Angst, dass ihr Vertrauen missbraucht wird. Es kann sein, dass die Teilnehmer einer solchen Gruppe sich auf einer tieferen Ebene nicht vertrauen und schützen oder dass ein Leiter die Offenheit der anderen ausnützt und sie dadurch manipuliert. Wenn das Ihre Situation ist, ermutige ich Sie, dieses Thema in Ihrer Kleingruppe offen anzusprechen und notfalls einen neuen Hauskreis zu suchen. Zurzeit gehöre ich zu einer Kleingruppe, die sich an fünf Regeln orientiert, die ähnlich wie die Wesley-Gruppenregel den Fokus auf Rechenschaft und geistliches Wachstum legen:

- *Ehrlichkeit:* Ich will euch mein Versagen und meine Sünden bekennen und meine Schwierigkeiten mit euch teilen.
- *Umsetzung im Alltag:* Ich will mit euch zusammen lernen, die Wahrheiten der Bibel auf mein tägliches Leben in Beruf, Familie, Gemeinde und Beziehungen anzuwenden.
- *Rechenschaft:* Ich teile euch meine Veränderungsschritte mit und lege Rechenschaft ab über meine Fort- und Rückschritte.
- *Führung:* Ich teile mit euch wichtige Lebensentscheidungen und höre auf eure Eindrücke und euren Rat.
- *Ermutigung:* Ich fühle mich für euch verantwortlich und möchte euch unterstützen, begleiten, ermutigen, lieben und für euch beten.

Ein wesentliches Mittel zur Förderung des geistlichen Wachstums ist auch das gemeinsame Lesen und Studieren von Gottes Wort. Ich selber bin kein Freund von Kleingruppentreffen, während derer man lange Bibelarbeiten macht. Nach meiner Erfahrung verhindern endlose Sach- und Bibeldiskussionen, dass die Situation des Einzelnen wirklich zur Sprache kommt. Da sind gezielte Bibelseminare viel geeigneter, um das Bedürfnis nach einem besseren Verständnis von biblischen Inhalten und Zusammenhängen zu stillen. Ich empfinde es daher zum Beispiel als hilfreich, wenn die Teilnehmer einer Kleingruppe sich einigen, in der Zeit zwischen den Treffen bestimmte Kapitel der Bibel zu lesen. In den Gruppentreffen selber wird dann über die konkrete Anwendung des Gelesenen im Alltag gesprochen und wie sich die Teilnehmer der Gruppe darin unterstützen können.

Das Austauschen von purem Bibelwissen garantiert kein geistliches Wachstum. Die Herausforderung für eine Kleingruppe besteht darin, dem kognitiven Fluch zu entfliehen und einen Weg zu finden, der es ermöglicht, geistliche Wahrheiten unkompliziert und unmittelbar auf das konkrete Leben im Alltag des Einzelnen zu beziehen. In dieser Atmosphäre wird geistliches Wachstum möglich.

Freunde

Im Gegensatz zu einer Kleingruppe können Freundschaften auch über größere geographische Distanzen gepflegt werden. Es ist sogar ratsam, bewusst darauf zu achten. Wenn wir nämlich nur dort unsere Freunde haben, wo wir gerade wohnen und arbeiten, besteht die Gefahr, dass diese Freundschaften verloren gehen, wenn wir einmal wegziehen oder die Arbeitsstelle wechseln. Hier spreche ich natürlich stark aus meiner eigenen Situation als Pastor einer Kirche heraus. Pastoren wechseln in der Regel mehr als einmal ihr Tätigkeitsfeld und damit auch ihren Wohnort. Wenn sie keine Freundschaften aufgebaut haben, die losgelöst von der Gemeinde und dem Wohnort existieren, wo sie gerade tätig sind, dann bedeutet ein Wechsel immer auch das Zurücklassen aller Freunde. Ich kenne mehrere pensionierte Pastoren, die im Alter sehr einsam geworden sind, weil sie immer nur in Beziehungen innerhalb der Gemeinden investiert haben, in denen sie gerade tätig waren. Darum ist es ratsam, neben den Freundschaften vor Ort auch bewusst solche zu pflegen, die über das unmittelbare geographische Umfeld hinausgehen.

Was macht eine gute Freundschaft aus? Die wesentlichen Kennzeichen sind Vertrauen, Ehrlichkeit, Zeit sowie gemeinsame Ziele und Interessen. Ich habe bereits oben einige wichtige Stichworte erwähnt, die eine gute Grundlage bilden, damit Vertrauen und Ehrlichkeit entstehen können. Obwohl man eine vertrauensvolle Beziehung nicht machen kann, ist es doch möglich, wesentlich zu ihrer Entstehung beizutragen.

Freundschaft entsteht am ehesten dort, wo ich das Risiko eingehe, mich zu öffnen und ehrlich aus meinem Leben zu erzählen. Außerdem kann ich beginnen, einem potentiellen Freund offene und direkte Fragen, z. B. nach seinen Träumen, Wünschen und Zweifeln, zu stellen, und ihn herausfordern, etwas von dem zu teilen, was zutiefst in seinem Herzen vorgeht und ihn beschäftigt. Das ist der Nährboden, auf dem Freundschaften entstehen. Wir beginnen, miteinander das zu teilen, was uns zutiefst ausmacht und unsere Herzen bewegt. Wenn zwei oder mehrere Personen dazu bereit und gleichzeitig willig sind, diese anvertrauten Geheimnisse wie Schätze zu bewahren und nicht weiterzutragen, entsteht Freundschaft.

Freunde schenken sich Zeit, daher treffe ich mich regelmäßig mit jedem meiner Freunde. Der Begriff »regelmäßig« ist ein dehnbarer Begriff. Ich sehe meine Freunde nicht wöchentlich. Manchmal vergehen Wochen und Monate zwischen unseren Treffen. Aber in meiner Agenda ist bereits heute vorgemerkt, mit wem ich mich wann wieder treffen werde. Wir planen die gemeinsamen Zeiten und überlassen sie nicht dem Zufall.

Mit einigen meiner Freunde gehe ich regelmäßig essen. Das werden jedes Mal lange Abende bei Pasta, Wein und einer Zigarre. Auch besuchen wir uns gegenseitig zu Hause. Mit einem Freund verbringe ich jeden Monat einen Tag der Stille irgendwo in einem Gästehaus. Mit anderen gehe ich hie und da ins Kino oder unternehme Ausflüge und gehe wandern. Mit dem Literaturkreis treffe ich mich ca. alle drei Monate und einmal im Jahr verbringen wir zwei gemeinsame Tage. Auch gibt es wichtige Menschen, mit denen ich in den Urlaub fahre oder ein Seminar besuche. Freundschaften beanspruchen unsere Agenda. Sie entstehen niemals über Nacht. Sie sind nicht einfach da, wenn wir sie uns wünschen. Sie müssen über eine lange Zeit hinweg beharrlich aufgebaut werden. Ich selber habe rund acht Jahre Zeit gebraucht, um ein Netz von Freundschaften zu knüpfen. Das bedeutet Arbeit und kostet uns etwas. Ohne Investition überlebt auf die Dauer keine Beziehung und erst recht keine Freundschaft.

Schließlich sind es gemeinsame Interessen und Ziele, die eine Freundschaft beleben. In seinem Buch *Was man Liebe nennt* beschreibt C.S. Lewis treffend, welche Rolle gemeinsame Interessen bei der Entstehung von Freundschaften haben:

> »Freundschaft entsteht aus bloßer Kameradschaft, wenn zwei oder mehr Kameraden entdecken, dass sie eine Einsicht, ein Interesse oder auch einen Geschmack teilen, der anderen nichts bedeutet. Bis zu diesem Zeitpunkt glaubte jeder, er sei allein mit diesem Schatz (oder mit dieser Last). Typisch für eine beginnende Freundschaft wäre etwa der Satz: ›Was? Auch du? Ich dachte, ich sei der Einzige!‹ ... Wenn zwei solche Menschen einander entdecken, wenn sie ihre Vision miteinander teilen ... dann wird Freundschaft geboren ...
>
> Wer uns zustimmt, dass irgendeine von anderen kaum beachtete Frage höchst bedeutsam ist, kann unser Freund sein ... Zwei Menschen entdecken, das sie sich auf demselben geheimen Pfad befinden ...«[29]

So entstehen Freundschaften oft dort, wo zwei Menschen entdecken, dass sie dieselben Bücher lieben, denselben Sport betreiben oder dasselbe Hobby haben. Was hier kameradschaftlich gemeinsam gepflegt wird, kann weiter in die Tiefe führen, wenn Vertrauen und Offenheit Teil dieser Beziehung werden und gepflegt werden.

Berater

In unserem Leben tauchen regelmäßig Situationen und Herausforderungen auf, in denen wir die ergänzende Meinung und Perspektive anderer Menschen brauchen, um die richtigen Entscheidungen zu treffen. Oft können uns Freunde zu dieser neuen Perspektive verhelfen. Aber nicht immer. Manchmal braucht es die Analyse und den Sachverstand von Personen, die tiefer blicken und objektiver als Freunde in unser Leben sprechen können. Es ist eine unbezahlbar wertvolle Investition für unser persönliches Wachstum, wenn wir dafür sorgen, dass es in unserem Leben Menschen gibt, die zu dieser Kategorie der sachkundigen Berater gehören. Das Buch der

Sprüche erwähnt auffallend oft die Notwendigkeit, auf vertrauensvolle Ratgeber zu hören: *Befolge gute Ratschläge und lass dich korrigieren, dann bist du am Ende ein weiser Mensch* (Sprüche 19,20). *Eingebildete lieben keinen Tadel, deshalb gehen sie nie zu erfahrenen Lehrern* (Sprüche 15,12). *Ein Narr hält alles, was er tut, für richtig; Weise hören auf klugen Rat* (Sprüche 12,15).

In meinem Leben gibt es zwei Arten von Beratern, auf die ich nicht mehr verzichten möchte. Wenn mich gewisse Herausforderungen in meinem Leben zu überfordern drohen, dann treffe ich mich mit meinem Lebensberater oder mit einem meiner Mentoren.

Als ich damals an die Grenzen meiner physischen und psychischen Kräfte kam, erkannte ich bald, dass die Gründe dafür mehr mit mir selber, meinem falschen Denken, ungesunden Erwartungen an mich selbst und destruktiven Motiven in mir zu tun hatten als mit Gründen, die außerhalb von mir selbst lagen. Das führte dazu, dass ich mir eingestand: Ich brauche einen Seelsorger! Und zwar nicht bloß einen, der mir zuhört, mich versteht und mich tröstet. Ich brauche einen Seelsorger, der mir hilft, meine unbewussten Motive, meine verborgenen Denk- und Handlungsmuster bewusst zu machen. Er unterstützt mich dabei, Gottes heilende Veränderung zuzulassen und mein Leben neu zu gestalten. Ich habe einen solchen Lebensberater gesucht und gefunden. Ich fuhr zu ihm und sagte ihm: »Ich bitte Sie, mir zu helfen, mir selber auf die Spur zu kommen. Ich möchte herausfinden, was in mir selbst dazu führt, dass ich meine Grenzen überschreite, meine Familie vernachlässige und mich selbst überfordere.« Vor diesem Gespräch nahm ich mir vor, vorbehaltlos ehrlich zu mir selbst und zu diesem Berater zu sein. Ich hatte schon früher hie und da einen Lebensberater aufgesucht. Dabei hatte ich aber oft der Neigung nachgegeben, nicht wirklich alles auf den Tisch zu legen. Auf gewisse Fragen gab ich damals Antworten, die mir angemessen schienen, die aber nicht ehrlich waren. Ich wollte vor mir und dem Berater gut dastehen. Gewissen Wahrheiten über mich selbst wollte ich nicht in die Augen blicken, und so gelang es mir immer wieder, die wirklichen Wunden in meiner

Seele unbemerkt zu umschiffen. Nun wusste ich, dass ich mir selbst damit keinen Gefallen getan hatte. Es war Zeit, ungeschützt ehrlich zu werden und den unschönen Dingen unter der Oberfläche meiner Seele auf den Grund zu gehen! Die eigene Not und der eigene Leidensdruck machten mich dazu bereit. Freiwillig wäre ich kaum an diesem Punkt angelangt. Es gehört zu einer der Grundwahrheiten des menschlichen Lebens, dass wir erst dort wirklich ehrlich mit uns selbst werden und echte Veränderung suchen, wenn uns das Leben dazu zwingt. Wenn der Leidensdruck so groß wird, dass wir nicht mehr wie bisher weiterleben können und wollen. An diesem Punkt war ich nun endlich auch angekommen.

Die darauffolgenden Monate bezeichne ich gerne als die »Reformation meiner Seele«. Die geschickten Fragen meines Lebensberaters halfen mir zu erkennen, welche innersten Überzeugungen, Lebensziele und Motive mein Denken und Handeln prägten. Was da hervorkam, war nicht nur peinlich, sondern auch erschreckend. Aber es war die Realität und ich wollte ihr in die Augen sehen. Es gibt keine Heilung, wenn man sich versteckt. Und so half mir dieser Prozess, nach und nach Korrektur und Heilung für die tiefsten Schichten meiner Seele zu finden. Gottes Geist begann eine aufwendige, aber sehr wirkungsvolle Operation an meinem Herzen, die bis heute anhält. Viele Gedanken in diesem Buch sind die Frucht dieses geistlichen Umwandlungsprozesses, der mir ohne die Unterstützung meines Lebensberaters nicht möglich geworden wäre.

Noch heute treffe ich mich vier Mal im Jahr mit meinem Lebensberater. Ich habe diese Treffen präventiv in meine Terminplanung eingebaut. Sie sollen mir helfen, in diesem Prozess zu bleiben, ihn nicht abzukürzen und nicht vorzeitig abzubrechen. Ich erlebe diese Gespräche jedes Mal wie einen Waschgang mit dem Auto in der Waschanlage. Dieser regelmäßige Reinigungsprozess bewirkt, dass meine Seele allmählich die Gesundheit und Stabilität entwickelt, die Gott ihr geben möchte.

Mentoren gehören zu einer anderen Kategorie von Beratern, die mir im Laufe der Jahre unverzichtbar geworden sind. Mentoren sind Menschen, die uns beim Aneignen gewisser Fertigkeiten anleiten und begleiten. Dabei geht es zum Beispiel um Fähigkeiten, die wir erlernen wollen, um berufliche Herausforderungen besser zu meistern. Oder um grundlegende Fähigkeiten, die zur Bewältigung unseres alltäglichen Lebens nötig sind. Ich bin zum Beispiel ein »Computerbanause«. Ich schaffe es gerade noch, den Deckel meines Laptops zu öffnen, die Maschine zu starten und ins richtige Programm zu gelangen, um meine Predigten und Unterrichtsstunden vorzubereiten. Aber dann hört es schon bald auf. Wenn es um den Umgang mit dem Computer geht, bin ich oft auf die Hilfe von Menschen angewiesen, denen es Spaß macht, all die Kniffe und Möglichkeiten eines Programms zu entdecken. Wenn ich einen solchen Computerfreak finde, der es aushält, mit mir zu arbeiten, mache ich ihn zu meinem Mentor. Ich bitte ihn, mir beizubringen, wie ich mein Gerät einigermaßen in den Griff bekomme und vor Abstürzen, Viren und anderen Unannehmlichkeiten bewahrt bleibe.

Andere Menschen brauchen im Bereich ihrer Finanzen einen Mentor. Weil es ihnen schwerfällt, ein Budget aufzustellen und dann auch einzuhalten, brauchen sie den Rat und die Unterstützung einer Person, der dies leichter fällt und die Erfahrung hat.

Vor einigen Monaten wurde mir bewusst, dass ich im Bereich meiner Führungsaufgaben einen Mentor brauchte. In meiner Tätigkeit als Pastor einer Gemeinde mit über 300 Gottesdienstbesuchern und einem fünfköpfigen pastoralen Mitarbeiterteam wurden die Führungsaufgaben im Laufe der Jahre immer komplexer und anspruchsvoller. Gott machte mir bewusst, dass es an der Zeit war, meine Kenntnisse und Fähigkeiten im Bereich Führung gezielt auszuweiten. Ich begann, Bücher von Personen zu lesen, die in vergleichbaren Führungsaufgaben standen und ihre Erfahrungen weitergaben. Sie wurden zu meinen indirekten Mentoren, denn sie wissen nichts davon, dass sie mir weiterhelfen und ich gezielt alles lese, was sie zu diesem Thema zu schreiben haben. Auch besuche ich bewusst ihre Seminare. Obwohl sie gar nicht wissen, wie viel Einfluss sie auf mich haben, wurden sie dennoch zu meinen Mentoren, von denen ich viel lerne.

Darüber hinaus nahm ich Kontakt mit einem anerkannten Managementlehrer auf und fragte ihn an, ob er sich vorstellen könne, mir im Blick auf meine Führungsaufgaben ein Mentor zu sein. Obwohl ich keine große Hoffnung hatte, dass ein international engagierter Managementtrainer Zeit haben würde, einen unbedeutenden Pastor in seinen Führungsherausforderungen zu beraten, sagte dieser Mann zu. Er gab mir kostenlosen Zugang zu seinen Managementlettern und ermöglichte mir die Teilnahme an Seminaren für Führungskräfte, zu denen ich sonst nie Zugang gefunden hätte.

Mentoren sind Menschen, die auf einem bestimmten Fachgebiet kompetenter sind als wir selbst. Wir machen sie zu unseren Mentoren, indem wir ihr Wissen anzapfen und von ihren Erfahrungen lernen. Mentoren sind unverzichtbare Begleiter, wenn es darum geht, dass wir uns weiterentwickeln. Sie fördern uns darin, die Aufgaben, die Gott uns anvertraut hat, besser wahrzunehmen und in ihnen kompetenter zu werden.

Geistliche Begleiter

Der Lebensberater führt uns in die Auseinandersetzung mit dem, was sich in den Tiefen unserer Seele abspielt, und zeigt Perspektiven, wie unsere inneren Wunden geheilt werden können. Der Mentor begleitet und stützt uns im Blick auf praktische Fertigkeiten, die wir uns aneignen möchten. Der geistliche Begleiter wiederum zeigt uns Wege und Möglichkeiten, unsere Beziehung mit Gott zu vertiefen. Seine Gegenwart und Worte wecken in uns das Verlangen, unser Leben völlig Jesus Christus hinzugeben. Erinnern Sie sich an Begegnungen mit Menschen, nach denen Sie den starken Wunsch verspürten, Gott intensiver zu erfahren, sein Wort zu lesen und offener zu sein für das Wirken des Heiligen Geistes? Menschen, die diesen Wunsch in uns wecken, haben das Potential eines geistlichen Begleiters.

Um ein geistlicher Begleiter zu sein, muss man nicht Theologe, Pastor oder Missionar sein. Geistliche Begleiter zeichnen sich nicht durch das aus, was sie über Gott und geistliche Fragen wissen. Ihre geistliche Qualität entspringt der tiefen Herzensbeziehung zwischen ihnen und Gott. Aus dieser Beziehung heraus werden sie für andere zu einer Inspiration und wecken in ihnen den Wunsch, Gott auf einer tieferen Ebene zu erfahren. Wenn wir anfangen, uns mit einem solchen Menschen regelmäßig zu treffen, um von ihm zu lernen, dann wird er für uns mehr als ein Vorbild; er wird zu unserem geistlichen Begleiter.

Vor einem Jahr ist in unserer Gemeinde eine Frau gestorben, die für mich weit mehr war als ein geistliches Vorbild. Trudi war eine wichtige Stütze im Blick auf meinen Dienst und meine persönliche Entwicklung. Sie gehörte zu den wenigen Menschen, denen ich heikle Anliegen aus unserer Gemeinde anvertrauen konnte. Bei Trudi waren sie sicher aufgehoben. Ich wusste, dass diese achtzigjährige Frau Stunden damit verbrachte, diese Anliegen vor Gott zu bewegen und für mich zu beten. Nie fragte sie mich aus oder drängte sich auf. Aber wenn ich sie anrief und ihr ein Problem schilderte, dann spürte ich ihre Offenheit und Bereitschaft, die Sache vor Gott zu bewegen. Ich habe selten eine Frau wie Trudi getroffen. Sie war offen für das übernatürliche Wirken des Heiligen Geistes und für seine Gaben. Nie aber drängte sie sich mit ihren Erfahrungen anderen auf oder betrachtete Menschen, die an dieser Stelle zurückhaltender waren, als weniger geistlich. Wenn Trudi betete, dann hatte ich den Eindruck, als gewährte ihr Gott einen besonderen Zugang in seine Gegenwart. Sie spiegelte etwas von der Heiligkeit Gottes wider, aber nicht in einer abgehobenen Form, die andere spüren ließ, dass sie noch nicht so weit waren. Sie war sehr natürlich, fröhlich und gelassen. Trudi war eine geistliche Mutter. Ihr Rat war unaufdringlich, aber von unschätzbarem Wert und ich suchte ihn, sooft ich konnte. Durch sie wuchs mein Wunsch nach mehr Intimität mit Gott.

Ein anderer geistlicher Begleiter in meinem Leben ist Dieter, ein über 65-jähriger, väterlicher Freund. Seit vielen Jahren ist er für mich eine wichtige Adresse, wenn ich vor bedeutenden Entscheidungen stehe oder in persönlichen Fragen nicht mehr weiterkomme. Sein Rat zielt immer darauf hin, dass ich Christus mehr vertraue. Er hilft mir, die Spuren Gottes in meinem Leben zu erkennen und zu realisieren, wie viel Gnade und Güte mir Gott entgegenbringt. Ich kann ihm meine Sünden bekennen und er spricht mir vorbehaltlos Gottes Vergebung zu. Außerdem inspiriert er mich dazu, der Herzensbeziehung zu Jesus Christus die höchste Priorität in meinem Leben einzuräumen. Bei ihm habe ich gelernt, dass die Meditation der Schrift und das Gebet Freude machen können und entscheidende Investitionen in mein persönliches Wachstum sind. Dieters Ratschläge geben mir Orientierung, wenn ich mit schwierigen Menschen in meinem Umfeld nicht zurechtkomme. Er zeigt mir auf, was es heißt, seine Feinde zu lieben und zu segnen. In den Gesprächen mit Dieter lerne ich, das Reden und Führen des Heiligen Geistes im meinem Leben besser zu verstehen. Sie motivierten mich, aus der Herzensbeziehung mit Jesus Christus heraus meinen Alltag und meinen Dienst für Gott zu gestalten. Sie halfen mir, der Hingabe an Christus die oberste Priorität zu geben.

Wie finde ich solche Menschen?

In diesem Kapitel haben wir ausführlich über Beziehungen gesprochen, die im Blick auf unser geistliches Wachstum eine entscheidende Rolle spielen. Vielleicht hat Sie das Lesen dieses Kapitels nicht nur inspiriert, sondern auch entmutigt. Entmutigt deshalb, weil sie feststellten, dass Ihnen viele dieser Beziehungen fehlen. Sie können sich nicht vorstellen, wie sich daran etwas ändern könnte und wie Sie solche Beziehungen aufbauen sollen. Ich kann Sie trösten, denn mir erging es ebenso. Es ist keine fünfzehn Jahre her, da war ich im Blick auf mein Beziehungskonto ziemlich arm dran. Wenn es Ihnen ebenso geht, dann gibt es für Sie eine gute Nachricht: Sie können etwas ändern! Sie können heute beginnen, tragende Beziehungen aufzubauen. Die folgenden Schritte können Ihnen dabei eine Hilfe sein, Freundschaften aufzubauen, sich einer Kleingruppe anzuschließen, einen Lebensberater, einen Mentor oder einen geistlichen Begleiter zu finden.

Erstens:
Beten Sie, dass Gott Sie Schritt für Schritt hin zu tragenden Beziehungen führt. Bevor Sie ganz konkret auf Menschen zugehen, teilen Sie Ihren Wunsch Gott mit. Bitten Sie ihn, dass er Ihre Gedanken und Entscheidungen führt, wenn es um den Aufbau einer der genannten Beziehungen geht. Bitten Sie Gott um Inspiration und Führung durch den Heiligen Geist, damit Sie die richtigen Personen erkennen. Bitten Sie ihn darum, dass er diese Menschen vorbereitet und die Türen zu einer solchen Beziehung öffnet. Entscheidende Schritte in unserem Leben bereiten wir am besten im Gebet vor und geben Gott so die Möglichkeit, uns mit den entsprechenden Menschen in Berührung zu bringen.

Zweitens:
Wagen Sie mutige Schritte auf Menschen zu. Greifen Sie zum Telefon, schreiben Sie eine Mail, verabreden Sie sich mit den Menschen, die Gott Ihnen zeigt und aufs Herz legt. Tragende Beziehungen beginnen damit, dass man den Kontakt herstellt und auf Menschen zugeht. Erwarten Sie nicht, dass Menschen zu Ihnen kommen und Sie fragen, ob Sie ihnen ein Freund sein möchten oder ob Sie beraten werden wollen. Übernehmen Sie selbst die Verantwortung für Ihre Beziehungen und ergreifen Sie die Initiative.

Drittens:
Teilen Sie dem anderen mit, welche Vorstellungen und Wünsche Sie haben. Erwarten Sie nicht, dass sich tragende Beziehungen irgendwie von selbst oder zufällig ergeben. Wenn Sie eine Kleingruppe oder einen Berater suchen, klären Sie von Anfang an Ihre Vorstellungen und Erwartungen. Formulieren Sie, was Sie suchen, und stel-

len Sie von Anfang an die Fragen, auf die Sie eine Antwort suchen. Das hilft Ihrem Gegenüber zu klären, ob er diese Erwartungen erfüllen kann oder nicht. Damit können Sie einigen nachträglichen Enttäuschungen vorbeugen.

Wenn Sie neue Freundschaften aufbauen möchten, ist es allerdings vielleicht weniger angebracht, einem Menschen bereits im ersten Gespräch zu sagen: »Ich möchte, dass wir Freunde sind.« Aber Sie können beginnen, selber ein Freund zu werden. Interessieren Sie sich für Ihr Gegenüber. Fragen Sie nach, wie es geht, und hören Sie zu, wenn er erzählt. Zeigen Sie Interesse und fühlen Sie sich in seine Situation hinein. Und erzählen Sie von sich persönlich.

Viertens:
Schaffen Sie zeitliche Freiräume für die Art von Beziehungen, die Sie sich wünschen. Wenn Sie darauf warten, bis Sie genug freie Zeit haben, um Beziehungen aufzubauen, dann wird es unter Umständen nie dazu kommen. Treffen Sie eine Entscheidung: Wenn Ihnen tragende Beziehungen ein wirkliches Anliegen sind, dann schaffen Sie den dafür notwendigen Freiraum in Ihrer Terminplanung. Es stimmt nicht, wenn wir behaupten, zu wenig Zeit zu haben. Für das, was uns wirklich wichtig ist, nehmen wir uns immer Zeit, ob es um die Gemeinschaft mit Gott geht, um Zeit mit der Familie oder den Aufbau eines Beziehungsnetzes. Also: Vergessen Sie diese Entschuldigungen und fragen Sie sich stattdessen, wie ernst es Ihnen damit wirklich ist. Wenn Sie solche Beziehungen wirklich wollen, werden Sie den dafür notwendigen Zeitrahmen schaffen.

Fünftens:
Geben Sie nicht auf, wenn es nicht von Anfang an klappt. Rechnen Sie damit, dass Sie bei Ihren Bemühungen um ein tragendes Beziehungsnetz immer auch Rückschläge und Enttäuschungen erleben. Sie werden es erleben, dass Anfragen negativ beantwortet werden. Sie werden es erleben, dass Freundschaften abflauen oder Erwartungen nicht erfüllt werden. Geben Sie deshalb nicht auf und ziehen

Sie sich nicht zurück. Rechnen Sie damit, dass dann, wenn sich an einem Ort Türen schließen, an einem anderen Ort Türen geöffnet werden.

Sechstens:
Vergessen Sie nicht, dass es seine Zeit dauert, bis Beziehungen eine tiefere Qualität haben. Rechnen Sie mit einem Prozess, der Jahre und nicht bloß Monate dauert. Besonders Freundschaften entstehen nicht innerhalb von wenigen Wochen oder Monaten. Vertrauen, Authentizität und gegenseitiges Verständnis sind das Ergebnis eines langen, gemeinsamen Prozesses. Zu diesem Prozess gehören auch Krisen innerhalb einer Beziehung und die Notwendigkeit von Vergebung und Neuanfang. Machen Sie sich dies klar und behalten Sie dabei das Ziel vor Augen.

Vor wenigen Tagen bin ich aus dem Urlaub zurückgekehrt. Mit einem Freund verbrachte ich eine Woche auf einer kanarischen Insel. Wir haben miteinander gegessen, viel gelesen und lange Gespräche geführt. Im Speisesaal unseres Hotels gehörten wir jeweils zu den Letzten, die nach dem Frühstück und dem Abendessen aufstanden. Wir hatten uns viel zu erzählen. Wir vertrauten einander unsere Kämpfe und Schwierigkeiten an. Wir beteten füreinander. Wir ermutigten einander. Dieser Urlaub beinhaltete viel mehr als körperliche Erholung. Wir wurden beide durch eine intensive, freundschaftliche Begegnung ermutigt. Es war die Ernte einer jahrelangen Saat und einer regelmäßigen Investition in unsere Freundschaft. Während dieser Woche erinnerte ich mich an einen Spruch des jüdischen Weisheitslehrers Jesus Sirach: *Ein treuer Freund ist wie ein festes Zelt; wer einen solchen findet, hat einen Schatz gefunden* (Jesus Sirach 6,14).

Kapitel 13:

Zu Größerem geboren: erfahren, wie Gott durch mich wirkt

Zwei wichtige Lektionen

Als ich etwa 16 Jahre alt war, stieß ich zu einer Jugendgruppe des CVJM, die sich in einem Nachbardorf traf. Erst seit wenigen Wochen kannte ich die überwältigende Erfahrung einer persönlichen Beziehung zu Gott. Ich war begierig darauf, andere Menschen kennenzulernen, die auch bewusst mit Gott lebten. Ich wollte den Willen Gottes für mein Leben erkennen. Ich wollte mehr von dem verstehen, was in der Bibel über diesen Jesus Christus stand, dem ich auf überraschend persönliche Weise begegnet war. Die Jugendgruppe schien dafür der richtige Ort zu sein. Ich freute mich auf die Abende, an denen wir gemeinsam die Bibel lasen, Gott anbeteten, Themen erarbeiteten und bis in alle Nacht hinein diskutierten. Ich saß zwischen all den anderen jungen Leuten und nahm das, was ich hier sah und hörte, begierig in mich auf.

Ich gehörte noch keine zwei Monate zu dieser Jugendgruppe, als eines Abends Catherine aus dem Leitungsteam auf mich zukam und mir sagte: »Thomas, in drei Wochen bin ich für einen Abend verantwortlich. Würdest du mir bei der Ausarbeitung des Themas und den Vorbereitungen für den Jugendgruppenabend helfen?« Ich war irritiert. Hatte sie vielleicht gerade meinen Sitznachbarn angesprochen und aus Versehen meinen Namen genannt? Aber nein, sie sah mich an und mir war nicht bekannt, dass sie schielte ... Aber kam ich denn für so etwas überhaupt infrage? Ich war einer der Jüngsten in dieser Gruppe und gerade erst Christ geworden. Über viele Dinge wusste ich noch kaum Bescheid. Ich war wie ein Baby, das geistlich noch versorgt werden musste, und nicht jemand, der schon fähig war, andere zu versorgen. Abwehrend teilte ich Catherine meine Bedenken mit. Aber sie ließ nicht locker. »Ich helfe dir dabei. Du musst weder alles selber machen noch selber können. Ich brauche einfach ein wenig Unterstützung und ich glaube, du kannst mir dabei helfen.« Schließlich gab ich nach und wurde so zum ersten Mal in meinem gerade begonnenen Leben als Christ ein aktiver Mitarbeiter im Reich Gottes. Schon die Woche darauf trafen wir uns zu den Vorbereitungen für diesen Abend.

Ich habe heute keine Ahnung mehr, welches Thema wir damals erarbeitet haben. Ich weiß nur noch drei Dinge: Erstens fühlte ich mich als frisch geschlüpfter Christ weiterhin ziemlich fehl am Platz, wenn es darum ging, anderen etwas weiterzugeben. Und zweitens war ich unbeschreiblich nervös. Ich habe vor und an diesem Jugendgruppenabend tausend Versagensängste durchlitten. Und drittens erinnere ich mich an das tiefe, beglückende Gefühl, einen Durchbruch geschafft zu haben. Dieses Gefühl war verbunden mit einer immer noch ungläubigen Verwunderung darüber, dass Gott mich für seine Ziele brauchen konnte. War es tatsächlich möglich, dass ich, Thomas, in Gottes Reich eine Rolle spielen konnte und durfte? Diese Erfahrung beflügelte mich richtiggehend! Es war das erste Mal, dass ich Erfahrungen mit der Realität und Kraft Gottes machte, die durch mein Leben fließt. Ich konnte für Gott brauchbar sein! Es war wichtig für mich und stellte eine wichtige Weiche für meinen weiteren Weg mit Gott, dass ich diese Erfahrung gleich zu Beginn meines Lebens mit Gott machen konnte.

Mehrere Jahre später: Inzwischen unterrichtete ich als theologischer Lehrer an einer Jüngerschaftsschule für junge Menschen. Im Blick auf gewisse Aufgaben, die hier von mir verlangt wurden, fühlte ich mich schlicht überfordert. Ich war erst 26 Jahre alt und unterrichtete Menschen, die teilweise älter waren als ich. Ich sprach mit meinem Seelsorger und Mentor darüber. Er hörte mir aufmerksam zu, dann nahm er ein Blatt Papier und einen Bleistift und begann, ein simples Diagramm zu zeichnen. Er zeichnete ein Feld, das sich nach oben erstreckte und dann durch eine scharfe Linie begrenzt war. Daneben zeichnete er ein zweites Feld, das diese Begrenzung an einer ganz anderen Stelle hatte, nämlich weiter oben. Das zweite Feld wurde viel höher als das erste. Dann schaute er mich an und sagte: »Dieses erste Feld entspricht dem, wie du dich selber siehst. Im Blick auf deine Fähigkeiten und im Blick auf deine Möglichkeiten gestehst du dir selber einen Rahmen zu, wie er diesem Feld entspricht. Nach oben hin ziehst du klare Grenzen, mit denen du markierst, was du dir zutraust und wo du meinst, dass du nichts mehr zu bieten hast. Gott aber sieht dich anders als du dich selbst. Bei ihm liegen die Grenzen viel höher. Er traut dir weit mehr zu. Er sieht in dir ein Potential, das du selber nicht einmal erahnst. Du solltest dich an dieser Sicht Gottes orientieren (er deutete auf das zweite Diagramm) und nicht an deiner eingeschränkten Sichtweise davon, wer du bist und wozu du im Reich Gottes fähig bist (dabei deutete er auf das erste Feld).« Mein Seelsorger schaute mich an und bemerkte wohl meinen zweifelnden Blick. Er fuhr fort: »Weißt du, nach welchem Prinzip der bekannte Indienmissionar Stanley Jones gelebt und gearbeitet hat?« Ich wusste es nicht und so fuhr er fort: »Er hat sich bewusst für Aufgaben im Reich Gottes entschieden, die seinem Urteil nach seine eigenen Kapazitäten überstiegen. Er tat es, weil er damit seine Abhängigkeit von der übernatürlichen Kraft Gottes ausdrücken wollte. Und weil er wusste, dass wir dort am stärksten reifen und wachsen, wo wir vollständig auf Gott geworfen und total von ihm abhängig sind. Darum ist mein Rat an dich: Bejahe die herausfordernde Tätigkeit an dieser Jüngerschaftsschule. Gerade dadurch, dass sie so herausfordernd ist, lehrt sie dich Vertrauen und Abhängigkeit. Und denk daran: Gott setzt im Blick auf das, was er dir zutraut, die Grenzen an viel höherer Stelle, als du selbst es tust!«

Diese beiden Erlebnisse haben sich mir wie Brandzeichen ins Herz gebrannt. Sie haben mich früh eine wichtige Lektion gelehrt, die unmittelbar mit der Frage zu tun hat, wie ich als Nachfolger von Jesus geistlich vorwärtskomme.

Geistliches Wachstum entsteht nicht nur dort, wo ich etwas bekomme, wo man mich trainiert, lehrt und begleitet, sondern wesentlich dort, wo ich anderen Menschen mit den Gaben und Möglichkeiten diene, die Gott in mein Leben hineingelegt hat. Wenn die geistliche Entwicklung eines Menschen nicht an den Punkt kommt, wo sie über sein Leben hinausreicht, kann man nicht von einem echten Wachstum sprechen, sondern höchstens von einem noch intensiveren Drehen um sich selbst. Reife ist vor allem auch das Resultat einer gesunden Balance zwischen Geben und Nehmen, zwischen Empfangen und Weitergeben.

Dabei ist es im Blick auf das Weitergeben von Empfangenem nicht wichtig, wie fähig, würdig oder gut ich mich dabei fühle. Entscheidend ist, dass ich mit Gott zusammen etwas wage und riskiere, das nicht nur mir selbst etwas bringen soll, sondern eine Investition in das Wachstum und den Glauben anderer Menschen ist.

Dank Catherine wurde mein junger Glaube schon ganz früh mit diesem Prinzip einer dienenden Herzenshaltung vertraut gemacht. Die Entwicklungspsychologie betont, dass die ersten Jahre im Leben eines Kleinkindes im Blick auf seine Prägung und seelische Stabilität entscheidend sind. Für die Entwicklung unseres geistlichen Lebens gilt dasselbe. Je früher wir lernen, nicht nur zu empfangen, sondern uns auch zu verschenken, desto besser wirkt sich das auf eine gesunde Weiterentwicklung unseres Glaubens aus.

Dank Dieter, meinem Seelsorger, lernte ich es, mich im Dienst für Gott nicht durch Selbstzweifel und Selbstbegrenzungen lähmen zu lassen, sondern damit zu rechnen, dass mein Leben echte Spuren hinterlassen kann und dass mein Dienst von großer Bedeutung ist.

Als Leser dieses Buches wissen Sie inzwischen, dass ich mich in meinem Leben und gerade auch in meinem Dienst für Gott immer wieder überfordert gefühlt habe, was bis heute Auswirkungen hat. Ich weiß: Der Dienst für Gott kann zu viel oder auch fehlgeleitet sein. Aber der Missbrauch einer Sache bedeutet nicht, dass die Sache an sich schlecht ist. Dienst, der in gesunden Bahnen verläuft, ist ein wesentliches Mittel Gottes, um an unserer Seele zu arbeiten und uns persönlich zu formen. Wir können wachsen und persönlich reifen. Er ist ein unverzichtbarer Bestandteil des geistlichen Lebens. In seinem Buch *The Sacred Way* schreibt Tony Jones: »Wie wir Jesus und der Schöpfung Gottes dienen, ist letztlich ein Spiegelbild unserer persönlichen geistlichen Gesundheit.«[30] Das gilt und ist wahr, doch wir müssen uns darüber klar sein, dass falsch verstandener Dienst für Gott auch zu einem Feind unseres geistlichen Lebens werden kann.

In diesem Kapitel möchte ich Sie entdecken lassen, wie sehr Ihr geistliches Leben erneuert werden kann, wenn Sie bereit sind, Gott zu dienen. Spiritualität ohne Dienst ist fehlgeleitete Spiritualität. Ich würde sogar sagen: Gesunde Spiritualität zielt letztlich darauf, dass wir für Gott und Menschen besser verfügbar werden.

Ein unscheinbarer Weichensteller

Mein persönlicher biblischer »Held« im Blick auf eine gesunde Art und Weise, Gott zu dienen, ist Barnabas. Vielleicht sind Sie erstaunt, dass es nicht Mose ist oder David oder Paulus. Nein, es ist Barnabas. Kennen Sie ihn? Haben Sie kein schlechtes Gewissen, wenn Sie ihn nicht kennen. In der Bibel steht nämlich nur sehr wenig über ihn. Aber was sie über ihn berichtet, das lässt mein Herz für diesen außergewöhnlichen Mann höher schlagen.

In Apostelgeschichte 4 begegnen wir Barnabas zum ersten Mal. Er wird am Rand einer allgemeinen Bemerkung über die Großzügigkeit der ersten Christen in Jerusalem erwähnt. Damals verkauften und verschenkten viele Christen einen Teil ihres Besitzes zugunsten ihrer weniger bemittelten Mitchristen: *So machte es auch Josef, ein Levit aus Zypern, den die Apostel Barnabas nannten, das heißt »der Mann, der anderen Mut macht«. Er verkaufte seinen Acker, brachte das Geld und legte es den Aposteln zu Füßen* (Apostelgeschichte 4,36-37).

Hier wird ein übernatürliches Geschehen beschrieben. Wie einige andere verkauft Barnabas etwas von seinem Eigentum zugunsten aktueller Nöte im Reich Gottes. Er dient der Gemeinde mit seinem Besitz, offensichtlich von Herzen und mit lauteren Motiven. Sein Rufname verrät etwas über seinen Charakter: Er ist einer, *der anderen Mut macht.* Er ist ein Ermutiger und Förderer anderer Menschen.

Dieser Name und der damit verbundene Ruf ist bei Barnabas eine Art Lebensprogramm. Einige Zeit später hören die Christen in Jerusalem, der große Christenhasser Saulus sei Jesus begegnet und folge ihm nun nach. Nur wenige trauen dieser Sache. Sie vermuten eine Falle, durch die sich der berüchtigte Saulus Zugang zu christlichen Kreisen verschaffen will, um noch mehr von ihnen gefangen nehmen und foltern zu können. Aus diesem Grund wagt es niemand von den dortigen Christen (nicht einmal die 12 Apostel!), sich mit Saulus zu treffen, als dieser nach Jerusalem kommt und Kontakt mit der Gemeinde sucht (Apostelgeschichte 9,26). Nur einer bringt den Mut auf, sich mit Saulus zu treffen: Barnabas!

Da nahm Barnabas die Sache in die Hand und brachte ihn zu den Aposteln. Er erzählte ihnen, wie Saulus auf dem Weg nach Damaskus den Herrn gesehen und der Herr zu ihm gesprochen hatte. Er schilderte ihnen auch, wie mutig Saulus dann in Damaskus im Namen von Jesus aufgetreten und für diesen Namen eingetreten war (Apostelgeschichte 9,27).

Diese Situation gibt einen weiteren Einblick in das dienst- und risikobereite Herz von Barnabas. Während andere sich vornehm und ängstlich zurückhalten, wagt er sich vor und leistet einen entscheidenden Dienst als Vermittler und Förderer für den neu bekehrten Saulus.

Ungefähr zur selben Zeit müssen viele Christen Jerusalem fluchtartig verlassen, da sie verfolgt werden (Apostelgeschichte 8,1). Einige ziehen bis in die etwa 500 Kilometer nördlich von Jerusalem gelegene Stadt Antiochien. Dort beginnen sie etwas, was vor ihnen noch niemand getan hat: Sie beginnen, systematisch unter Nichtjuden zu evangelisieren. Und das mit Erfolg! Eine große Zahl von Nichtjuden werden zu Anhängern von Jesus (Apostelgeschichte 11,19-21). Die in Jerusalem zurückgebliebenen Judenchristen wittern einen Skandal. Sie können es sich überhaupt nicht vorstellen, dass Nichtjuden einfach so an den Messias der Juden glauben können, ohne dass sie selbst das Gesetz halten und jüdisch leben. Also schicken sie Barnabas nach Antiochien, damit er dort nach dem Rechten sieht. Und was tut Barnabas, als er dort ankommt?

Als er hinkam und sah, was Gott dort gewirkt hatte, freute er sich. Er machte allen Mut und bestärkte sie in ihrem Vorsatz, dem Herrn treu zu bleiben. Denn Barnabas war ein tüchtiger Mann, erfüllt mit dem Heiligen Geist und mit lebendigem Glauben. Gott führte der Gemeinde immer mehr Menschen zu (Apostelgeschichte 11,23-24).

Anstatt diese junge, dynamische, Grenzen sprengende Jesusbewegung unter Nichtjuden in die Schranken von Anstand, Tradition und konservativ-jüdischem Empfinden zu weisen, fördert er diese mutigen Pioniere. Kurz entschlossen schließt er sich der innovativen Bewegung an und unterstützt sie. Kaum in Antiochien angekommen, steigt er in die Arbeitskleider und beginnt, diese neu gewonnenen Christen mit heidnischem Hintergrund im Glauben zu stärken und aufzubauen.

Als die Arbeit sich weiter ausbreitet, sucht er Unterstützung und holt Saulus aus Tarsus, der von nun an Seite an Seite mit Barnabas in dieser aufstrebenden Gemeinde (heute würden wir sie als eine »emerging church« bezeichnen) dient (Vers 25-26).

Das beeindruckendste Zeichen seiner Dienstbereitschaft und seines auf die Förderung anderer Menschen ausgerichteten Charakters aber zeigt sich einige Jahre später. Nachdem Barnabas zusammen mit Paulus bereits eine abenteuerliche Missionsreise unternommen hatte, bereiten sich die beiden Männer auf eine zweite Reise dieser Art vor. Ihr Ziel ist es, den Mittelmeerraum zu durchreisen, die von ihnen gegründeten Gemeinden zu besuchen und viele Menschen zu Christus zu führen. Aber es kommt nicht so weit. Zwischen den Freunden Paulus und Barnabas bricht ein heftiger Konflikt aus. Anlass dazu gibt ein junger, im Glauben noch unreifer Christ mit dem Namen Johannes Markus. Dieser junge Mann ist schon auf der ersten Missionsreise ihr Begleiter. Zumindest am Anfang. Denn schon nach kurzer Zeit lässt er Paulus und Barnabas über Nacht im Stich und reist nach Jerusalem zurück (Apostelgeschichte 13,13). Dieser abrupte Rückzieher des Johannes Markus muss Paulus so verärgert haben, dass er sich nun weigert, den wankelmütigen Pseudomissionar mit auf eine zweite Reise zu nehmen. Doch Barnabas sieht das anders. Er will Johannes Markus unbedingt noch einmal dabeihaben und fährt mit ihm nach Zypern (Apostelgeschichte 15,37-40a).

Warum riskiert Barnabas diese Trennung von seinem langjährigen Freund Paulus? Warum nimmt er diesen schmerzlichen Konflikt in Kauf? Er möchte Johannes unbedingt eine zweite Chance geben. Er glaubt an die Fähigkeiten dieses jungen Mannes, auch wenn dessen Stärken von seinem Versagen überschattet wurden. Er will ihn dennoch nicht aufgeben, sondern es noch einmal mit ihm versuchen. Paulus aber hat genug. Der Schnitzer von Johannes Markus in Pamphylien hat ihn in seinen Augen disqualifiziert. Für ihn gibt es kein Pardon; sein Urteil ist gefällt: Dieser Mann ist für eine solche Mission nicht brauchbar!

Barnabas – der Mann mit dem Spitznamen »Ermutiger und Förderer« – hält an Markus fest und entschließt sich, allein mit ihm loszuziehen. Er will dem Versager um jeden Preis eine neue Chance geben.

Ich weiß nicht, wie es Ihnen geht, aber jedes Mal, wenn ich diese Geschichte lese, bin ich den Tränen nahe, weil sie mein Herz so tief berührt. Was für ein Mensch war Barnabas! Was für ein Förderer und Ermutiger! Was für ein dienstbereites Herz hatte dieser Mann! Wie viele Türen hat er anderen Menschen geöffnet, damit sie ihr Potential entfalten konnten. Wie viel hat er investiert und riskiert, damit andere Menschen ihr Bestes geben konnten. Er ist für mich der Inbegriff eines Dieners nach dem Vorbild von Jesus, der »Dienst« so definiert hat: *Auch der Menschensohn ist nicht gekommen, um sich bedienen zu lassen, sondern um zu dienen und sein Leben als Lösegeld für alle Menschen hinzugeben (*Markus 10,45).

Einen dienenden Menschen erkennt man daran, dass er sein Leben anderen zur Verfügung stellt. Zuerst Gott selbst. Und dann auch Gottes Reich und den Menschen, die mit diesem Reich in Berührung kommen sollen. Hingegebener Dienst ist die Krönung und Veredelung eines glaubwürdigen geistlichen Lebens. Bei keiner biblischen Persönlichkeit erkenne ich das deutlicher als bei Barnabas. Darum habe ich mir vor einigen Jahren ein Gebet zu eigen gemacht, das so lautet: »Herr, mach mich zu einem Barnabas! Mach mich zu einem Mann, der andere ermutigt, sie fördert und an sie glaubt, sodass sie so richtig aufblühen können! Mach mich zu einem Ermutiger, der Menschen mit dem Potential eines Paulus fördert, sie aber nicht aufgibt, wenn sie unberechenbar erscheinen, sondern ihnen eine neue Chance gibt! Gib mir den Charakter und den Mut dieses Mannes.«

Fehlgeleiteter Dienst

Zu Beginn dieses Kapitels habe ich beschrieben, wie das »Dienst-Gen« schon sehr früh in mein Leben hineingelegt wurde. Wesentliche Lektionen, die zum Wachstum meines Glaubens beigetragen und meine Spiritualität vertieft haben, lernte ich im Umfeld meines Dienstes für Gott. Aber gerade auch durch die Fehler und Versagen, die ich erlebte, habe ich Wichtiges gelernt. Im Folgenden möchte ich einige dieser Fehler mit Ihnen teilen und auch weitere Erscheinungsformen von fehlgeleitetem Dienst für Gott aufzeigen. Es ist für unsere geistliche Entwicklung und Reife sehr wichtig, dass wir destruktive Dienstmuster bei uns selbst erkennen, wahrnehmen und es lernen, sie zu korrigieren.

Fehlgeleiteter Dienst kann sehr unterschiedlich aussehen. Dahinter stehen jedoch fast immer ungesunde Motive und Absichten, die sich in den Tiefen unseres Herzens tummeln. Diese führen dazu, dass wir Gott und anderen Menschen nicht wirklich dienen, sondern in erster Linie uns selbst. Unser Engagement (auch das mit einem christlichen Anstrich) dient dann bestimmten Absichten und Zielen, bei denen wir selbst im Zentrum stehen, auch wenn uns das so nicht bewusst ist. Unser Dienst dient dann der Absicht, gewisse Dinge zu erreichen oder auch gezielt zu vermeiden.

Schauen wir einige Variationen von selbstbezogenem Dienst an:

Ich diene, um geliebt und beachtet zu werden

Liebe und Annahme als Motiv meines Engagements für Gott kann sich auf verschiedenen Ebenen ausdrücken. Die Sehnsucht, geliebt zu werden, kann der *Anlass* dafür sein, dass ich einen Dienst überhaupt annehme, oder die *Art und Weise* meines Dienstes prägen. Bei mir traf (und trifft manchmal heute noch) eher Letzteres zu. Ich kenne in mir die Neigung, meinen Dienst jeweils so zu gestalten, dass die Menschen, denen ich diene, möglichst positiv darauf reagieren. Meine heutigen Aufgaben sind im Wesentlichen zu verkündigen, zu lehren, Menschen zu führen und zu begleiten. Unzählige Male habe ich dabei schon den eigentlichen Fokus aus den Augen verloren. Statt konsequent danach zu fragen, welche meiner Worte und Entscheidungen Gott ehren und den Menschen weiterhelfen, hat mich oft das Kriterium geleitet: »Wie kann ich mich bei den Menschen, denen ich heute diene, in ein gutes Licht stellen? Was kann ich tun und sagen, damit sie mich weiterhin mögen? Wie kann ich verhindern, dass sie abschätzig und negativ über mich denken?« Ich erinnere mich an mehrere Gelegenheiten, an denen ich mir nach einer Predigt oder nach einem Vortrag eingestehen musste, dass diesmal meine primäre Absicht war, meinen Zuhörern zu gefallen und meinen Beliebtheitsstatus bei ihnen zu erhöhen. Diese Selbsterkenntnis beschämt mich jedes Mal zutiefst. Gleichzeitig danke ich Gott, dass er mir diese unschöne Wahrheit über mich selbst bewusst macht.

Denn nur so kann ich ihm meinen fehlgeleiteten Dienst bekennen und neu den Entschluss fassen, meine falschen Motive von seiner verändernden Kraft korrigieren zu lassen.

Ein kurzer Check hilft mir, meiner Neigung, durch meinen Dienst Liebe und Beachtung erheischen zu wollen, auf die Schliche zu kommen. Ich stelle mir dabei jeweils die folgenden Fragen:

- Wie steht es im Moment um meine Seele? Weiß ich mich von Gott tief angenommen, geliebt und wertgeschätzt?
- Verbringe ich momentan genügend Zeit in der Gegenwart Gottes, sodass mein Herz seine Gnade, seine Annahme und Liebe auftanken kann und ich diese Liebe nicht woanders einfordern muss?
- Sind die wichtigsten Beziehungen in meinem Leben (zu meiner Frau, meinen Kindern, meinen Eltern, meinen Freunden) im Moment ermutigend und von einem liebevollen Umgang geprägt? Oder neige ich eventuell dazu, mir Liebesersatz bei anderen Menschen zu suchen?
- Um was kreisen meine Gedanken in den Vorbereitungen für meinen Dienst und im unmittelbaren Vorfeld am meisten? Ist da ständig die Frage präsent, ob die anderen aufgrund meines Dienstes gut von mir denken und mich mögen? Oder kann ich mich davon lösen und mich auf das konzentrieren, was Gott mir aufs Herz gelegt hat und wovon ich denke, dass es ihn am meisten ehrt?
- Bin ich wirklich ehrlich in dem, was ich sage, oder wäge ich meine Worte zwanghaft lange ab, um niemanden zu verärgern und möglichst jedes Missverständnis zu vermeiden?
- Versuche ich durch die Art und Weise, wie ich meinen Dienst tue, Reaktionen wie Kritik, Ablehnung oder Widerspruch zu vermeiden?

Ich diene, um mächtig zu sein

Zu dieser Variante des fehlgeleiteten Dienstes neigen vor allem Führungspersonen. Ich bin davon überzeugt, dass letztlich jeder Leiter ein Streben nach Macht in sich trägt. Ohne diese Neigung wäre er sonst kaum ein Leiter geworden. Diese Tatsache an sich ist aber noch nicht problematisch, denn Gott überträgt manchen Menschen Macht und Einfluss, damit sie diese zugunsten von Gottes Zielen einsetzen. Macht kann auf gute und auf schlechte Weise eingesetzt werden. Gefährlich wird es, wenn das Streben nach Macht und Einfluss die Tätigkeit eines Menschen dominiert. Dann wird aus Führen Herrschen, aus Ermutigen Befehlen, aus Fördern reines Fordern und Zwingen. Jesus hat seine Jünger mit ernsten Worten davor gewarnt, ihre Führungsfunktion nicht zu missbrauchen. Er forderte sie auf, Leiter mit einem dienenden Herzen (Markus 10,42-45) zu sein, nicht herrschend und unterdrückend. Wann nimmt die Ausübung von Macht und Einfluss zerstörerische Formen an?

- Wenn mich die Neigung und der Wunsch beherrschen, durch meine Stellung und Rolle über andere Menschen zu bestimmen;
- wenn ich meine Mitarbeiter nicht als gleichwertig anerkennen kann, sondern in ihnen Konkurrenten sehe, gegen die ich mich behaupten muss;
- wenn ich dazu neige, meine Vorhaben und Ziele eigenmächtig und gegen den Widerstand wohlmeinender Mitmenschen und Mitarbeiter durchzuboxen;
- wenn ich auf Kritik mit Selbstrechtfertigung und Gegenvorwürfen reagiere;
- wenn ich meine ganze Energie darauf verwende, meinen Einfluss zur vergrößern und mehr Menschen auf meine Seite zu ziehen;
- wenn ich Menschen, die mir widersprechen oder die meiner Führung nicht folgen, abwerte, verurteile und beschuldige;
- wenn ich den Anspruch erhebe, mit meinen Aussagen immer recht zu haben, und mich für Fehler nicht mehr entschuldigen kann.

Menschen, deren Dienst vom Streben nach ungesunden Formen von Macht geprägt ist, sind ausnahmslos einsame Menschen. Sie haben kaum wirkliche Freunde. Sie haben keinen Ort, an dem sie über ihre tiefsten Sehnsüchte oder Ängste sprechen können. Machtmenschen sind Einzelgänger. Darum sind Beziehungen, Freundschaften, Ehrlichkeit und das bewusste Arbeiten im Team das beste Gegenmittel.

Ich diene, weil ich nicht Nein sagen kann

Ich persönlich bin ein Mensch, der sich lange Zeit schwer damit getan hat, die Disziplin des Neinsagens zu erlernen. Und ich bin noch heute kein Virtuose in dieser Kunst. Der Grund dafür, dass es in meinem Leben eine längere Zeit gab, in der ich meine physischen und psychischen Grenzen immer wieder ignorierte, bestand im Wesentlichen in meiner Unfähigkeit, mich gegenüber den Erwartungen und Forderungen anderer Menschen abgrenzen zu können. Wenn mich Menschen um einen Gefallen baten, dann sagte ich zu, selbst wenn ich in mir wenig Überzeugung für diese Sache spürte. Als ich vor einigen Jahren noch ehrenamtlich in einer Gemeinde mitarbeitete, war ich innerhalb kurzer Zeit bis zum Hals mit Aufgaben und Terminen überhäuft. Weshalb ließ ich das mit mir geschehen? Warum lud ich mir immer mehr auf und brachte das Wort »nein« kaum über meine Lippen? Bei mir hatte es mit dem oben beschriebenen Wunsch nach Liebe und Beachtung zu tun. Ich wollte wahrgenommen und wertgeschätzt werden. Ich dachte, diese Wertschätzung sei mir nur dann gewiss, wenn ich überall präsent war und mithalf. Doch diese Sache hatte einen Haken. Ich wusste nämlich nicht, wann genug war. Die Sucht nach Anerkennung verlangt nach einer immer größeren Dosis. Genug ist dann nicht genug. Es muss noch mehr geben und deshalb tue ich noch mehr, um es zu bekommen. Dieser Teufelskreis muss unweigerlich in die Überforderung führen.

Ich erinnere mich gut daran, wie ich damals einem Freund mein Dilemma klagte. Ich rannte von einem Anlass und einer Sitzung zur nächsten. Gleichzeitig hatte ich nicht die Kraft (und letztlich auch nicht die Bereitschaft), mich von einer meiner vielen Aufgaben zu trennen. Ich wollte ja niemanden enttäuschen. Und ich wollte nicht auf die Anerkennung verzichten, die mir mein volles Programm einbrachte. So saß ich irgendwie in der Falle und sah keinen Ausweg. Mein Freund gab mir damals einen hilfreichen Rat: »Liste doch einmal all deine gegenwärtigen Tätigkeiten und Dienste auf. Dann geh mit jeder einzelnen dieser Aufgaben vor Gott und frage ihn: ›Hast du, Gott, mich in diese Aufgabe gerufen oder nicht? Wenn ich heute über diese Aufgabe Rechenschaft ablegen muss: Habe ich eine feste Überzeugung dafür, dass du selbst es möchtest, dass ich diesen Dienst tue, oder nicht?‹ Überall dort, wo du nach einer Zeit des Hörens auf Gott diese Fragen nicht mit einem eindeutigen Ja beantworten kannst, solltest du die jeweilige Tätigkeit beenden. Es ist nicht im Sinne Gottes, Aufgaben auszuüben, in die er dich nicht hineingestellt hat. Wie soll er dich in Aufgaben segnen, die er gar nicht für dich vorgesehen hat?«

Ein solches Vorgehen fand ich ganz schön radikal. Dennoch ging ich nach Hause und erstellte meine Liste. Ich betete und bat Gott um eine richtige, von seinem Heiligen Geist geführte Einschätzung jeder einzelnen Aufgabe: »Wo hast du, mein Gott, mich hineingerufen? Wo habe ich selbst es getan?« Diese Fragen bewegte ich ein, zwei Wochen lang. Das Resultat war ziemlich ernüchternd. Hinter mehr als der Hälfte meiner »frommen« Tätigkeiten und Dienste stand ein Fragezeichen. Dienste, zu denen ich mich offenbar selbst berufen hatte. Ämter, von denen ich nicht sagen konnte, dass Gott wirklich mit seinem Ja und mit seinem Segen dahinterstand. Aufgaben, die ich angenommen hatte, weil ich nicht Nein sagen konnte und wollte.

Damals übte ich meine ersten bewussten Schritte in der schweren Kunst des Neinsagens ein. Je mehr mich Gott in den Tiefen meiner Seele berührte und veränderte, desto besser lernte ich, Nein zu sagen. Da ich zunehmend erfuhr, dass Gott meine tiefsten Bedürfnisse stillt, fand ich den Willen und die Kraft, Gott in einem ausgeglichenen Maß zu dienen.

Ich diene, weil ich aus meiner Verantwortung flüchte

Kann es sein, dass vor allem Männer und Familienväter dieser Gefahr erliegen? Ich denke schon. Sascha, ein engagierter Mitarbeiter in seiner Gemeinde, war gleich in vier verschiedenen Dienstbereichen tätig. Er spielte Schlagzeug in einer Anbetungsband, leitete eine Kleingruppe, arbeitete in der Jungschar mit und war Teil eines Teams, das Männertreffen organisierte. Und nebenbei hatte er noch eine Familie mit fünf kleinen Kindern. In der Gemeinde konnte man sich voll auf ihn verlassen. Jeder schätzte seinen Beitrag. Jeder, mit Ausnahme seiner Ehefrau Nadja. Lange wagte sie nicht, gegen sein hohes Engagement in der Gemeinde zu protestieren. Er tat das ja alles für Gott. Dann hatte Nadja einen Nervenzusammenbruch. Sie musste für mehrere Wochen zur Kur. Gleichzeitig nahm sie die Hilfe eines Lebensberaters in Anspruch. An einigen dieser Treffen nahm auch Sascha teil. Bald wurde deutlich, dass es ohne seinen vermehrten Beitrag zu Hause nicht mehr ging. Nadja und die Kinder brauchten ihn dringend. Zuerst wehrte sich Sascha heftig. Er wollte seine Aufgaben in der Gemeinde nicht aufgeben. Erst Monate später bekannte er gegenüber seiner Frau, warum ihm das so schwerfiel. Sein Engagement in der Gemeinde half ihm, vor der Verantwortung seiner Familie gegenüber zu entfliehen. Er fühlte sich hilflos und überfordert, wenn es darum ging, seine Kinder zu erziehen. Er schaffte es nicht, ihnen Grenzen zu setzen. Er fühlte sich nicht fähig, ihnen Leitlinien zu geben oder ein Vorbild für sie zu sein. Er war bereit, für den Lebensunterhalt seiner Familie zu sorgen. Die Erziehung aber wollte er Nadja überlassen. Indem er sich so stark in der Gemeinde engagierte, konnte er das beinahe unauffällig tun. Er war selten zu Hause und ging so seiner Verantwortung geschickt aus dem Weg. Die angeschlagene Gesundheit von Nadja zwang das Ehepaar zu einer Kurskorrektur. Sascha gab seine Aufgaben bis auf die Leitung seiner Kleingruppe ab. Er begab sich auf den für ihn beschwerlichen Weg, sich der Verantwortung für seine Familie nicht länger zu entziehen.

Als ich damals mit Sascha über seine Situation sprach, machte ich ihm Mut, sich mit den gleichen Fragen auseinanderzusetzen, die mir selber ein paar Jahre vorher eine entscheidende Hilfe waren: Hinter welchen seiner Aufgaben stand Gott selbst? In welche Dienste hatte er ihn gerufen, und wo hatte sich Sascha selbst hineinmanövriert? Im Gespräch versuchte ich, Sascha auch bewusst zu machen, dass seine Aufgabe in der Familie von Gott her gesetzt war. Hier musste er sich diese Fragen nicht stellen. Hier legte Gott ihm eine eindeutige Priorität vor die Füße. Sascha hatte zum Glück ein offenes Herz für Gott. Er nahm die Korrektur an und begann sein Dienstverständnis zu revidieren.

Ich diene, um bestehen zu können

Es gibt den Dienst, der durch eine tiefe innere Verunsicherung genährt wird. Diese Verunsicherung hat mit der fehlenden Gewissheit zu tun, dass Gottes Gnade für mich gültig ist. Wenn ich mir der bedingungslosen Gnade und Annahme Gottes nicht ganz sicher bin, neige ich dazu, meinen Dienst als ein Mittel zu verstehen, das mich für Gott annehmbar und akzeptabel macht. Ein Mensch mit dieser Grundhaltung dient Gott, weil er es ihm »schuldig« ist. Er fühlt sich erst dann akzeptiert von Gott, wenn er sich für ihn einsetzt. Sonst meint er, nicht bestehen zu können.

Ich erinnere mich an Claudia. Ich hatte sie für einen Dienst in der Gemeinde angefragt. Sie wünschte sich ein Gespräch, um mit mir ausführlicher über diese Aufgabe zu sprechen. In dem Gespräch äußerte sie großes Interesse an dem Dienst. Schon freute ich mich, dass wir für den entsprechenden Bereich eine neue, tolle Mitarbeiterin bekommen würden. Dann aber ließ mich eine Bemerkung von Claudia aufhorchen. Als ich sie fragte, was sie am meisten für diese Aufgabe motivieren würde, antwortete Claudia mit einem etwas gequälten Blick: »Ich weiß ehrlich gesagt nicht, was mich dazu motiviert. Es ist eher ein Pflichtgefühl, das mich zusagen lässt.« Beim Stichwort »Pflichtgefühl« leuchteten bei mir sämtliche inneren Warnlampen. Ich hakte nach und fragte, was sie mit »Pflichtgefühl« genau meine. Nach einigem Zögern begann Claudia über ihre Gefühle und Gedanken zu sprechen, die ihr einflüsterten, sie müsse mit ihrem Dienst Gott und andere Menschen zufriedenstellen. Unser Gespräch dauerte unerwartet lange. Am Ende war klar, dass Claudia diese Aufgabe vorläufig nicht übernehmen würde. Ihre Zusage hätte auf der inneren Überzeugung basiert, dass Gott etwas von ihr erwartete, zu dem sie selber kein volles Ja hatte. Alles, was sie dazu veranlasst hätte, diesen Dienst zu übernehmen, wäre ein drängendes und belastendes Pflichtgefühl gewesen. Sie können sich vielleicht vorstellen, welch schlechte Basis dies für ihre Mitarbeit gewesen wäre. Sie hätte diesen Dienst ohne Freude und ohne echte Überzeugung getan.

Manchmal übernehmen Menschen auch Aufgaben, weil sie meinen, damit Gott gegenüber einen Fehler wiedergutmachen zu müssen. Ihr Dienst wird damit zu einer Art modernem Bußgang, um Vergebung der Sünden zu erlangen.

Andere fühlen sich nicht Gott, sondern anderen Menschen gegenüber in einer Dienstschuld. Sie arbeiten sich mit ihrem Dienst ihr Recht ab, zu einer Gemeinschaft zu gehören. Oder sie definieren ihre Identität über das, was sie für andere tun können. Solchen Menschen fällt es sehr leicht, anderen zu helfen und für sie da zu sein. Sie tun sich jedoch sehr schwer damit, selber Hilfe anzunehmen, da sie sich dann schäbig und nutzlos fühlen. Wenn man sich wertlos fühlt, wenn sich auf einmal andere Menschen um einen bemühen müssen, deutet dies auf eine fehlgeprägte Identität hin.

Einige Leitfragen helfen, dieser Variante von fehlgeleitetem Dienst auf die Schliche zu kommen.

- Fühle ich mich nach einem anspruchsvollen Einsatz im Reich Gottes von Gott mehr angenommen und geliebt als vorher?
- Wenn mir in meinem Dienst ein Fehler passiert, fühle ich mich dann vor Gott als Versager und schuldig?
- Wenn es mir einmal nicht möglich ist, einen Dienst zu leisten, empfinde ich dann dadurch meinen Wert vor Gott und anderen Menschen infrage gestellt?

- Ist es mir wichtig, dass andere realisieren, wie viele Stunden ich in meinen Dienst investiere?
- Habe ich ein schlechtes Gewissen, wenn es mir nicht möglich ist, einer Anfrage für einen bestimmten Dienst zu entsprechen?
- Frage ich mich beim Erfüllen einer Aufgabe öfter, was wohl Gott oder bestimmte Personen über meinen Einsatz denken?

Diese und andere Fehlformen des Dienstes für Gott dürfen nicht dazu führen, dass wir den Dienstgedanken als solchen beargwöhnen. Gott hat uns letztlich mit dem Ziel geschaffen, dass wir ihm mit unserem Leben dienend zur Verfügung stehen. In Epheser 2,10 schreibt Paulus: *Wir sind seine Geschöpfe, in Christus Jesus dazu geschaffen, in unserem Leben die guten Werke zu tun, die Gott für uns im Voraus bereitet hat* (Einheitsübersetzung).

Ein Leben als Christ ohne einen verbindlichen Dienst in der Gemeinde, zu der Sie gehören, ist letztlich ein Widerspruch in sich. Es würde bedeuten, dass Sie auf eine Vielzahl von Wachstumsmöglichkeiten und entscheidende Lebenslektionen verzichten, die Gott für Sie bereithält. Auch würden Sie sich wichtige Erfahrungen mit Gott rauben lassen und Ihr Christsein als Selbstzweck missdeuten. Schließlich würden Sie all die großartigen Entwicklungschancen verpassen, die Sie ausschließlich in der Rolle des Dieners nutzen und erfahren können. Ein Leben ohne Dienst für Gott führt zu einem verarmten, verkümmerten Leben.

Werfen wir einen Blick auf die vielen positiven Chancen und Möglichkeiten, die sich Ihnen dort eröffnen, wo Sie Gott und anderen Menschen bewusst dienen.

Positive Effekte des Dienens

Dienen befreit Sie vom ewigen Kreisen um sich selbst

Ihr Dienst ist eine wirksame Hilfe, damit Sie nicht ständig um sich selbst kreisen. Indem Sie einen Teil Ihrer Zeit, Ihrer Kraft und Ihrer

Gaben für Gottes Ziele zur Verfügung stellen, üben Sie sich in der geistlichen Disziplin der Selbstlosigkeit. Dadurch wird die Grundhaltung korrigiert, die das Leben selbstzentrierter Menschen (und das sind wir alle, solange uns Gottes Geist nicht umgestaltet) bestimmt. Der selbstzentrierte Mensch fragt ununterbrochen: »Wer kümmert sich um mich? Wo gibt es etwas oder jemanden, der mir dient und meine Bedürfnisse befriedigt?« Diese Fragestellung beherrscht uns von Natur aus. Es ist ein Triumph der verändernden Macht Gottes in unserem Leben, wenn wir auf einmal die entgegengesetzte Frage zu stellen beginnen: »Was kann ich für andere tun; was kann ich für sie sein?«

Indem Sie in Ihrer Gemeinde eine bestimmte Aufgabe wahrnehmen, lernen Sie, sich auf die Nöte anderer Menschen zu konzentrieren, statt auf Ihre eigenen Bedürfnisse und Mängel fixiert zu bleiben. Sie beginnen, andere höher zu achten als sich selbst (siehe Philipper 2,3-4).

Durch Ihren Dienst bezieht Sie Gott in seine Vorhaben mit ein

Es gibt kaum eine größere Wertschätzung als die, dass Gott Ihnen einen Teil seines Werkes anvertraut, das er in dieser Welt tut. Wenn er Ihnen erlaubt, aktiv an dem teilzuhaben und mitzuwirken, was er im Leben von Menschen zu tun gedenkt, dann drückt er damit aus, wie viel Sie ihm wert sind. Wenn Sie dienen, werden Sie zu einem wichtigen Teil von Gottes großen Absichten. Erinnern Sie sich an Barnabas? Gott benutzte diesen unscheinbaren Mann, um Dinge in Bewegung zu setzen, die für das Reich Gottes in der Apostelzeit bahnbrechend waren. Der Dienst von Barnabas trug wesentlich zur Förderung des Apostels Paulus bei. Seine Arbeit in Antiochien machte es möglich, dass zum ersten Mal eine eigenständige Gemeinde unter Nichtjuden entstand. Sein Festhalten an Johannes Markus in einer Krisensituation trug dazu bei, dass dieser junge Mann den Mut nicht aufgab und Gott die Treue hielt, sodass er später zum Verfasser des Markusevangeliums wurde. Sie ahnen nicht, welche Spuren Gott durch Sie im Leben anderer Menschen hinterlassen kann! Gerhard Tersteegen schrieb einmal, dass Gott einem Menschen selten zu sehen erlaubt, wie viel Segen er durch seinen Dienst bewirkt. In meinem eigenen Fall verstehe ich, warum Gott mir diese Sicht in vielen Fällen vorenthält. Ich würde mir wohl zu viel darauf einbilden. Dennoch sollten wir mit Gewissheit davon ausgehen, dass unser Dienst, wie einfach er auch sein mag, nie ohne Folgen und ohne Wirkung bleibt. Dafür gibt es viel zu viele biblische Verheißungen, wie zum Beispiel die Zusage aus 1. Korinther 15,58 (Luther): *Darum, meine lieben Brüder, seid fest, unerschütterlich und nehmt immer zu in dem Werk des Herrn, weil ihr wisst, dass eure Arbeit nicht vergeblich ist in dem Herrn.*

Durch Ihren Dienst bewegen Sie Entscheidendes im Reich Gottes! Halten Sie sich das vor Augen, wenn Sie das nächste Mal nach einem anstrengenden Einsatz müde nach Hause kommen. Sie haben gerade dazu beigetragen, dass Gottes Wirken in dieser Welt weitergeht und seine ewigen Absichten ausgeführt werden. Unterschätzen Sie Ihren Dienst deshalb nie!

Durch Ihren Dienst sagen Sie Gott auf glaubwürdige Art und Weise Danke für seine Gnade und für seinen Segen

Wir haben gesehen, dass es niemals möglich ist, durch unseren Dienst Gottes Zuwendung und Gnade zu erarbeiten. Wir könnten ein Leben lang Sklavendienst für Gott leisten und damit dennoch niemals unsere Schuld vor ihm abzahlen. Wer denkt, Gottes Gnade verdienen zu können, unterschätzt das Ausmaß der Sünde in seinem Leben. Mit Ihrem Dienst können Sie sich bei Gott niemals etwas verdienen. Aber Sie können sich durch und mit Ihrem Dienst bei Gott für seine Güte und Treue Ihnen gegenüber bedanken.

Es gibt Momente in meinem Leben, an denen ich mich zum Dienst für Gott aufraffen muss. Ich bin vielleicht müde oder würde gerade lieber etwas anderes tun. In solchen Momenten helfen mir zwei Dinge: Ich sage zu Jesus Christus, dass ich die Aufgabe, die mir jetzt gerade schwerfällt, ganz bewusst für ihn und ihm zuliebe tun will. Und ich sage: »Mit diesem Dienst möchte ich dir für die unzähligen Zeichen deiner Liebe und Güte in meinem Leben danken. Was ich nun tue, ist ein kleines Danke für jede Vergebung, die du mir gewährst. Ein Danke für dein alltägliches Versorgen mit allem, was ich zum Leben brauche, und für den Segen, der mich in unendlicher Fülle umgibt.«

Jedes Mal, wenn ich meinen Dienst in dieses Gebet einbette, entstehen in mir eine neue Motivation und Kraft, meine Aufgabe mit ganzer Hingabe zu tun. Dienen ist eine edle Form der Dankbarkeit!

Dienen ist eine gezielte Investition in Ihre persönliche Entwicklung
Auf keine andere Weise werden Ihre Gaben und Fähigkeiten besser gefördert, als wenn Sie dienen. Ihre Talente und Stärken sind mit einem Muskel vergleichbar, der sich entwickelt, wenn er trainiert wird. Wenn Sie also regelmäßig Ihre Gaben und Fähigkeiten einbringen, verstärkt das die Wirkung und Effektivität Ihres Dienstes, da Sie sich laufend Neues aneignen, sich selbst und Ihre Grenzen besser kennenlernen und neue Möglichkeiten entdecken, von denen Sie gar nicht wussten, dass Gott sie in Sie hineingelegt hat.

Durch Ihren Dienst werden Sie Teil eines atemberaubenden Gemeinschaftswerkes
Eine Gemeinde besteht aus dem Zusammenspiel von Dutzenden von Diensten. Sie ist ein Werk, das ein Einzelner allein nie zustande bringen würde. Aber weil viele einzelne Menschen sich mit ihren Fähigkeiten und Gaben einbringen, entsteht eine gewaltige Gemeinschaft, welche imstande ist, großartige Dinge in Bewegung zu setzen.

In meiner Gemeinde haben vor einigen Jahren zwei Frauen begonnen, in eine neue Form der Kinderarbeit zu investieren. Sie erarbeiteten ein neues Konzept, suchten sich Mitarbeiter und begannen unser »KiWi« (eine Abkürzung für »Kinder-Willkommen«). In der Zwischenzeit ist diese Arbeit gewachsen und zu einem der beliebtesten Treffpunkte in unserer Gemeinde geworden. Wir hören immer wieder von Eltern, die am Sonntag von ihren Kindern geradezu gedrängt werden, in den Gottesdienst zu gehen, weil die Kinder auf keinen Fall ihr KiWi-Programm verpassen möchten. Was diese Arbeit so toll macht, ist das Miteinander der Mitarbeiter in diesem Dienstzweig. Gemeinsam erreichen sie etwas, was ein paar einzelne Mitarbeiter, die nur nach sich selbst sehen, nie schaffen würden. Gemeinsamer Dienst hat nicht nur den Effekt, dass auf einmal große Projekte im Reich Gottes möglich werden. Er bewirkt auch, dass diejenigen, die hier zusammenarbeiten, zu einer eingeschworenen Gemeinschaft zusammenwachsen.

Durch Ihren Dienst investieren Sie in die Ewigkeit

Natürlich können Sie Ihre Gaben und Stärken auch in Ihren Beruf einbringen oder in irgendeinen Verein. Tun Sie es! Dennoch beinhaltet Ihr Dienst im Reich Gottes eine Dimension, die einzigartig ist. Hier investieren Sie in die Ewigkeit! Wenn Ihre Gemeinde sich am biblischen Auftrag orientiert und sich dafür einsetzt, dass Menschen zu Christus finden und in der Beziehung zu ihm wachsen, dann engagiert sie sich für eine Sache, die Folgen für die Ewigkeit hat. Wenn Sie in einer auftragsorientierten Gemeinde mitarbeiten, dann tragen Sie dazu bei, dass Menschen nicht verloren gehen, sondern Gott finden und ewig in seiner Gemeinschaft leben können. Ist Ihre Aufgabe auch noch so klein, Sie investieren in etwas, das größeren Wert hat als jedes andere Engagement auf der Welt. Es geht dabei nicht bloß um ein Produkt für die Zahnpflege oder die Verbesserung eines Automotors, ein Unterhaltungsprogramm oder den Verkauf teurer Möbelstücke mit raffiniertem Design. Es geht um Menschen. Sie tragen Entscheidendes dazu bei, dass Menschen in diesem Leben Sinn und neue Hoffnung finden und ihre Ewigkeit in der Gegenwart Gottes verbringen werden. Ich kann mir keine lohnendere Aufgabe vorstellen als einen Dienst, welcher dieser höchsten aller denkbaren Zielsetzungen entspricht. Können Sie es?

Ihr Dienst bringt Sie mit der übernatürlichen Kraft Gottes in Berührung

Manchmal lade ich Menschen in unserer Gemeinde ein, sich an einer ganz bestimmten Stelle zu engagieren. Wenn ich die Personen für eine solche Aufgabe anfrage, füge ich meiner Bitte oft die folgenden Worte hinzu: »Ich verspreche dir, dass du durch diese Herausforderung Gott auf eine neue Weise kennenlernen und in der Beziehung mit ihm wachsen wirst.« Ich sage das mit Überzeugung und beobachte immer wieder, dass Dienst genau diesen Effekt auf einen Menschen hat. Sie erfahren darin Gottes Kraft und Hilfe und das wiederum belebt ihr geistliches Leben und stärkt ihr Vertrauen in die Realität des lebendigen Gottes. Warum ist das so? Unser Dienst für Gott bringt uns immer wieder an Grenzen. Und man rechnet ständig mit Wundern, die man nicht selbst vollbringen kann. Man wartet auf das übernatürliche Wirken Gottes, ohne dass man selbst übernatürliche Fähigkeiten hat. Von dieser völligen Abhängigkeit von Gottes Wirken schreibt Paulus im ersten Brief an die Korinther:

Denn ich hatte mich entschlossen, bei euch nichts zu wissen außer Jesus Christus, und zwar als den Gekreuzigten. Zudem kam ich in Schwäche und in Furcht, zitternd und bebend zu euch. Meine Botschaft und Verkündigung war nicht Überredung durch gewandte und kluge Worte, sondern war mit dem Erweis von Geist und Kraft verbunden, damit sich euer Glaube nicht auf Menschenweisheit stützte, sondern auf die Kraft Gottes (1. Korinther 2,3-5; Einheitsübersetzung).

Diese hier beschriebene Erwartungshaltung Gott gegenüber ist eine gewaltige Herausforderung für unser Vertrauen in die wunderwirkende Kraft Gottes. Sie treibt uns ins Gebet und lässt uns flehen und bitten, dass Gott unseren begrenzten Dienst mit einer übernatürlichen Qualität ausstattet. Wir rufen Jesus um Vollmacht, Mut und Inspiration an, denn wir wissen genau, dass ohne diese Markenzeichen Gottes unser Dienst leer bleibt. Wenn man dann erlebt, dass Gott solche Gebete erhört und den Dienst gebraucht, um Menschen zu erneuern und zu verändern, dann gibt das dem Glauben unglaublichen Auftrieb! Dann wächst die Dankbarkeit Gott gegenüber, auch weil man Momente erlebt, in denen man nur noch staunt über Gottes Güte, Gnade und Kraft. Das Vertrauen in die Möglichkeiten Gottes wird vertieft und die Hingabe an einen solchen Gott nur noch ernsthafter.

Vor einigen Monaten musste Paula, eine Mitarbeiterin in unserer Gemeinde, aus beruflichen Gründen eine Leitungstätigkeit abgeben. Nach einiger Zeit kam sie zu mir und sagte: »Ich möchte wieder einen Dienst in der Gemeinde wahrnehmen. Seit ich hier nicht mehr mitarbeite, erlebe ich Gott viel weniger. Mein Glaube scheint stehen zu bleiben, weil ich kaum noch Erfahrungen mache, bei denen ich wirklich auf ihn angewiesen bin und bei denen es um geistliche Ziele geht. Das vermisse ich.« Zwei Wochen später hatte sie einen neuen, ihren Gaben und zeitlichen Möglichkeiten entsprechenden Dienst gefunden.

Ihr Dienst spiegelt das Wesen und den Charakter von Jesus Christus wider

Die Bibel definiert die Christusähnlichkeit als ein wesentliches Ziel unserer Nachfolge. Ich habe an anderer Stelle in diesem Buch ausführlicher darüber geschrieben. Es gibt kaum eine überzeugendere Art und Weise, auf die wir das Wesen von Jesus Christus widerspiegeln können, als ein echter, auf Gott und Menschen ausgerichteter Dienst. Solches Dienen hat Jesus zu seinem Markenzeichen gemacht. Er wollte als Diener identifiziert und wahrgenommen werden: *Ich aber bin in eurer Mitte wie der Dienende* (Lukas 22,27; Elberfelder). Die Menschen sollten in ihm jemanden sehen, der Gottes Ziele und die Nöte der Menschen über alles andere in seinem Leben stellt. Wenn Sie beginnen, sich ebenso um die Bedürfnisse anderer Menschen und um Gottes Ziele in dieser Welt zu kümmern, dann ist das ein Beweis der Gegenwart Jesu in Ihrem Leben. Ihr Leben spiegelt glaubwürdig den von Liebe erfüllten Charakter von Jesus wider. Wer Sie dann erlebt, sieht in Ihnen weit mehr, als wer Sie sind und was Sie tun. Er nimmt in Ihnen und Ihrem Dienst den Herrn wahr, für den Sie leben. Das ist die glaubwürdigste und effektivste Art, ihn zu bezeugen. Eine bessere Werbung für Gott gibt es nicht.

Ihr Dienst lässt Ihr Leben fruchtbar werden

Die Bibel definiert das Tragen von Frucht als eines der wichtigsten Ziele unseres Lebens mit Gott: *Nicht ihr habt mich erwählt, sondern ich habe euch erwählt. Ich habe euch dazu bestimmt, reiche Frucht zu bringen, Frucht, die Bestand hat* (Johannes 15,16).

Was ist mit Frucht gemeint? Frucht bedeutet, dass Leben weitergegeben und etwas multipliziert wird. Die Lebenshaltung »Es geht um mich« wird dadurch durchbrochen. Sie saugt andere Menschen aus und versteht das Leben als Konsumtempel. Wer von dieser Lebenshaltung beherrscht wird, versteht seine Mitmenschen als Angestellte dieses Konsumtempels, die ihm – bitte schön – zur Verfügung zu stehen haben. Ich kenne viele Kirchgänger, die selbst die christliche Gemeinde als einen Ort verstehen, der ihnen fromme Unterhaltung und umfassenden christlichen Service zu bieten hat. Sie kommen in den Gottesdienst, um zu holen, zu bekommen und zu haben. Und wehe, der Service stimmt nicht! Hier begegnen wir dem alten, von der Sünde beherrschten Menschen, der nur an sich selbst und seine eigenen Bedürfnisse denken kann.

Wenn die Kraft Gottes Ihr Leben umgestaltet, geschieht an dieser Stelle ein Befreiungswunder. Dann schlägt der Pegel um von »Es geht hier um mich!« zu: »Es geht um Gottes Ziele, um seine Ehre und um die Bedürfnisse anderer Menschen!« Wo dieses Wunder der Veränderung in Ihnen Raum einnimmt, dort beginnen Sie Frucht zu tragen. Ihr Leben wird nach und nach zu einer Quelle, an der sich andere erfrischen können. Sie sind nicht mehr länger wie ein nimmersatter Schwamm, der nichts anderes kann, als das Leben und andere Menschen auszusaugen. Von einer Quelle gehen Leben, Erfrischung und Energie für andere aus.

Wenn Sie Gott und Menschen mit aufrichtigem Herzen dienen, bringen Sie Frucht. Sie tragen aktiv zur Vermehrung von göttlichem Leben in Ihrem Umfeld bei. Frucht vermehrt Leben, Worte und Taten, die ihren Ursprung in Gott haben. Sie strahlen dann ein wachsendes Vertrauen, ernsthaftere Hingabe und eine herzlichere Anbetung aus und stecken damit andere Menschen an. Ihr von Herzen für Gott eingesetzter Dienst ist ein Teil dieser Frucht und trägt dazu bei, dass die Frucht in Ihrem Leben weiter zunimmt.

Durch Ihren Dienst wird Liebe sichtbar und glaubwürdig

Das Neue Testament nennt den echten Dienst ein Werk der Liebe. Der Verfasser des Hebräerbriefes geht so weit, dass er das Vorhandensein von liebevollen Taten als Beweis dafür ansieht, dass die Hebräer noch nicht vom Glauben an Christus abgefallen sind. Sie befinden sich nämlich in einer Krise und sind kurz davor, ihr Vertrauen auf Jesus wegzuwerfen. Aber weil es in ihrem Leben noch immer liebevolle Taten gibt, ist der Verfasser des an sie gerichteten Schreibens zuversichtlich und schreibt:

Bei euch aber, liebe Brüder, sind wir trotz des Gesagten vom Besseren überzeugt und davon, dass ihr am Heil teilhabt. Denn Gott ist nicht so ungerecht, euer Tun zu vergessen und die Liebe, die ihr seinem Namen bewiesen habt, indem ihr den Heiligen gedient habt und noch dient (Hebräer 6,9-10; Einheitsübersetzung).

An ihrem von Liebe geprägten Dienst erkennt der Verfasser, dass sie ihren Glauben noch nicht über Bord geworfen haben. Liebe ist *das* Erkennungszeichen eines Christen schlechthin (siehe Johannes 13,35). Diese Liebe ist nie abstrakt und hat auch nicht bloß mit Gefühlen zu tun. Sie manifestiert sich in Taten der Liebe. Unser Dienst für Gott hat dann die richtige Qualität, wenn er Ausdruck unserer Liebe für Gott und die Menschen ist. Wo ein Mensch liebt, wird er unweigerlich dienen. Er kann gar nicht anders. Denn das ist das Wesen von Gottes Liebe: Sie zeigt sich konkret, indem sie sich dienend zu uns herabbeugt und uns hilft. Wer diese Liebe Gottes in sich trägt, kann nicht anders, als ihr in konkretem Dienen zugunsten anderer Ausdruck zu geben.

In diesem Kapitel haben Sie den Zusammenhang zwischen Ihrer geistlichen Reife und der Bereitschaft, Gott und Menschen zu dienen, kennengelernt. Sie haben sich mit den Gefahren eines selbstbezogenen, fehlgeleiteten Dienstes auseinandergesetzt. Und Sie haben über zehn positive Auswirkungen des Dienens auf Ihr persönliches Leben nachgedacht. Nun ist die Zeit für ein paar konkrete Umsetzungsschritte gekommen!

Wenn Sie das Thema Dienst bisher vernachlässigt haben und Sie keine Aufgabe in Ihrer Gemeinde wahrnehmen, dann stellen Sie die Weichen Ihres Lebens neu. Entscheiden Sie sich, nicht weiter ein bloß Empfangender zu sein, sondern ein Mensch zu werden, der das Gute weitergibt, das er von Gott und anderen Menschen bekommen hat. Sprechen Sie mit einem Leiter Ihrer Gemeinde und fragen Sie nach, wo man Ihre Fähigkeiten und Gaben brauchen kann. Damit investieren Sie in Ihre persönliche geistliche Reife!

Wenn Sie sich bereits engagiert einbringen und dabei feststellen, dass Ihr Dienst durch falsche Motive oder Prioritäten gelähmt wird, dann unternehmen Sie etwas dagegen. Erstellen Sie eine Liste Ihrer Aufgaben und beten Sie, dass Gott Ihnen zeigt, welche Ihrer Aufgaben er Ihnen wirklich zugewiesen hat. Bitten Sie die Menschen in Ihrer Kleingruppe, diese Frage mit Ihnen gemeinsam zu bewegen, und hören Sie auf ihren Rat. Bekennen Sie falsche Motive und fehlgeleitete persönliche Ziele im Zusammenhang mit Ihrem Engagement für Gott. Bitten Sie Gott um eine Kurskorrektur, bei der Ihr Herz sich neu auf Gottes Ziele auszurichten lernt. Haben Sie den Mut, die Hilfe und Unterstützung eines Seelsorgers in Anspruch zu nehmen, damit der Dienst Ihren Reifeprozess unterstützen kann, statt ihn weiterhin zu lähmen.

Und zu guter Letzt: Erfreuen Sie sich an den Spuren, die Gott durch Ihren Dienst bereits in Ihrem Leben hinterlassen hat. Danken Sie Gott für die sichtbaren und unsichtbaren Folgen, die Ihre Arbeit im Reich Gottes und im Leben anderer Menschen schon hinterlassen hat. Und freuen Sie sich auf den Lohn, den Gott Ihnen persönlich überreichen wird, weil Sie sich seinen Zielen zur Verfügung gestellt haben (siehe Matthäus 10,40-42). Dieser Lohn macht Sie nicht gerecht oder besonders angenehm vor Gott. Aber er ist ein himmlisches Dankeschön dafür, dass Sie Gott und seine Ziele an die erste Stelle in Ihrem Leben gesetzt haben.

Kapitel 14:

Ein Wort zum Schluss

Und jetzt?

Zu Beginn dieses Buches habe ich Sie zu einem mutigen Blick unter die Oberfläche Ihres Lebens eingeladen. Im letzten Kapitel ging es abschließend um den Blick nach außen, über uns selbst hinaus, zu anderen Menschen. Zwischen diesen Polen spannt sich der Bogen, der unserem Leben die Qualität und unserem Glauben die Tiefe bringt, die wir als Reife bezeichnen können. Wir werden reife Menschen, wenn wir lernen, einen ehrlichen Blick nach innen zu richten, und uns mit dem, was wir dort vorfinden, mutig auseinandersetzen. Gleichzeitig müssen wir engagiert nach außen blicken, aus dem Kreisen um uns selbst ausbrechen und anderen Menschen zu einer Quelle der Ermutigung und Inspiration werden.

Die meisten von uns neigen von Natur aus dazu, in ihrem persönlichen Leben eine dieser beiden Blickrichtungen stärker zu gewichten und zu leben als die andere. Einige von uns betonen mehr die Bedeutung und Notwendigkeit einer ehrlichen Auseinandersetzung mit einem selbst, mit den Prägungen, Motiven und Gedanken. Anderen fällt es leichter, sich nach außen hin zu orientieren. Sie wollen sich für diese Welt und das Reich Gottes engagieren. Sie wollen etwas bewegen; sie wollen effektiv sein und Resultate sehen. Ich selber habe lange Zeit diese zweite Sicht betont und zeitweise auch überbetont. Dann hat mich der Verlauf meiner Lebensgeschichte dazu herausgefordert, dem Blick nach innen mehr Aufmerksamkeit zu widmen. Das war nötig, denn so wurde mein Engagement für Gott nicht länger dadurch beeinträchtigt, dass ich einige wichtige Regungen und Prägungen meiner Seele zu wenig ernst nahm. Heute bin ich der festen Überzeugung, dass Reife dort wächst, wo in unserem Leben eine gesunde Balance entsteht zwischen dem Blick in unser Herz und dem Blick nach außen, hin zu den Aufgaben, die Gott uns anvertraut. Bis heute ringe ich um diese Balance, manchmal mit mehr, manchmal auch mit weniger Erfolg.

Am Ende dieses Buches denken Sie vielleicht im Blick auf manche Themen, die ich zur Sprache gebracht habe: »Das klingt ja alles gut und einleuchtend – doch womit soll ich beginnen? Wie schaffe ich es jemals, all diesen Bereichen das richtige Maß an Aufmerksamkeit zu schenken, ohne mich dabei zu überfordern?«

Diese Fragen sind berechtigt. Deshalb möchte ich Ihnen zum Schluss vier Hinweise mit auf den weiteren Weg geben, die Sie bei Ihren nächsten Schritten ermutigen und Ihnen dabei helfen sollen, sich selbst nicht zu überfordern, aber auch nicht gelähmt und tatenlos stehen zu bleiben. Mögen es hilfreiche erste Schritte sein, durch die Gott Ihrem Leben neue Qualität und Tiefgang verleiht!

1. Beginnen Sie dort, wo Ihr Herz am meisten berührt wurde

Wenn es beim Durchlesen dieses Buches ein Kapitel gab, das Sie besonders angesprochen hat, dann sollten Sie genau dort mit den ersten Schritten zur Umsetzung beginnen. Offensichtlich hat Gott an diesem Punkt am deutlichsten zu Ihnen gesprochen. Nehmen Sie das ernst. Versuchen Sie nicht, zu viele verschiedene Schritte gleichzeitig in Angriff zu nehmen. Lesen Sie dieses eine Kapitel, das Ihr Herz am meisten berührt hat, noch einmal in aller Ruhe durch. Formulieren Sie anschließend zwei konkrete Schritte, die Ihnen helfen, das Gelesene in Ihren Alltag zu integrieren. Und dann beginnen Sie, das Neue einzuüben. Und vergessen Sie nicht, Gott dabei jeden Tag um seine Unterstützung und seine Kraft zu bitten. Nur dann gelingt, was Sie sich vornehmen.

2. Bleiben Sie nicht allein

Mit unseren Herausforderungen und Lektionen allein zu bleiben führt mit Garantie dazu, dass wir schon bald wieder aufgeben. Nichts wird sich verändern. Die Sehnsucht nach einem Glauben, der in einem reifen, starken Herzen wohnt, bleibt wie ein unerfüllter, unrealistischer Traum, mit dessen Nichterfüllung wir uns eines Tages resigniert abfinden werden. Lassen Sie es nicht so weit kommen! Wenn Ihre Sehnsucht danach, ein festes Herz und einen wachsenden Glauben zu bekommen, echt ist, dann suchen Sie sich Menschen, mit denen Sie Ihr Leben, Ihre Gedanken, Ihre Gefühle, Ihre Schwächen und Ihre Grenzen teilen können. Solche Menschen können Sie in einer Kleingruppe finden. Oder Sie suchen sich zwei, drei Freunde, mit denen Sie dieses Buch lesen und sich anschließend darüber austauschen. Sie werden staunen, wie sehr solche von Vertrauen und Ehrlichkeit geprägten Beziehungen Ihnen helfen werden, die Weichen zu stellen, die nötig sind, damit Ihr Herz an Festigkeit und Reife gewinnt.

3. Haben Sie viel Geduld mit sich selbst

Vergessen Sie niemals: Wenn es um die Erneuerung unseres Herzens und unseres Glaubens geht, befinden wir uns auf einem lebenslangen Weg. Es gibt kein Kurzprogramm mit schneller Erfolgsgarantie. Gott gönnt Ihnen viel Zeit und hat unendlich viel Geduld mit Ihnen. Gestehen Sie sich das zu und haben Sie diese Geduld auch mit sich selbst.

Mein eigener Prozess der Neuorientierung, von dem ich in diesem Buch berichtet habe, dauert nun schon mehr als zehn Jahre. Anfänglich lebte ich in der Illusion, ein paar schnelle und vollmächtige Gebete würden die Sache schnell ins Lot bringen und mich im Nu auf den Pfad des (frommen) Erfolgs führen. Ich bin froh, dass Gott auf diesen Handel nicht eingegangen ist. Auf diese Weise hätte ich es nicht gelernt, für die Lektionen, die ich zu lernen hatte, selber die Verantwortung zu übernehmen und sie auch wirklich zu verinnerlichen. Und so befinde ich mich noch heute auf dem Weg. Ich stehe nicht mehr dort, wo ich mich vor zehn Jahren befunden habe. Aber ich kann auch nicht sagen, ich hätte das Ziel erreicht. Deshalb halte ich es mit den Worten von Paulus, der sagte: *Ich meine nicht, dass ich schon vollkommen bin und das Ziel erreicht habe. Ich laufe aber auf das Ziel zu, um es zu ergreifen, nachdem Jesus Christus von mir Besitz ergriffen hat ... Die Entscheidung ist gefallen! Ich lasse alles hinter mir und sehe nur noch, was vor mir liegt* (Philipper 3,12.13b).

Wenn es darum geht, dass Sie sich auf den Weg der persönlichen und geistlichen Veränderung begeben, zählt nicht das Tempo, sondern die Konstanz. Es ist entscheidend, dass Sie dranbleiben, nicht, wie schnell Sie dabei vorwärtskommen. Schnelle Kurskorrekturen halten langfristig oft nicht an. Was Qualität hat, reift in der Regel langsam heran.

Jemand hat es einmal so gesagt: »Was möchten Sie lieber werden, ein Kürbis oder eine Eiche?« Ein Kürbis wächst innerhalb von wenigen Wochen zu seiner vollen Größe heran. Aber ebenso schnell ist er auch wieder verrottet. Eine Eiche dagegen wächst über Jahre und Jahrzehnte hinweg. Dafür verfügt sie schlussendlich über einen kräftigen Stamm und stabile Äste, dank denen sie auch wilden Stürmen trotzt.

Der verstorbene deutsche Bundeskanzler Willy Brand sagte einmal: »Kleine Schritte sind besser als keine Schritte.«[31]

Lernen auch Sie, Ihre kleinen Schritte wertzuschätzen. Auch kleine Erfolge sind Erfolge, die es verdienen, gefeiert zu werden.

Und was ist, wenn Sie zwischendurch versagen, in alte Verhaltensweisen zurückfallen, Ihren eigenen Überzeugungen untreu werden und eine Bauchlandung machen? Dann halten Sie es wie Gott: Seien Sie barmherzig! Alfons Maria von Liguori, Bischof, Ordensgründer und Kirchenlehrer im Neapel des 18. Jahrhunderts, schrieb einmal: »Begehen wir selbst einen Fehler, dann heißt es, mit uns selbst gütig zu sein; mit sich selbst nach einem Fehler zornig werden ist nicht Demut, sondern raffinierter Hochmut, der nicht zugeben will, dass wir schwach und elend sind.«[32]

Menschen, die sich von Gott geliebt und getragen wissen, lernen die Kunst, mit sich selbst geduldig zu sein und sich selbst zu vergeben.

4. Verlieren Sie nicht aus den Augen, was Gott in Ihrem Leben schon alles getan hat

Auch dieser letzte Hinweis ist für die Momente bestimmt, in denen Sie sich wünschen, gewisse Trainingseinheiten auf dem Weg zur Reife nicht schon wieder durchbuchstabieren zu müssen. In solchen Augenblicken sollten Sie sich nicht davon entmutigen lassen, dass manches in Ihrem Leben noch nicht wunschgemäß verläuft. Richten Sie Ihre Aufmerksamkeit vielmehr auf die Fortschritte, die Gott Ihnen in den vergangenen Monaten und Jahren schon ermöglicht hat. Erfreuen Sie sich an ihnen und danken Sie bewusst für sie. Geben Sie Gott die Ehre und feiern Sie jeden Schritt, der Ihnen heute schon etwas leichter fällt als früher. Aus einer mir unbekannten Quelle stammt das Zitat: »Wenn es um Gottes Wohltaten in unserem Leben geht, dann haben wir Menschen das Erinnerungsvermögen einer Maus. Wenn es aber um die Gemeinheiten anderer Menschen geht, dann haben wir das Erinnerungsvermögen eines Elefanten.«

Man kann es lernen, ein Gedächtnis für die Hinweise von Gottes veränderndem Wirken im eigenen Leben zu entwickeln. Mir hilft es, wenn ich die Lektionen aufschreibe, die Gott mich gelehrt hat. In meinem Tagebuch halte ich fest, wenn ich erkenne, dass Gott mich in einem wichtigen Bereich einen Schritt weiter geführt hat. Ich schreibe es auf, weil ich mich nicht nur über die großen, sondern auch über die kleinen Indizien von Gottes Veränderungswirken freuen und Gott dafür die Ehre geben möchte.

Ich wünsche Ihnen ermutigende Erfahrungen mit unserem erstaunlichen Gott!

Dank

Dieses Buch ist eine Art Zusammenfassung der prägendsten Lektionen, über die ich auf meinem Weg mit Gott »gestolpert« bin. Dass ich mit ihnen überhaupt erst konfrontiert wurde, verdanke ich vielen Menschen, die mit mir unterwegs sind und einen entscheidenden Teil dazu beitragen, dass Gott meine Seele formen kann. Für den Inhalt dieses Buches, vor allem für alle Irrtümer und Unklarheiten, übernehme ich die volle Verantwortung. Für die Ermutigung und Inspiration, die zu diesen Gedanken geführt haben, möchte ich den Menschen danken, die schon seit Langem oder erst seit Kurzem in mein Leben investieren. Zu diesen Menschen gehören:

meine Frau Karin und meine Kinder Valérie, Fabienne und Johanna. Das Zusammenleben mit euch ist das größte Geschenk meines Lebens! Niemand hat zu meinem Reifungsprozess mehr beigetragen als ihr!

Meine zum Teil langjährigen Freunde, die einfach da waren und mir immer wieder eine Quelle der Inspiration sind: Christoph, Rolf, Hansjörg.

Meine Freunde aus dem »M.-Pfiff-Lesekreis«: Erwin, René und Till. Zusammen lesen, diskutieren, lachen, ein Bier trinken, einander ermutigen, füreinander beten, zweifeln, grübeln, behaupten, fragen: Mit niemandem tue ich das lieber als mit euch!

Meine zwei wichtigsten geistlichen und seelsorgerlichen Begleiter in den letzten Jahren: Dieter und Martin. Ihr ahnt nicht, wie viel Ihr in meinem Leben an Gutem ins Rollen gebracht habt!

Meine Freunde aus der Gemeindeleitung der Minoritätsgemeinde: Dani, Esther, Geri, Hansjörg, Stefan, Andi, Anita, Silke, Simone und René. Mit euch zusammen kann man wirklich Gemeinde bauen! Ich fühle mich unglaublich privilegiert, mit euch zusammen in das Reich Gottes, die verheißungsvollste Sache der Welt, investieren zu können! Danke, dass ihr mich immer wieder ermutigt, ergänzt und an mich glaubt.

Uli für die Anregung und Ermutigung zu diesem Buch. Du machst mir Mut, daran zu glauben, dass dieses Projekt anderen Menschen zum Segen werden kann.

Schließlich möchte ich einer Handvoll Menschen danken, die ich nicht persönlich kenne, deren Bücher und andere Veröffentlichungen aber mein Leben geprägt haben. Viele ihrer wertvollen Gedanken sind in dieses Buch eingeflossen: Friso Melzer, Sadhu Sundar Singh, Hanns Walter Wolff, Dietrich Bonhoeffer, Klaus Bockmühl, Stephen Covey, Anselm Grün, Henry Nouwen, Henry Cloud, John Townsend, Dallas Willard, Gordon MacDonald und Peter Scazzero. Besonders Peter Scazzeros Buch »The Emotionally Healthy Church« brachte den Stein ins Rollen, der mich ermutigte, unter die Oberfläche meines Lebens zu schauen und meine Seele ernst zu nehmen. Der erste Teil meines Buches wäre ohne seine Inspiration nicht denkbar.

Aarau Ende April 2006
Thomas Härry

Zum Weiterlesen:

- Klaus Bockmühl, Leben mit dem Gott, der redet, Gießen: Brunnen Verlag 2002.
- Dietrich Bonhoeffer, Gemeinsames Leben, München: Chr. Kaiser Verlag 1987.
- Henry Cloud und John Townsend, Grenzen setzen – Beziehungen bauen. So lösen Sie zwischenmenschliche Konflikte, Asslar: Gerth Medien 2005.
- Henry Cloud, Vier Schritte in eine gesunde Zukunft. Heilung von seelischen Schmerzen, Holzgerlingen: Hänssler Verlag 2005.
- Neil Cole, Klein und stark – Minigruppen: Ein Weg zur ganzheitlichen Nachfolge, Emmelsbühl: C & P Verlag 2001.
- Stephen Covey, Die sieben Wege zur Effektivität: Ein Konzept zur Meisterung Ihres beruflichen und privaten Lebens, München: Heyne Verlag, 1992.
- John Eldredge, Der ungezähmte Mann, Gießen: Brunnen Verlag 2003.
- Gordon D. Fee und Douglas Stuart, Effektives Bibelstudium: Die Bibel verstehen und auslegen, Gießen: Brunnen Verlag 2005.
- Richard Foster, Nachfolge feiern: Geistliche Übungen neu entdeckt, Wuppertal: R. Brockhaus Verlag 2000.
- Mark Gibbard, Gebet und Kontemplation. Einladung zu einer Entdeckungsreise, Göttingen: Vandenhoeck & Ruprecht 1987.
- Anselm Grün, Mein Weg in die Weite: Zum Grund des eigenen Lebens finden, Freiburg: Herder Verlag 2003.
- Romano Guardini, Vorschule des Betens, Einsiedeln: Benziger Verlag 1952.
- Tony Jones, The Sacred Way. Spiritual Practices for Everyday Life, Grand Rapids: Zondervan Publishing Company 2005.
- C.S. Lewis, Was man Liebe nennt. Zuneigung, Freundschaft, Eros, Agape, Gießen: Brunnen Verlag 2004.

- Gordon MacDonald, Du machst mich stark: Wie unser Glaube widerstandsfähig wird, Wuppertal: R. Brockhaus Verlag 2005.
- Friso Melzer, Innerung: Stufen und Wege der Meditation, Kassel: Stauda Verlag 1977.
- Henry Nouwen, Seelsorge, die aus dem Herzen kommt: Christliche Menschenführung in der Zukunft, Freiburg: Herder Verlag 1989.
- John Ortberg, Das Leben, nach dem du dich sehnst: Geistliches Training für Menschen wie du und ich, Asslar: Gerth Medien 1998.
- Eugene Peterson, Eat This Book: A Conversation in the Art of Spiritual Reading, Grand Rapids, Michigan/Cambridge, UK: William B. Eerdmans Publishing Company 2006.
- Peter Scazzero, The Emotionally Healthy Church. A Strategy for Discipleship that Actually Changes Lives, Grand Rapids: Zondervan Publishing Company 2003.
- Erich Schick, Heiliger Dienst, Berlin: Furche-Verlag 1952.
- Gary L. Thomas, Neun Wege, Gott zu lieben, Wuppertal: R. Brockhaus Verlag 2005.
- David Watson, Jüngerschaft, Hochheim/Main: Projektion J 1993.
- Thomas Weissenborn, Gott ganz nah: Der Heilige Geist und wir, Marburg an der Lahn: Verlag der Francke Buchhandlung 2003.
- Dallas Willard, Das Geheimnis geistlichen Wachstums, Asslar: Gerth Medien 2002.
- Hanns Walter Wolff, Anthropologie des Alten Testaments, München: Chr. Kaiser Verlag 1990.

Anmerkungen

[1] Dietrich Bonhoeffer, Widerstand und Ergebung: Briefe und Aufzeichnungen aus der Haft, Gütersloher Verlagshaus 2002, S. 21.

[2] siehe ausführlich in: Hanns Walter Wolff, Anthropologie des Alten Testaments, München: Chr. Kaiser Verlag 1990.

[3] siehe ebenfalls in H.W. Wolff, Anthropologie des Alten Testaments.

[4] zusammengefasst und übersetzt aus: Peter Scazzero, The Emotionally Healthy Church: A Strategy For Discipleship That Actually Changes Lives, Grand Rapids, Michigan: Zondervan 2003, S. 71.

[5] C.S. Lewis, Die Reise auf der Morgenröte, Moers: Brendow Verlag, 2. Auflage 1998, S. 88-89.

[6] Stephen Covey, Die sieben Wege zur Effektivität: Ein Konzept zur Meisterung Ihres beruflichen und privaten Lebens, München: Heyne Verlag 1992, S. 73.

[7] Henry Cloud/John Townsend, Nein sagen ohne Schuldgefühle: Wie man sich gegen Übergriffe schützt, Holzgerlingen: Hänssler Verlag, Editions Trobisch, 7. Auflage 2002, S. 191.

[8] Stephen Covey, Die sieben Wege zur Effektivität, S. 84.

[9] Henry Cloud/John Townsend, Gott kennt den Weg: Wie es weitergeht, wenn es nicht mehr weitergeht, Asslar: Gerth Medien 2005, S. 76.

[10] siehe beispielsweise die Übersetzungen der Lutherbibel vor der grundlegenden Textrevision 1984.

[11] siehe Dietrich Bonhoeffer, Gemeinsames Leben, München: Chr. Kaiser Verlag 1987, S. 22.

[12] John Eldredge, Der ungezähmte Mann, Gießen: Brunnen Verlag 2003, S. 102.

[13] Gordon MacDonald, Du machst mich stark: Wie unser Glaube widerstandsfähig wird, Wuppertal: R. Brockhaus Verlag 2005, S. 29.

[14] Peter Scazzero, The Emotionally Healthy Church, S. 118.

[15] Leadership Journal Summer 2005, S. 23.

[16] Romano Guardini, Vorschule des Betens, Einsiedeln: Benziger Verlag 1952, S. 32.

[17] vgl. a.a.O., S. 25.

[18] Dallas Willard, Das Geheimnis geistlichen Wachstums, Asslar: Gerth Medien 2002, S. 25.

[19] Friso Melzer, Innerung: Stufen und Wege der Meditation, Kassel: Johannes Stauda Verlag 1977, S. 54.

[20] Mark Gibbard, Gebet und Kontemplation: Einladung zu einer Entdeckungsreise, Göttingen: Vandenhoeck & Ruprecht 1987, S. 53.

[21] Erich Schick, Heiliger Dienst: Ein Buch von evangelischer Wortverkündigung und Seelsorge, Berlin: Furche Verlag 1952, S. 130.

[22] in: Heiner Martin Henny, Vergessene Zeugen, Zürich: Jordan Verlag 1990, S. 45-46.

[23] Lied 201, Strophe 7 in: Gesangbuch der evangelisch-reformierten Kirchen der deutschen Schweiz, Ausgabe 1952.

[24] Friso Melzer, Versenkung oder Begegnung: Entscheidungshilfe zur Frage der Meditation, Stuttgart: Evangelischer Missionsverlag im Christlichen Verlagshaus 1987, S. 36.

[25] E. Stanley Jones, Sieghaftes Leben. Zürich: Gotthelf Verlag 1955, S. 253.

[26] in: Reinhard Frische, Wasser aus der Wüste: Worte aus dem Leben von Charles de Foucauld, Gießen: Brunnen Verlag 1995, S. 103.

[27] Emil Brunner, Die christliche Lehre von Gott: Dogmatik Band 1, Zürich: Zwingli Verlag 1946, S. 35.

[28] siehe Johannes Schemp, Seelsorge und Seelenführung bei John Wesley, Stuttgart: Christliches Verlagshaus 1949, S. 170-190. Eine ausführliche Auseinandersetzung mit Wesleys Regeln für die sogenannten »Banden« bietet: D. Michael Henderson, John Wesley's Class Meetings: A Model for Making Disciples, Nappanee, Ind.: Evangelical Publishing House 1997.

[29] C.S. Lewis, Was man Liebe nennt: Zuneigung, Freundschaft, Eros, Agape, Gießen: Brunnen Verlag 2004, S. 68-70.

[30] Tony Jones, The Sacred Way. Spiritual Practices for Everyday Life, Grand Rapids: Zondervan Publishing Company 2005, S. 193.

[31] Vortrag des Bundeskanzlers Willy Brandt am 11. Dezember 1971 in Oslo anlässlich der Verleihung des Friedensnobelpreises 1971. Wilhelm Odelberg, Les Prix Nobel en 1991, Nobel Foundation, Stockholm 1972.

[32] Alfons von Liguori, Jesus lieben lernen, Moers: Brendow Verlag 1990, S. 52.